Subjektive Epistemologien beim komplexen Problemlösen

Europäische Hochschulschriften

Publications Universitaires Européennes
European University Studies

Reihe VI

Psychologie

Série VI Series VI

Psychologie
Psychology

Bd./Vol. 530

PETER LANG
Frankfurt am Main · Berlin · Bern · New York · Paris · Wien

Marcel Hunecke

Subjektive Epistemologien beim komplexen Problemlösen

PETER LANG
Europäischer Verlag der Wissenschaften

Die Deutsche Bibliothek - CIP-Einheitsaufnahme

Hunecke, Marcel:

Subjektive Epistemologien beim komplexen Problemlösen / Marcel Hunecke. - Frankfurt am Main ; Berlin ; Bern ; New York ; Paris ; Wien : Lang, 1995
(Europäische Hochschulschriften : Reihe 6, Psychologie ; Bd. 530)
ISBN 3-631-49386-X

NE: Europäische Hochschulschriften / 06

ISSN 0531-7347
ISBN 3-631-49386-X

Printed in Germany 1 2 3 5 6 7

Auch in psychologischen Arbeiten wird Komplexität immer häufiger thematisiert. Doch sind die Psychologen meist nicht unparteiisch, wenn sie zusehen, wie Menschen mit komplexen Problemen zurechtkommen. Ihr Blick ist skeptisch und fällt leichter auf die Fiaskos als auf die gelungenen Problemlösungen, und wenn sie zum Zweck der experimentellen Analyse des komplexen Denkens komplizierte Versuchssituationen arrangieren, dann gern solche, die durch unrealistisch hohe Neuigkeit und Dynamik die Problemlösenden überfordern. Bevorzugt kommen so Fehler, Mißerfolge, Dummheiten unter das psychologische Mikroskop. Da zugleich Komplexität als typisch für moderne technische Zivilisationen angesehen wird, liegt die Diagnose einer "Logik des Mißlingens" nahe: Die unzulängliche intellektuelle Ausstattung derer, die in den komplexen Situationen der Gegenwart verantwortlich sind und riskant entscheiden müssen, richte mehr Schaden an als alle kriminellen Energien.
Mir scheint diese Einschätzung voreilig. Kompliziert war das gesellschaftliche Leben für die Entscheidungsträger zu allen Zeiten. Modern ist an der Komplexität vor allem die Pluralität von Wertmaßstäben, unter denen jede Entscheidung begründet und angefochten werden kann. Ehe Fehler beim Problemlösen kaum beeinflußbaren Kompetenzdefiziten zugeschrieben werden, sollten zunächst die Überzeugungen und Einstellungen der Problemlösenden analysiert werden - vielleicht liegen die Ursachen des Mißlingens in Haltungen, die gar nicht so schwer zu verändern sind. Außerdem war die psychologische Forschung lange genug einseitig von den Fehlleistungen fasziniert, um nun die an komplexen Problemen tatsächlich geleistete Arbeit weniger selektiv in den Blick zu nehmen.
Beide Desiderate leiten die Untersuchung von Marcel Hunecke. Er entwickelt ein ungewöhnlich aspektreiches Raster zur Beschreibung des Verlaufs der Arbeit an Problemen, und er erfaßt Haltungen, die Einfluß darauf haben können, wie jemand eine Problemsituation für sich organisiert - epistemologische Orientierungen. Auf beiden Linien erreicht er Neuland.
Traditionell wird Problemlösen allein unter dem Gesichtspunkt des informationellen Prozesses gesehen. Dieser soll aus identifizierbaren Modulen des Operierens an Repräsentationen (z.B. Vergleichen, Transformieren, Verbinden) aufgebaut sein. Es wird angenommen: Soweit die modularen Kompetenzen beim Problemlöser vorhanden sind, kann er oder sie den Prozeß direkt bei sich programmieren, sei es aus eigenem rationalem Entschluß, sei es gemäß den Anweisungen anderer.
In Huneckes Ansatz dagegen wird der Prozeß der Informationsverarbeitung dargestellt als eingebettet in einen Hof von persönlichen Überzeugungen und Einstellungen, die ihn einerseits gegen direkte Beeinflussung abschirmen, andrerseits ihm eine Umgebung zur Selbstentwicklung bieten. Und Denken ist nicht mehr nur, wie in der Psychologie üblich, Transformieren einer monoperspektivischen Repräsentation des Pro-

blembereichs, sondern hier wird Polykontexturalität zugelassen. Für die Protokollanalyse benutzt Hunecke nämlich Kategorien, die verschiedene Reflexionsniveaus erfassen - die Perspektive des Beobachters 1. Ordnung, der sich in die Sache hineindenkt (Es-Perspektive), die Perspektive des Beobachters 2. Ordnung, der sich in ein mit der Sache verantwortlich befaßtes Subjekt hineindenkt (Du-Perspektive), und die Selbstreflexion des Problemlösers, der seine eigene Beziehung zum Sachbereich thematisiert (Ich-Perspektive). Die vielschrittige Entwicklung dieses Auswertungssystems, in dem theoretische Ableitungen und empirische Verteilungen zur Definition von Kriterien der Kategorisierung verbunden werden, ist übrigens ausführlich dokumentiert.

Um auf der anderen Linie, der Analyse des das Problemlösen einstellenden epistemologischen Hofes, voranzukommen, mußte der Autor selbst die Kontextur wechseln. Denn mit der Entfernung der Psychologie von der Philosophie ist den Nur-Psychologen das Thema 'Epistemologie' ja fast verlorengegangen. Hunecke knüpft an die schmale Tradition philosophisch-psychologisch interdisziplinärer Projekte an (am bekanntesten ist das von Piaget), und er bringt dazu viel wissenschaftstheoretische Kompetenz mit. Das in der Philosophiegeschichte gewachsene Repertoire an Erkenntnistheorien wird geordnet, so daß sich drei Dimensionen abstrahieren lassen, auf denen sich Wissenschaftsauffassungen unterscheiden. Angehende WissenschaftlerInnen werden zumindest intuitiv ihre Präferenzen gefunden haben: eine eher realistische oder eine eher konstruktivistische Überzeugung, den Glauben an auffindbare Elemente oder an unzerstückbare Ganzheiten, die Bevorzugung linearer oder zirkulärer Denkformen.

Es ist eindrucksvoll, wie Hunecke hier die Prinzipienexplikation in der philosophischen Kontextur mit der empirischen Individualisierung in der psychologischen Kontextur, in mehreren Schritten hin und her, verbindet: Die Aspekte der philosophischen Dimensionen werden operationalisiert, indem epistemologische Statements so formuliert werden, daß sie zugleich zwischen den psychologischen Ebenen Kognition, Motivation, Volition differenzieren.

Dann werden diese Statements von philosophischen Experten, die polare epistemologische Positionen vertreten, validiert. Dieser Untersuchungsteil, ebenfalls minutiös dokumentiert, resultiert kurz gesagt in zweierlei:

1) Einsichten in gegenwärtige epistemologische Moden in verschiedenen Untergruppen von WissenschaftlerInnen,

2) einen aus zwei Parallelformen mit itemanalytischen Verfahren gewonnenen EPIS-Fragebogen.

In ihm sind die drei Dimensionen 'Realismus - Konstruktivismus', 'Elementarismus - Holismus', 'Linearität - Zirkularität' gleichgewichtig vertreten.

Daß die zirkulären Denkformen hier nicht als fehlerhaft abgewertet werden, fällt gegenüber den traditionellen psychologischen Untersuchungen zum logischen Denken als eine weitere Innovation auf. Bisher scheint ja die zweiwertige aristotelische Logik für Denkpsychologen eine so selbstverständliche Norm zu sein, daß nur Abweichungen von ihr für erklärungsbedürftig gehalten werden. Deduktions- und Induktionsfehler bei Nichtexperten der formalen Logik zu analysieren, war das zentrale Thema. Der gemeinsame Nenner aller Befundinterpretationen, z.B. in den Forschungstraditionen zu Syllogismen, statistischem Schlußfolgern und der berühmten Wason-Aufgabe, besteht darin, daß, wer nicht in formaler Logik geschult wurde, nicht durch logische Regeln diszipliniert, sondern pragmatisch-gefühlsbetont denke. Nun werden in der vorliegenden Untersuchung - ungewöhnlich in der Psychologie, nicht aber in Philosophie und Kybernetik - zirkuläre Denkformen als regelhaft diszipliniert anerkannt, und damit wird die stillschweigende aristotelische Norm ausdrücklich verlassen.

In der Arbeit von Hunecke erfährt man auch Interessantes über psychologische Charakteristika des systemischen Denkens und über methodische Zugänge zu "subjektiven Theorien". Sie liefert ferner Argumente gegen die verbreitete Ansicht, die inhaltliche Einkleidung eines Problems lasse sich variieren, ohne seine psychologisch maßgebende logische Struktur zu verändern, so daß man parallele Fassungen des Problems leicht gewinnen könne. Sie ist nicht zuletzt auch lesenswert wegen der Interpretationen der überraschend differenzierten Beziehungen zwischen subjektiver Epistemologie und Problemlösen, womit bereits erste Überlegungen für ein Forschungsprogramm zur Wissenschaftspsychologie angedeutet werden.

Wolfhart Matthäus   Bochum im März 1995

Das Vorwort soll einen Blick auf diejenigen Menschen richten, die einen entscheidenden Beitrag zur Realisierung dieser Arbeit geleistet haben.

An erster Stelle gilt mein ganz besonderer Dank Herrn Dr. Matthäus, dem Betreuer dieser Diplomarbeit. Kurz gesagt, er war immer für mich da, wenn ich ihn brauchte und was noch als viel bedeutender eingeschätzt werden kann, er unterstützte mich durch sein eigenes Interesse an Fragestellungen, die im Grenzbereich von Psychologie und Philosophie angesiedelt sind. Ohne ihn wäre die vorliegende Arbeit nicht möglich gewesen.
Ein wichtiger Impuls für diese Arbeit ist aus der Arbeitsgruppe "Rationalität im ökologischen Denken" hervorgegangen. Unter der Leitung von Herrn Dr. Matthäus hat sich diese Gruppe annähernd zwei Jahre mit den denkpsychologischen Aspekten eines mittlerweile dringend notwendigen Wandels im Mensch-Natur-Verhältnis auseinandergesetzt. Ich danke Anke Blöbaum und Stefan Matthäus, den beiden weiteren Mitgliedern dieser Arbeitsgruppe, für ihre Aufmerksamkeit und für ihre Diskussionsbeiträge zu dieser Arbeit.
Herrn Prof. Drieschner danke ich für die Möglichkeit, mich bereits während meines Philosophie-Studiums intensiv mit systemtheoretischen Fragestellungen auseinandersetzen zu können.
Frau Matthies hat mir durch ihre Hilfe bei der konkreten Fertigstellung dieser Arbeit viele freie Stunden beschert, in denen ich nicht vor einem flimmernden Computerbildschirm sitzen mußte.

Von entscheidender Bedeutung für das Zustandekommen dieser Arbeit war die Bereitschaft von 40 Menschen, sich über mehrere Stunden intensiv mit den Aufgabenstellungen dieser Arbeit auseinanderzusetzen. Durch ihr Interesse für die in dieser Arbeit behandelten Fragen zeichnen sich diese Menschen, die nur allzu häufig geringschätzend als Versuchspersonen bezeichnet werden, als wahre "epistemologische Subjekte" aus.

Abschließend danke ich "Bullet La Volta" für das Konzertereignis am 5.9.1992, auf dem sie die gewaltige Energie von verzerrten Gitarren auf einen genialen Punkt gebracht haben. Meiner Band "Terremoto Party" danke ich für die vielen und immer noch andauernden Versuche, ein derartiges Ereignis zu wiederholen. Diese Versuche stellen ein erdendes Gegengewicht zu den meist recht abgehobenen Bemühungen dar, das menschliche Denken zu ergründen.

Im Mittelpunkt der vorliegenden Untersuchung steht die experimentelle Überprüfung des Zusammenhanges von epistemologischen Orientierungen und Denkoperationen, die beim komplexen Problemlösen angewendet werden müssen. Auf diese Weise kann die häufig im Zusammenhang mit einem "Vernetzten Denken" postulierte Behauptung empirisch überprüft werden, ob systemtheoretisch orientierte epistemologische Positionen einen positiven Einfluß auf die Bearbeitung von komplexen Problematiken ausüben. Die epistemologischen Orientierungen werden hier in Anlehnung an das Konzept der Subjektiven Theorie (GROEBEN, WAHL, SCHLEE & SCHEELE, 1988) als "Subjektive Epistemologien" bezeichnet.

Zur Operationalisierung der Subjektiven Epistemologien sind zwei parallele Fragebögen konstruiert worden, in denen die epistemologische Zentrierung der Versuchspersonen in bezug auf die drei systemtheoretisch relevanten erkenntnistheoretischen Dimensionen (Realismus/Konstruktivismus, Elementarismus/Holismus, Linearismus/Zirkularismus) erfaßt wird. Weiterhin ist experimentell überprüft worden, ob epistemologische Zentrierungen im Rahmen der vorliegenden Untersuchung durch eine dialogisch-reflexive Intervention verändert werden können.

Das komplexe Problemlösen ist durch die Verwendung zweier formal annähernd identischer Kausalschemata operationalisiert worden, in denen jeweils eine eigenständige komplexe Problematik dargestellt worden ist (DORI- und ÖPNV-Szenario). Die Versuchspersonen mußten für jedes der beiden Szenarien zehn parallel formulierte Fragestellungen bearbeiten. Für eine erfolgreiche Lösung der zehn Fragestellungen müssen Denkoperationen angewendet werden, von denen vermutet werden kann, daß sie in einem systematischen Zusammenhang mit den systemtheoretischen Inhalten der Subjektiven Epistemologien stehen.

An der Erhebung nahmen 40 studentische Versuchspersonen teil, wovon jeweils 10 Studenten aus den Fachrichtungen der Geisteswissenschaften, der Sozialwissenschaften, der Psychologie und der Natur- und Ingenieurwissenschaften stammten. Alle Versuchspersonen mußten beide Kausalschemata und beide Fragebögen bearbeiten. Zusätzlich wurde in einer Gruppe von 20 Versuchspersonen eine Intervention in Gestalt einer dialogischen Reflexion durchgeführt. Die übrigen 20 Versuchspersonen dienten hierbei als Kontrollgruppe.

Folgende Ergebnisse können aus der vorliegenden Studie abgeleitet werden:

- Das verwendete Meßinstrument zur Erfassung der Subjektiven Epistemologien erwies sich als zuverlässig

- Innerhalb der untersuchten studentischen Stichprobe dominieren die stärker systemtheoretisch orientierten Subjektiven Epistemologien des Konstruktivismus, Holismus und Zirkularismus

- Die inhaltlichen Zentrierungen der Subjektiven Epistemologien können nicht innerhalb einer dialogischen Reflexionsphase verändert werden

- Der Inhalt der zwei Problemstellungen beeinflußt die beim komlexen Problemlösen operationalisierten Denkoperationen in unterschdiedlichem Maße: Die Anwendung von Systemwissen und das Einnehmen einer Beobachterperspektive sind weitgehend unabhängig vom jeweiligen Inhalt der Problemstellung; die Anwendung reflexiver Operationen schwankt dagegen stark innerhalb verschiedener Problemsemantiken

- Es lassen sich keine eindeutigen Zusammenhänge zwischen den Subjektiven Epistemologien und den Leistungen beim komplexen Problemlösen aufdecken. Somit muß die Hypothese zurückgewiesen werden, daß die Fähigkeit zum komplexen Problemlösen auf einer Form des "Vernetzten Denkens" basiert, das auf signifikante Weise durch systemtheoretisch orientierte Epistemologien beeinflußt wird.

Aufgrund der vorgefundenen empirischen Ergebnisse wird die Frage nach der psychologischen Funktion von Subjektiven Epistemologien diskutiert. Aus der Perspektive der vorgefundenen Ergebnisse zum komplexen Problemlösen wird der Fragestellung nachgegangen, welche kognitiven Fähigkeiten ein Expertentum im Umgang mit komplexen Problemen kennzeichnen und welches Maß an Kontextfreiheit diesen Fähigkeiten zugeschrieben werden kann. Weiterhin werden mögliche Erklärungen für den mangelnden Zusammenhang zwischen den Subjektiven Epistemologien und den komplexen Problemlöseleistungen in der vorliegenden Studie diskutiert. Aus einer interdizplinären kognitionswissenschaftlichen Perspektive heraus wird der jeweilige Beitrag der Ergebnisse, sowohl für den Bereich der philosophischen Erkenntnis- und Wissenschaftstheorie, als auch für das Feld der Wissens- und Denkpsychologie abgeschätzt.

"*Epistemology is always and inevitably personal. The point of the probe is always in the heart of the explorer.*"

(Gregory Bateson)

Die vorliegende Arbeit stellt einen Versuch dar, Überlegungen aus den Bereichen der Denkpsychologie und der philosophischen Erkenntnistheorie für die kognitionspsychologische Forschung nutzbar zu machen. Geht man von der Wortbedeutung des Begriffes Kognition aus, wie er in der gegenwärtigen Psychologie als Minimalkonsens formuliert wird, so bezieht sich Kognition auf einen Prozeß, durch den Lebewesen Kenntnis von ihrer Umwelt erlangen. In einem zweiten Sinn können spezifische Wissensinhalte als Kognition aufgefaßt werden, die das Produkt eines Erkenntnisprozesses darstellen und in dessen Verlauf erworben worden sind (vgl. ARNOLD, EYSENCKs & MEILI, 1987, S.1085). Diese Minimaldefinitionen lassen jedoch eine große Anzahl von Fragen unbeantwortet, die sich bei einer näheren Betrachtung des Phänomens Kognition ergeben. Derartige Fragen, die sich auf das Wesen des Wissens und der Erkenntnis richten, sind bis zum Aufkommen der empirischen Psychologie gegen Ende des 19.Jahrhunderts traditionsgemäß von den philosophischen Disziplinen der Erkenntnistheorie, Logik und Naturphilosophie bearbeitet worden. Erst durch eine sich im 20.Jahrhundert entwickelnde Denkpsychologie sind systematische Versuche unternommen worden, auf empirische Art und Weise zu ergründen, was denn nun eigentlich unter Erkenntnis und Wissen zu verstehen sei.

Nach der "kognitiven Wende" in der Psychologie Mitte der 70er Jahre, die sich über eine Loslösung vom Erklärungsmodell der Reiz-Reaktions-Black-Box des Behaviorismus definierte, sowie durch die Übertragung der Computermetapher auf menschliche Denkoperationen, rückten Erkenntnisprozesse wieder ins Blickfeld psychologischer Untersuchungen. So wird mittlerweile bei nahezu allen psychologischen Prozessen eine Beteiligung von kognitiven Determinanten postuliert. Hiermit sind demnach nicht nur Prozesse des Denkens, des Urteilens und des Gedächtnisses angesprochen, sondern ebenso psychologische Prozesse, die in den Phänomenbereichen der Sprache, des Lernens und der Wahrnehmung beobachtet werden können. In jüngster Zeit hat sich innerhalb der Kognitionspsychologie eine Unterdisziplin mit dem Namen "Wissenspsychologie" formiert[1], die bereits in ihrem Titel die zentrale Frage der Erkenntnistheorie nach der Natur des Wissens thematisiert.

---

1 Auf einer wissenschaftssoziologischen Ebene ist die Relevanz der Disziplin "Wissenspsychologie" durch die Einrichtung eines Schwerpunktprogrammes unter dem gleichen Titel innerhalb der DFG dokumentiert (MANDL & SPADA, 1988, S.1).

So stellt die Erforschung des Themenbereiches Wissen und Erkenntnis mittlerweile ein multidisziplinäres[2] Projekt dar. Innerhalb dieser multidisziplinären Herangehensweise existieren jedoch an einigen Punkten Abgrenzungsprobleme, was den Kompetenzbereich der jeweils beteiligten akademischen Disziplinen anbelangt. Der Psychologismus-Vorwurf seitens der Philosophie an die empirischen Wissenschaften, den Erkenntnisprozeß nur durch das Hilfsmittel der experimentellen Beobachtung erklären zu wollen, sei hier nur als einer der zentralen Diskussionspunkte innerhalb dieser Kompetenzkontroversen genannt[3]. Die klassische wissenschaftstheoretische Lösung dieser Kontroverse liegt in einer scharfen Aufgabenteilung zwischen Philosophie und Psychologie. Der Philosophie fällt mit ihren theoretischen Disziplinien der Logik und Erkenntnistheorie die Aufgabe zu, auf einer normativen Ebene zu beschreiben, was unter "richtigem" Denken zu verstehen sei. Die empirischen Wissenschaften, womit hauptsächlich die Psychologie angesprochen ist, sollen auf einer deskriptiven Ebene darstellen, wie die beobachteten Denkprozesse "faktisch" ablaufen[4]. Die Beschreibung derjenigen Prinzipien, welche die Bedingungen der Möglichkeit von faktischer Erfahrung überhaupt erst festlegen, fällt hiernach wiederum in den Aufgabenbereich der philosophischen Erkenntnistheorie. Die Philosophie muß sich hieran anschließend wiederum der von den empirischen Wissenschaften an sie gerichteten Frage stellen, auf welche Weise sie Kriterien für die Beurteilung einer Erkenntnis als richtig oder falsch entwickeln kann, ohne hierbei auf eine Zweckhaftigkeit in der "faktischen" Welt zu verweisen.

An dieser Stelle wird deutlich, daß sich innerhalb dieses gewaltigen Projektes zur Erklärung der (menschlichen) Erkenntnisfähigkeit, ein interessantes Spannungsfeld zwischen Philosophie und Psychologie ergeben hat, welches sich durch viele gegenseitige Verflechtungen und Abhängigkeiten auszeichnet[5].

Das Erkenntnisinteresse dieser Arbeit resultiert aus dem Spannungsverhältnis dieser beiden Disziplinen, das in diesem Sinn als ein anregendes Miteinander aufgefaßt wer-

---

2 So hat sich hier neben der Philosophie und Psychologie auch die Biologie im Rahmen einer "Evolutionären Erkenntnistheorie" in diesem Themenfeld erkenntnistheoretischer Fragen etabliert (vgl. VOLLMER, 1983)

3 Am prägnantesten setzt sich HUSSERL (1975) mit den Ansprüchen und Fehlschlüssen der psychologistischen Erkenntnistheorie gegen Ende des 19.Jahrhunderts auseinander.

4 Diese Trennung soll sowohl für den individuellen Akt der Erkenntnis, als auch für den kollektiven der wissenschschaftlichen Erkenntnis gelten. POPPER (1934) trennt innerhalb seiner Wissenschaftstheorie auch in diesem Sinne zwischen der philosophischen Untersuchung des Geltungszusammenhanges und einer psychologischen Erforschung des Entstehungszusammenhanges wissenschaftlicher Erkenntnis.

5 In diesem Spannungsfeld ist das gesamte Forschungsprogramm der "cognitive science" angesiedelt, in welchem neben der Philosophie und Psychologie auch die Wissenschaften der Informatik, Linguistik und neuerdings auch der Neurowissenschaften angesiedelt sind.

den soll. So wird auf der einen Seite der Versuch unternommen, erkenntnistheoretische Reflexionen der Philosophie für die empirische Analyse von Denkprozessen nutzbar zu machen. Auf der anderen Seite soll aufgrund dieser empirischen Analysen abgeschätzt werden, welchen Beitrag die Denkpsychologie zu Fragestellungen der Erkenntnis-, bzw. Wissenschaftstheorie leisten kann.
Die Bearbeitung der Frage nach den Kriterien für gesichertes Wissen, stellt im traditionellen Sinne eine Aufgabe der Philosophie dar. Bisher hat die Philosophie jedoch keine allgemeingültigen Kriterien dafür angeben können, wann eine empirische Erkenntnis als gesichert betrachtet werden darf. Häufig steht sogar am Ende einer philosophischen Reflexion über die Möglichkeit von Erkenntnis die sokratische Einsicht, daß man eigentlich gar nichts weiß. Die Frage nach der Gewißheit von Erkenntis stellt sich aber nicht nur im wissenschaftlichen Kontext der Philosophie, sondern besitzt auch in der alltäglichen Lebenswelt eine nicht unerhebliche Bedeutung. Wenn es um das Lösen ganz alltäglicher Probleme geht, müssen Kriterien beim Problemlöser darüber vorhanden sein, wann er seine Lösung des Problems als gesichertes Wissen bezeichnen darf, bzw. wie er gegebenenfalls zu neuem, für die Problemlösung relevantem, Wissen gelangen kann[6]. Das philosophische Denken wird im allgemeinen gegenüber dem alltäglichen Denken durch ein höheres Maß an Reflexivität abgegrenzt, die dazu befähigt, das konkret Vorgefundene in Frage zu stellen. Das alltägliche Denken bleibt dagegen in seiner natürlichen Einstellung gefangen. In der vorliegenden Arbeit wird die These vertreten, daß der Unterschied zwischen philosophischem und alltäglichem Denken nur als ein gradueller aufgefaßt werden kann und daher davon ausgegangen werden kann, daß jede Person eine im Alltag wirksame "private" Erkenntnistheorie besitzt, die mehr oder weniger reflektiert ist und sich aus einer unterschiedlichen Anzahl von philosophisch-wissenschaftlichen Versatzstücken zusammensetzt.

Im Zentrum dieser Arbeit soll eine empirische Analyse der Relevanz von alltagstheoretischen Erkenntnistheorien, die im folgenden in Anlehnung an die subjektiven Theorien von GROEBEN et. al. (1988) als "Subjektive Epistemologien" bezeichnet werden, für den Prozeß des komplexen Problemlösen stehen.

6 Bereits POPPER behauptet in seiner vierten These zur Logik der Sozialwissenschaften (1972, S.104), daß sich der Beginn eines jeden Erkenntnisprozesses durch die Formulierung eines Problems charakterisieren läßt.

2.1. Gliederung des Theorieteiles

Geht man von dem offiziellen Titel dieser Arbeit "Subjektive Epistemologien beim komplexen Problemlösen" aus, so müssen - bei einer gewissen Nachsicht in der Interpretation von Propositionen - vier theoretische Begriffe näher erläutert und mit dem Erkenntnisinteresse dieser Arbeit verbunden werden. Bei diesen Begriffen handelt es sich zuerst um das "Problemlösen" im allgemeinen, dann um den Zusatz "komplexes" Problemlösen, dann um "Epistemologien" und abschließend um den Zusatz "subjektive" Epistemologien. Der Klärung dieser theoretischen Begriffe soll im folgenden jeweils ein Abschnitt (2.2. bis 2.5.) gewidmet werden. Hieran anschließend werden im nächsten Abschnitt (2.6.) mögliche Zusammenhänge zwischen Epistemologien und kognitiven Fähigkeiten dargestellt. Schließlich wird in dem letzten Abschnitt (2.7.) die gesamte Fragestellung der "Subjektiven Epistemologien beim komplexen Problemlösen" in einen wissenschaftstheoretischen Kontext eingeordnet. Der logische Aufbau des theoretischen Kapitels dieser Arbeit ist im folgenden Schema dargestellt.

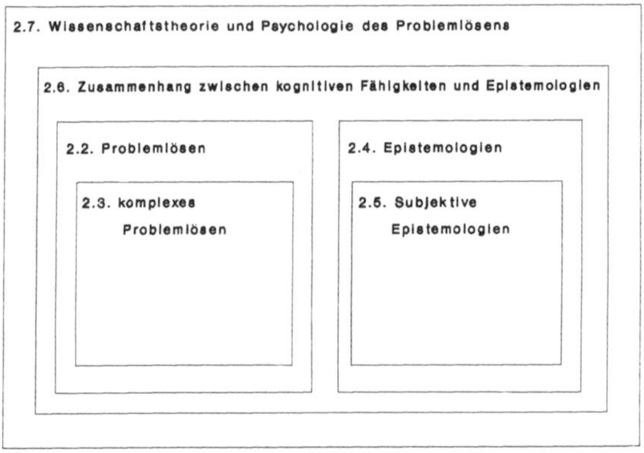

Abb. 1: Logischer Aufbau des Theorieteiles dieser Arbeit

2.2. Psychologie des Problemlösens

Zu Beginn soll ein Überblick über den Bereich der Psychologie des Problemlösens gegeben werden, weil in ihm die Ausgangsbedingungen für die Ableitung der zentralen Fragestellungen dieser Arbeit formuliert sind.

Die Arbeit "Human problem solving" von NEWELL und SIMON (1972) kann als die zentrale Formulierung einer Psychologie des Problemlösens unter dem Paradigma des informationsverarbeitenden Ansatzes angesehen werden. Der Kerngedanke dieser Theorie besteht darin, daß Problemlösen als ein Prozeß des Absuchens von Problemräumen aufgefaßt wird. Hierbei wird dem Problemlöser unterstellt, daß er eine innere Repräsentation von der Aufgabenumwelt konstruiert. Diese innere Repräsentation, die dann als Problemraum bezeichnet wird, kann Anfangs-, Zwischen- und Zielzustand, und im besten Fall den Lösungsweg mit den dazugehörigen Operationen beinhalten. Neben dieser subjektiven Beschreibung der Problemsituation durch den Problemlöser, muß aber ebenfalls eine objektive Beschreibung der Problemanforderungen existieren, um die Angemessenheit des subjektiven Problemraumes wissenschaftlich beurteilen zu können (vgl. LÜER & SPADA, 1990, S.253/254). In dieser Konzeption des Problemlösens als Absuchen eines Problemraumes liegt nicht nur die theoretische Grundlage für die Beschreibung des Problemlösens aus Sicht der kognitiven Psychologie, sondern sie bildet ebenfalls den theoretischen Ausgangspunkt für das Forschungsprogramm der Künstlichen Intelligenz. Mittlerweile hat die computerisierte Modellierung von Problemlöseprozessen nicht nur innerhalb der Informatik die Funktion zu erfüllen, eigene "maschinell-künstliche" Wege der Problemlösung zu entwickeln, sondern sie hat ebenso innerhalb der Psychologie die Funktion einer Forschungsmethode erhalten, mit deren Hilfe die theoretische Evidenz von Erklärungen für "menschliche" kognitive Prozesse abgesichert werden kann (vgl. MANDL & SPADA, 1988, S.1ff). Als Musterbeispiel[1] für eine derartige Beschreibung des Problemlösens kann der "Turm von Hanoi" angesehen werden (vgl. KLIX, 1971; NEWELL & SIMON, 1972). Dort können die Denkoperationen, welche die Überführung des Anfangs- in den gewünschten Zielzustand ermöglichen, in der algorithmischen Struktur eines Computerprogrammes ausgedrückt werden.

Dieser erklärtermaßen sehr allgemeine Bezugsrahmen für die Beschreibung von Problemlöseprozessen[2] soll durch die theoretischen Überlegungen von SCHOENFELD ergänzt werden, die jener während seiner Analysen des mathematischen Problemlösens entwickelt hat. SCHOENFELD (1985) unterscheidet hier vier konzeptuell verschiedene Ebenen beim Prozeß des menschlichen Problemlösens:

1) Ebene der "resources": basales Wissen und Routinefertigkeiten für den jeweiligen Problembereich

---

1 In dem Sinne der zweiten Bedeutung des Paradigma-Begriffes verstanden, wie ihn KUHN (1976) in dem Postskriptum zur zweiten Auflage seines Werkes "Die Struktur wissenschaftlicher Revolutionen" ausgeführt hat.

2 Dieser allgemeine Anspruch ist sicherlich am radikalsten in dem Modell des "general problem solver" von NEWELL und SIMON formuliert worden.

2) Ebene der "**heuristics**": bereichsübergreifende Strategien für die Anwendung des jeweils bereichsspezifisch vorliegenden Wissens

3) Ebene des "**control**": hier werden die jeweils zur Verfügung stehenden "resources" selektiert und auf die spezifischen Anforderungen der konkreten Problemsituation abgestimmt

4) Ebene der "**belief systems**": aus der jeweiligen Aufgabenstellung streng genommen nicht direkt ableitbare, aber häufig trotzdem erfolgsentscheidende Annahmen über Art und Kontext des jeweiligen Problems und den beteiligten Problemlösern

Der entscheidende Punkt in SCHOENFELDs Überlegungen besteht nun darin, daß für die Beschreibung des konkreten Problemlöseverhaltens, welches sich auf die Analyse des lauten Denkens von Versuchspersonen stützte, die Verwendung der drei rein kognitiv zu interpretierenden Kategorien der "resources", der "heuristics" und des "control" nicht ausreicht. Es muß neben der "puren Kognition" eine Ebene der "belief systems" wirksam sein, die überhaupt erst durch einen übergeordneten Kontext von Annahmen eine spezifische Perspektive festlegt, aus der heraus die Anwendung der drei kognitiven Kategorien erfolgen kann. Die Inhalte der "belief systems" sind am ehesten als einstellungsartige Annahmen über die Selbst- und Weltsicht des Problemlösers, sowie dessen Annahmen über den Sinn und die Bedeutung des konkreten Problems für seine eigene Person zu charakterisieren. So konnte SCHOENFELD (1983) in seiner Analyse mathematischer Problemlöseprozesse aufzeigen, auf welche Weise die Weltsicht der Versuchspersonen und deren Überzeugungen zur Funktion und zum Stellenwert der Mathematik, den Verlauf der Problemlösung beeinflußten. Diese Einsicht ist für SCHOENFELDs Untersuchungsgebiet des mathematischen Denkens umso stärker zu gewichten, da bei der Formulierung von mathematischen Problemen eine in hohem Maße dekontextualisierte Sprache verwendet wird, die eigentlich keine aufgabenirrelevante Information mehr enthalten sollte und somit auch keinen Raum für das Einwirken abstrakter "beliefs" zur Verfügung stellen dürfte. Aber, und das ist SCHOENFELDS zentrale Aussage, "belief systems" begleiten jeden Problemlöseprozeß.
Obwohl diesem kognitiven Bezugsrahmen der "belief systems" am ehesten eine metakognitive Funktion zugeschrieben werden kann, müssen seine Inhalte dem jeweiligen Problemlöser nicht unbedingt in einer bewußten Form vorliegen. So ist es vermutlich prinzipiell möglich, von "belief systems" eine vollkommen explizite Beschreibung anzufertigen, so daß diese in die Form eines Computermodells überführt werden können; SCHOENFELD (1983, S.350) zitiert hierzu das Modell von KAHNEMANN

und TVERSKY (1979), in dem die individuellen Erwartungswahrscheinlichkeiten für Gewinne und Verluste von Versuchspersonen simuliert werden können. Ein bedeutender Unterschied liegt aber nach SCHOENFELD zwischen einem derartigen Modell künstlicher Intelligenz und dem, was menschliche Intelligenz auszeichnet, darin begründet, daß die "belief systems" in einem unterschiedlichen Grad an Bewußtheit bei dem jeweiligen Problemlöser vorliegen können. Dem Problemlöser müssen, im Gegensatz zum Programmierer eines Computermodells, seine gegenwärtigen "beliefs" nicht vollständig bewußt sein (SCHOENFELD, 1983, S.349/350).
Für den weiteren Verlauf der Argumentation dieser Arbeit bleibt an dieser Stelle festzuhalten, daß beim menschlichen Problemlösen neben rein kognitiven Kategorien immer auch eine Ebene von abstrakten Überzeugungen wirksam ist. Deren Inhalte beziehen sich auf das Bedürfnis des Problemlösers, den Sinn und die Bedeutung der Problemstellung und möglicher Lösungen für seine Welt- und Selbstsicht zu bestimmen. Dieser metakognitive Orientierungsprozeß ist dem Problemlöser in unterschiedlichem Grade bewußt. Dieser Aspekt des Problemlösens kann durch eine "computational theory" des Problemlösens nicht vollständig erfaßt werden. Nachdem das SCHOENFELDsche Modell auf den Bereich des komplexen Problemlösens übertragen worden ist, soll im nächsten Abschnitt die Ebene der "belief systems" durch die Anwendung des Konzeptes der subjektiven Epistemologien inhaltlich weiter konkretisiert werden.

2.3. Komplexes Problemlösen

Im Zusammenhang mit der Theorie des Problemlösens werden häufig Problemklassifikationen angeführt, in denen die spezifischen Merkmale verschiedener Problemtypen aufgelistet werden. Im allgemeinen werden zur Charakterisierung der Komplexität von Problemstellungen, die von DÖRNER, KREUZIG, REITHER und STÄUDEL (1983) angeführten fünf klassischen Merkmale genannt: Komplexität der Situation, Intransparenz, Abhängigkeiten zwischen den beteiligten Variablen, Eigendynamik und Polytelie.
Eine derartige Auffassung der Komplexität von Problemen resultiert aus einer spezifischen Forschungsmethode, in der sich Versuchspersonen in computersimulierten Realitätsszenarien mit komplexen Problemstellungen auseinandersetzen müssen. Bei diesen realitätsnahen Szenarien, die die ökologische Validität der Problemlöseprozesse sicherstellen sollen, muß eine große Zahl von Variablen zur angemessenen Steuerung der Systeme kontrolliert werden. Zusätzlich muß bei der Steuerung von Gesamt-

systemen häufig die Eigendynamik dieser auf dem Computer simulierten Realitätsszenarios berücksichtigt werden.

Diese Form der Operationalisierung stellt momentan die vorherrschende Forschungsmethode zur Untersuchung des komplexen Problemlösens dar. Aber die Bestimmung dessen, was eigentlich unter komplexem Problemlösen zu verstehen sei, ist nicht nur an diesen Forschungsansatz geknüpft. So bezeichnet ANDERSON (1990, S.262) bereits die Aufgabe einer Beweisführung in der Geometrie als "complex problem solving" und ebenso ist der Versuch, das Konzept der "kognitiven Komplexität" zu erfassen (vgl. Sammelband von MANDL & HUBER, 1978), nicht automatisch an die Steuerung eines dynamischen Vielvariablensystems gebunden.

Den entscheidenen Schritt zur Annäherung des Phänomens der Komplexität beim Problemlösen hat McCARTHY (1956) mit seiner Unterscheidung von "well-structured-" und "ill-structured-problems" vollzogen. Ein gut definiertes Problem liegt vor, wenn eine allgemeingültige Entscheidungsregel darüber existiert, ob ein beliebiger Zustand des Problems eindeutig als Endzustand bezeichnet werden kann. Für gut definierte Probleme ist es demnach relativ einfach, den Lösungsweg in Form einer algorithmischen Beschreibung anzugeben.

Leider sind solche Problemstellungen nur äußerst selten anzutreffen. Die größten Schwierigkeiten bei der Bearbeitung von Problemen treten dann auf, wenn der Zielzustand noch nicht genau definiert werden kann[3]. Doch gerade wenn es darum geht Probleme zu beschreiben, welche die Menschen in ihrer alltäglichen Lebenswelt beschäftigen, sind mit Sicherheit jene Probleme am häufigsten anzutreffen, in denen keine eindeutigen Zielzustände definiert werden können, bzw. in welchen sogar widersprüchliche Zieldefinitionen vorliegen.

Eine weitere pragmatische Dimension erhält die Komplexität im Zusammenhang mit dem Problemlösen dadurch, daß die durchschnittlichen kognitiven Anforderungen zur Gestaltung des Alltages erheblich angestiegen sind. Aufgrund der Durchtechnisierung des Alltags und durch die Entwicklung einer modernen Informationsgesellschaft, die sich durch immer kompliziertere Entscheidungs- und Kommunikationsprozesse auszeichnet, ist das Maß an Komplexität in der Lebenswelt des Einzelnen enorm gestiegen. Erste technologische und damit meist auch ökologische Katastrophen machen deutlich, daß diese Komplexität beginnt, die kognitiven Kapazitäten individueller und kognitiver Vernunft zu überschreiten[4].

---

3 In DÖRNERs (1976, S. 13) Terminologie zur Klassifikation von Problemen wird dieser Sachverhalt als dialektisches Problem beschrieben.

4 Eine eindrucksvolle Fallstudie zu dieser Entwicklung liefert DÖRNER (1989, S.47ff) in seiner Beschreibung der Atomreaktor-Katastrophe von Tschernobyl.

Aufgrund dieser beunruhigenden Tendenzen werden Forderungen immer lauter, angemessene Strategien für den Umgang mit komplexen Problematiken zu entwickeln. Eine Berücksichtigung dieser Komplexität bei alltäglichen Entscheidungs- und Organisationsprozessen liegt im zentralen Forschungsinteresse jener komplexen Problemlöseforschung, die sich auf die Verwendung der Methode der realitätsnahen Computersimulationen stützt.

Eine weitere wesentliche Motivation für diese Forschungen zum komplexen Problemlösen bestand in der Einsicht, daß das gängige Maß zur Bestimmung der intellektuellen Leistungsfähigkeit in Gestalt eines allgemeinen Intelligenztests keine Voraussagen über die Leistungen beim komplexen Problemlösen ermöglicht (PUTZ-OSTERLOH, 1981). Seitdem wird die These über den mangelnden Zusammenhang zwischen Leistungen beim komplexen Problemlösen und den Intelligenztestwerten immer wieder kontrovers in der Denkpsychologie diskutiert (vgl. DÖRNER, KREUZIG, REITHER & STÄUDEL, 1983; PUTZ-OSTERLOH 1985; HÖRMANN & THOMAS, 1989; DÖRNER & PFEIFER 1992). Auch wenn die Forschungslage zu diesem Thema momentan nicht eindeutig ist und sich langsam die Tendenz abzeichnet, daß sich bei einer differenzierten Intelligenzdiagnostik wenigstens partielle Überschneidungen für den Erklärungsbereich von Intelligenzmaßen und des komplexen Problemlösens finden lassen (SÜß, OBERAUER & KERSTING, 1993), so wird in dieser Arbeit die grundlegende Position vertreten, daß neue Maße zur Erfassung der Fähigkeit zum komplexen Denken entwickelt werden müssen. Es besteht der dringende Verdacht, daß die zu Beginn der Intelligenzmessung von THURSTONE (1938) postulierten "primary mental abilities", welche mittlerweile standardmäßig in unserem Schul- und Ausbildungssystem vermittelt werden, nicht mehr ausreichen, um im komplexen Alltag des ausgehenden 20. Jahrhunderts bestehen zu können. Daher muß die Suche nach "secondary mental abilities" aufgenommen werden.

In diese Richtung blickend kann kaum bezweifelt werden, daß es immer wieder Personen gegeben hat, die ihre Umwelt durch außerordentliche Fähigkeiten im Umgang mit komplexen Organisationsaufgaben beeindruckt haben. Als exemplarisches Beispiel können hierfür die Beschreibungen von TEPLOV (1961) über den Verstand des Heerführers Napoleon angeführt werden, in denen auf phänomenologischer Ebene ein Großteil der Beobachtungen der empirischen Psychologie des komplexen Problemlösens vorweggenommen wurde. Ebenso sind in vielen Arbeiten aus der Bamberger Arbeitsgruppe um DÖRNER Strategien beschrieben worden, die gute gegenüber schlechten Versuchspersonen im Umgang mit komplexen Problemen auszeichnet (als Beispiel DÖRNER 1989, S.39-46).

Aus einer kognitionspsychologischen Perspektive führen diese Betrachtungen zu der Fragestellung, was Expertise im Umgang mit komplexen Problemen auszeichnet. Aus

Forschungen innerhalb verschiedener Bereiche der Kognitionspsychologie (CHI, GLASER & REES, 1982), haben sich bestimmte Charakteristika von Expertenwissen herausarbeiten lassen[5]. So existiert ein Expertenwissen im allgemeinen nur für eine bereichsspezifische Wissensdomäne. Trotz des großen quantitativen Umfanges von Expertenwissen, das sich auf viele spezifische Einzelerfahrungen gründet, besitzt es gleichzeitig ein hohes Maß an interner Organisation. Außerdem liegt dieses Wissen in einer ausdifferenzierten prozeduralen Form vor (vgl. ANDERSON, 1983) und kann häufig vom Experten nicht mehr verbalisiert werden.

Betrachtet man nun den Bereich des komplexen Problemlösens, so lassen sich verschiedene Formen des Wissens ausmachen, die als ein Kennzeichen für Expertise fungieren könnten. Als erstes ist ein bereichsspezifisches Faktenwissen zu nennen, welches als notwendige Basis für den Aufbau jeglicher Form von Expertise angesehen werden muß. Zweitens müssen bereichsspezifische Strategien existieren, die eine Anwendung des bereichsspezifischen Faktenwissens ermöglichen. Die dritte Kategorie bezeichnet mit den bereichsübergreifenden Strategien den eigentlichen Kern des Expertenwissens beim komplexen Problemlösen. Durch die Inhalte dieser bereichsübergreifenden Strategien wird es dem Problemlöser ermöglicht, nicht nur in einem komplexen Problemfeld, z.B. bei einer ökonomischen Aufgabe in Form einer Betriebssteuerung, erfolgreich zu agieren, sondern die hieraus gewonnenen Einsichten auch auf andere komplexe Problemfelder, z.B. der Ökologie oder der Politik zu übertragen. Untersuchungen von PUTZ-OSTERLOH (1987) und STROHSCHNEIDER & STRAUB (1991) haben die Existenz eines derartigen Expertenwissens bei ökonomischen Experten (PUTZ-OSTERLOH: Ökonomie-Professoren, STROHSCHNEIDER & SCHAUB: Manager) nachweisen können. Eine vierte eigenständige Kategorie für Expertenwissen im Zusammenhang mit komplexem Problemlösen stellt ein allgemeines Systemwissen dar, welches hauptsächlich auf einer mathematisch-formalen, aber auch auf einer konkret-anschaulichen Ebene formuliert werden kann. So kann in diesem Sinn sowohl ein abstraktes Wissen, als auch eine anschauliche Vorstellung über Rückkopplungsphänomene den Umgang mit einem komplexen, dynamischen System erleichtern. Das abstrakte Systemwissen bleibt allerdings ohne Wirkung, wenn es nicht durch eine fünfte Kategorie des Expertenwissens, in Gestalt der Metakognition, konkret im Prozeß der Problemlösung angewendet werden kann. Als wichtigste Form der Metakognition kann die Selbstreflexion angeführt werden, deren positiver Einfluß auf das komplexe Problemlösen aber bisher nicht eindeutig nachge-

5 Aus einer phänomenologischen Perspektive beschreiben die Gebrüder DREYFUS (1980, S.80) anhand eines Fünf-Stadien-Modells ihre Vorstellung von Expertentum.

wiesen werden konnte (pro: REITHER, 1979; DÖRNER, KREUZER, REITHER & STÄUDEL, 1983; contra: PUTZ-OSTERLOH, 1985).

In Abb. 2 auf der nächsten Seite sind verschiedene Formen des Wissens, die bisher bei der Analyse des komplexen Problemlösens terminologisch unterschieden worden sind, aufgelistet. Außerdem ist dort aufgeführt, welche dieser Wissensformen bisher in empirischen Studien untersucht werden konnten. Die Systematik des Schemas ergibt sich einerseits aus der Unterscheidung von deklarativem und prozeduralem Wissen, welche am ehesten als eine graduelle verstanden werden kann und daher als eine kontinuierliche Dimension dargestellt wird. Andererseits orientiert sich das Schema in seiner obersten Zeile an den terminologischen Differenzierungen, die KLUWE (1991b, S.175/176) für verschiedene Wissensformen eingeführt hat. In der ersten Spalte des Schemas sind diejenigen Autoren genannt, in deren empirischen Arbeiten jeweils spezifische Formen des Wissens begrifflich unterschieden worden sind und welche gleichzeitig versucht haben, diese Formen des Wissens auf empirische Weise zu erfassen.
In diesem Übersichtsschema sollen einige blinde Flecken in der Erforschung der Expertise beim komplexen Problemlösen aufgedeckt werden. Es zeigt sich hierbei, daß es bisher eigentlich nicht geglückt ist, die prozeduralen Anteile von Expertenwissen in experimentellen Studien zu erfassen. Damit wird ein Manko bisheriger Forschung deutlich, weil gerade in diesen prozessuralen Wissensformen, jene weitgehend automatisierten, in ihrer Anwendung aber flexiblen Denkoperationen repräsentiert sind, die als ein wesentlicher Bestandteil des Expertentums aufgefaßt werden müssen.
Eine weitere Gefahr ergibt sich durch die Verwendung von wissensdiagnostischen Verfahren, die sich ausschließlich auf die Erfassung von Datenwissen beziehen. Häufig wird Datenwissen von den Versuchspersonen nur als eine Reaktion auf das Befragungsverfahren der Wissensdiagnostik geäußert. In diesem Fall muß eine derartige Wissensform als wissensdiagnostisches Artefakt bezeichnet werden und kann nicht zur Erklärung des Problemlöseverhaltens herangezogen werden[6].

---

6 KLUWE (1991, S.315) weist darauf hin, daß häufig erfolgreiche Systemsteuerungen beobachtet werden können, obwohl bei den Versuchspersonen nur ein sehr unvollständiges Wissen über die Struktur der Variablenzusammenhänge des jeweiligen Systems nachgewiesen werden konnte.

Dimension

deklarativ <- -> prozedural

	D a t e n w i s s e n			**Prozeßwissen** (Prozesse zur Wissensgenerierung und -transformation)
KLUWE	Bereichswissen: **Systemwissen** **Strukturwissen** (nach DÖRNER)		Aktionswissen: **Kontroll- und Steuerungswissen**	
PUTZ-OSTERLOH	**Zustandswissen** (deklarativ)		**Veränderungswissen** (operational)	
STROH-SCHNEIDER	**Eigenschaftswissen**	**Zusammenhangswissen**		
FUNKE	**Variablenwissen** (endogen, exogen, eigendynamisch u.ä.)	**Zusammenhangswissen** (Vorzeichen-, Relations- und Wirkstärkenwissen)		
Methoden der Wissensdiagnostik	Experiment mit zeitdiskreten Systemen, Problemlösegüte, Systemsteuerung, Interview (Kausaldiagramm, SLT), lautes Denken, Prognosen		Experiment m. zeitdiskretem System Systemsteuerung lautes Denken	Experiment mit Zeitdruck, Feldstudien, Interview

Abb. 2: Verschiedene Formen des Wissens, welche beim Umgang mit komplexen Problem bisher terminologisch unterschieden und empirisch erfaßt worden sind

Auch die vorliegende Arbeit kann das Manko bisherige Forschungen nicht beseitigen und die prozessuralen Anteile des Expertenwissens in einem Feldexperiment bei praktisch tätigen Experten untersuchen. In der vorliegenden Untersuchung kann jedoch eine andere Blickrichtung bei der Charakterisierung des Expertenwissens im Umgang mit komplexen Problemen verfolgt werden.
Vergegenwärtigt man sich die oben aufgeführten fünf Kategorien des Expertenwissens für komplexe Probleme, so können die Inhalte der Kategorien "Allgemeines Systemwissen" und "Metakognition" als deklarative Formen des Wissens aufgefaßt werden, die auch in der vorliegenden Untersuchung näher analysiert werden können.

An dieser Stelle soll nun die Übertragung der vier Ebenen des Problemlösens nach SCHOENFELD auf das komplexe Problemlösen erfolgen. Die besondere Aufmerksamkeit gilt hier der Ebene der "belief systems". Es ist davon auszugehen, daß beim komplexen Problemlösen die Ebene der "belief systems" einen Einfluß auf das konkrete Problemlöseverhalten ausübt. Die Inhalte von "belief systems" können als eine Form der deklarativen Metakognition aufgefaßt werden (KLUWE, 1981, S.250), die sich auf erkenntnistheoretische Annahmen über das Wesen und die Gewißheit von Wissensinhalten beziehen. Auf einer theoretischen Ebene können somit der Ansatz von SCHOENFELD und die Frage nach der Expertise beim komplexen Problemlösen in Gestalt von erkenntnistheoretischen "beliefs" miteinander verbunden werden. Neben der Einordnung dieser erkenntnistheoretischen "beliefs" als einer Form der deklarativen Metakognition, kann ebenfalls eine Verbindung von diesen "beliefs" zum "Allgemeinen Systemwissen" hergestellt werden. Dieser Gedanke führt direkt zum nächsten Abschnitt über, in dem in einem ersten Schritt die Frage geklärt werden soll, was eigentlich unter Epistemologie zu verstehen ist. In einem zweiten Schritt wird beantwortet werden, welche konkreten Inhalte zum Thema von epistemologischen Positionen gemacht werden können.

2.4. Das Konzept der Epistemologie

Dem "Philosophischen Wörterbuch" (SCHISCHKOFF, 1982, S.160) kann man entnehmen, daß der Begriff der Epistemologie aus dem Griechischen stammt und mit Erkenntnis-, bzw. Wissenschaftslehre zu übersetzen ist. Weiterhin ist dort zu erfahren, daß dieser Begriff hauptsächlich in der englischen und französischen Philosophie für die Kennzeichnung der Gegenstandsbereiche Erkenntnis und Wissenschaft verwendet wird, im deutschen Sprachraum aber schlicht für Erkenntnistheorie steht.

Folgende Punkte stellen die zentralen Fragestellungen innerhalb der philosophischen Erkenntnistheorie dar:

"1) Was heißt Erkenntnis?
2) Wie ist das Subjekt der Erkenntnis zu bestimmen?
3) Was hat als Gegenstand der Erkenntnis zu gelten?
4) Unter welchen Bedingungen ist Erkenntnis (bewußtseinsunabhängiger Gegenstände) möglich"
(RÖD, 1989, S.52).

Zu diesen Fragen haben sich Philosophen seit antiken Zeiten immer wieder bemüht, Antworten zu finden, für die aber - und dies wundert bei genuin philosophischen Fragestellungen nicht - kein Konsens über eindeutige Kriterien ihrer Beantwortbarkeit formuliert werden konnten. Lange Zeit erschien es so, daß wenigstens die bereits von ARISTOTELES in seiner Logik formulierten analytischen Urteile ein dauerhaftes Fundament der Erkenntnis darstellen könnten (KANT, 1974, S.20). Aber durch die wohlbegründete Infragestellung der Unterscheidung von analytischen und synthetischen Aussagen durch QUINE scheint auch dieses sicher geglaubte Fundament der Erkenntnis ins Wanken geraten zu sein (QUINE, 1980).
Innerhalb der Erkenntnistheorie läßt sich eine Entwicklung beschreiben, die als eine zunehmende Tendenz der Verwischung der Grenzen von Erkenntnistheorie und Wissenschaftstheorie charakterisiert werden kann. Ausgehend von der Forderung des WIENER KREISES an die Erkenntnistheorie, sich als Philosophie an den allgemeinen methodologischen Standards der Naturwissenschaften und der Logik zu orientieren und sich hierbei von jeder Metaphysik loszusagen, setzte sich zunehmend die Auffassung durch, daß Erkenntnistheorie gleichsam als Wissenschaftstheorie aufzufassen sei. Die Erkenntnis der individuellen Vernunft soll auf diese Weise durch das große Unternehmen der kollektiven Vernunft "Wissenschaft" gesichert werden. Diese Auffassung stellt natürlich wiederum keinen Konsens in der erkenntnistheoretischen Diskussion dar, ist aber nach Meinung des Autors die dominante und gegenwärtig vorherrschende Denkhaltung, vor allem wenn sich empirisch arbeitende Wissenschaftler zu epistemologischen Themen äußern.
Trotz dieser inhaltlichen Differenzen in bezug auf die konkreten epistemologischen Grundhaltungen, lassen sich einige immer wiederkehrende Grundkonflikte in der Geschichte der Erkenntnistheorie aufzeigen. Ein Kernkonflikt kann exemplarisch an denjenigen Positionen verdeutlicht werden, die sich mit dem Aufweisen der Möglichkeit einer Erkenntnis der Wirklichkeit beschäftigen. Hier gibt es auf der einen Seite die realistische Position, in der die Möglichkeit einer direkten Erkenntnis der Beschaffen-

heit der Außenwelt postuliert wird. Auf der anderen Seite gibt es idealistische Positionen, die Erkenntnis durch die spezifischen Voraussetzungen des erkennenden Subjektes determiniert sehen. Gemäß der idealistischen Position kann es keine direkte Erfassung der Außenwelt geben, sondern immer nur eine durch die Kategorien der subjektiven Erkenntnis vermittelte Beschreibung.
Das epistemologische Grundthema dieses Konfliktes kann als "Realismus" versus "Idealismus" bezeichnet werden und wird auch im Rahmen der vorliegenden Arbeit eine zentrale Stellung einnehmen, wenn es darum gehen soll, die Inhalte der Epistemologien in konkrete sprachliche Ausformulierungen zu überführen. Neben diesem epistemologischen Grundthema werden noch zwei weitere derartige Grundthemata[7] im weiteren Verlauf der Arbeit ausgearbeitet werden. Hierbei handelt es sich, ebenfalls in einem dichotomischen Gegensatz ausgedrückt, um den Konflikt "Elementarismus" versus "Holismus" und um den Konflikt "Linearität" versus "Zirkularität". Die konkrete Ausformulierung dieser drei epistemologischen Grundthemata wird sich an dem modernen Sprachgebrauch der Systemtheorie orientieren.
Festzuhalten bleibt an dieser Stelle, daß es sich bei Epistemologien um Argumentationssysteme handelt, die zu Fragen nach dem Wesen und der Gewißheit von Erkenntnis Stellung beziehen. Trotz großer inhaltlicher Divergenzen scheint es so, daß sich gewisse Grundthematiken innerhalb der Erkenntnistheorie auffinden lassen.
Die Inhalte von Epistemologien lassen sich auch in den von SCHOENFELD benannten "belief systems" wiederfinden. Welchen Anteil diese epistemologischen beliefs an dem konkreten Prozeß des Problemlösens ausmachen können, soll in dem nächsten Abschnitt erläutert werden, in dem das Konzept der Subjektiven Epistemologien näher dargestellt wird.

2.4 Subjektive Epistemologien

Die Kennzeichnung von Epistemologien durch das Attribut "subjektiv" soll auf eine theoretische Anlehnung dieser Konzeption an das Forschungsprogramm der Subjektiven Theorien (FST) hinweisen (GROEBEN, WAHL, SCHLEE & SCHEELE, 1988). Die Inhalte Subjektiver Theorien stellen alltagstheoretische Annahmen zu Phänomenbereichen mit unterschiedlichen Reichweiten dar, die von dem jeweiligen Subjektiven Theoretiker auf einer sprachlichen Ebene mitgeteilt werden können. Um die Ange-

7 Der Terminus Themata wird hier in Anlehnung an HOLTON (1984) verwendet, der in seiner thematischen Wissenschaftsanalyse jene Elemente von Wissenschaft aufdecken will, die selbst nicht aus objektiv beobachtbaren Tatbeständen oder aus logisch-mathematischen oder anderen Überlegungen ableitbar sind.

messenheit der Erfassung, bzw. der Rekonstruktion von Subjektiven Theorien zu garantieren, haben die VertreterInnen[8] dieses Ansatzes eine umfangreiche wissenschaftstheoretisch-methodologische Fundierung ihrer Forschungsmethode durchgeführt.

Als zentraler theoretischer Ausgangspunkt liegt dem FST ein Menschenbild in Gestalt des epistemologischen Subjektmodells (GROEBEN & SCHEELE, 1977) zugrunde. Durch die Annahme des epistemologischen Subjektmodells wird explizit eine Gegenposition zum Menschenbild des Behaviorismus eingenommen, in dem der Mensch primär als eine reiz- und situationsbestimmte Black-Box aufgefaßt wird. Im FST wird dem Mensch dagegen die grundlegende Fähigkeit zugeschrieben, reflexiv und an rationalen Kriterien orientiert zu handeln. Das epistemologische Subjekt wird in Analogie zum Wissenschaftler als ein "Theorienkonstrukteur und Theorienbenutzer" (GROEBEN, WAHL, SCHLEE & SCHEELE, 1988, S.18) aufgefaßt, dessen alltägliche Lebenswelt durch die Inhalte von Subjektiven Theorien bestimmt wird[9].

Durch diese Grundannahme soll ein Rahmen für die Beschreibung von kognitiven Inhalten bereitgestellt werden, in dem der Mensch als ein intentional handelndes Wesen aufgefaßt werden kann. Auf diese Weise ist es möglich, in der Kognitionspsychologie eine Perspektivenerweiterung vorzunehmen, und dort neben dem Verhaltensbegriff auch einen Handlungsbegriff zu etablieren. Die Angemessenheit der empirischen Erfassung, sowohl von Verhaltensprozessen, als auch von Handlungen, soll in der Forschungsmethodologie des FST durch ein Zwei-Phasen-Modell sichergestellt werden, welches auf zwei jeweils unterschiedliche Validierungsformen - für Verhalten einerseits und für Handlungen andererseits - zurückgreift. Während in der ersten Phase für die Rekonstruktion der Gründe, Intentionen und Ziele des Handelnden innerhalb einer Subjektiven Theorie eine kommunikative Validierung im Dialog zwischen Erkenntnissubjekt und Erkenntnisobjekt angestrebt wird, gilt in der zweiten Phase für eine Überprüfung der verhaltenswirksamen Aspekte von Subjektiven Theorien das klassische falsifikatorische Kriterium der Verhaltensbeobachtung (GROEBEN, 1986, S.326)[10].

---

8 Diese Schreibweise wird gewählt, wenn es sich bei den jeweils Bezeichneten explizit um Personen beiderlei Geschlechts handelt.

9 In seiner Theorie der personalen Konstrukte hat KELLY (1955) in seinem Entwurf des Menschenbildes vom "man as scientist" bereits eine ähnliche Position vertreten.

10 HERRMANN (1982) warnt mit seinem Hinweis auf eine drohende Akteur-System-Kontamination davor, diese beiden Sprachspiele der wissenschaftlichen Beschreibung zu vermischen.

Zusammenfassend werden von GROEBEN et. al. (1988, S.22), im Sinne einer engeren Begriffsexplikation, folgende Merkmale für das Konstrukt der Subjektiven Theorie angeführt:

" - *Kognitionen der Selbst- und Fremdsicht, die im Dialog-Konsens aktualisierbar und rekonstruierbar sind*
- *als komplexes Aggregat mit (zumindest impliziter) Argumentationsstruktur,*
- *das auch die zu objektiven (wissenschaftlichen) Theorien parallelen Funktionen der Erklärung, Prognose, Technologie erfüllt,*
- *deren Akzeptierbarkeit als "objektive" Erkenntnis zu prüfen ist.* "

Betrachtet man diesen Katalog der charakteristischen Merkmale von Subjektiven Theorien, so wird deutlich, daß der Gegenstandsbereich von Epistemologien ohne entscheidende Abstriche in das Theoriegerüst der Subjektiven Theorien übernommen werden kann. Dies gilt umso mehr für den Fall, in dem nachgewiesen werden kann, daß Epistemologien nicht nur im wissenschaftlichen Diskurs, sondern ebenso in Form von Alltagstheorien anzutreffen sind. Der Verweis auf das epistemologische Subjekt als Träger von Subjektiven Theorien kann bereits als ein Argument dafür verstanden werden, daß Reflexivität nicht nur im Diskurssystem der Wissenschaft anzutreffen ist, sondern eben auch in der alltäglichen Lebenswelt.
Da Reflexivität vermutlich als die bedeutendste Quelle für epistemologische beliefs anzusehen ist, kann der Schluß gezogen werden, daß Subjektive Epistemologien auch in einer mit reflexiven Anteilen ausgestatteten Alltagswelt anzutreffen sind.
Ein weiteres Argument für die epistemologische Durchdringung der Alltagswelt liefert die augenscheinliche Aufweichung der Grenze zwischen den Lebensbereichen der Wissenschaft und der alltäglichen Lebenspraxis. Ein regelrechter Verwissenschaftlichungsschub hat die hochindustrialisierten Gesellschaften erfaßt und diese zu "Wissenschaftsgesellschaften" werden lassen (KREIBICH, 1986).
Dies äußert sich zum einen in dem Ausmaß, in welchem in der heutigen Zeit gesellschaftliche und ökonomische Ressourcen für die wissenschaftliche Erkenntnisproduktion bereitgestellt werden[11], und zum anderen in der zunehmenden Tendenz, wissenschaftliches Wissen, auf einem durchaus akzeptablen argumentativen Niveau, durch Massenmedien zu popularisieren. Als hervorragendes Beispiel zur Verdeutlichung dieser Tendenz kann die Chaostheorie angesehen werden. Die Inhalte dieser Theorie sind, allerdings auf recht unterschiedlichen Niveaus der Darstellung, in vielfältigen

11 KREIBICH (1986, S.26ff) weist darauf hin, daß 90 % der gesamten wissenschaftlichen und technischen Information und 80 % aller jemals tätiger Wissenschaftler im 20. Jahrhundert verortet werden können.

populärwissenschaftlichen Bild- und Printmedien vermittelt worden (vgl. GEO WISSEN: Chaos und Kreativität, 1990). Dieses Thema scheint ein derartig großes Interesse bei einer breiten Leserschaft gefunden zu haben, daß mittlerweile sogar die Geltungsansprüche der wissenschaftlichen Theorie vom Chaos in der Wochenzeitung SPIEGEL diskutiert werden (BRÜGGE, 1993a, 1993b, 1993c). Da der SPIEGEL als eine marktwirtschaftlich arbeitende Wochenzeitung mit hoher Auflage zu betrachten ist, die sich bei der Auswahl ihrer zu publizierenden Beiträge an den Interessen der Leserschaft orientiert, kann davon ausgegangen werden, daß diese Leserschaft wenigstens über ein Grundmaß an epistemologischem "Chaos"wissen verfügen muß. Das Beispiel der Chaostheorie ist für die Fragestellung dieser Arbeit noch von einem zusätzlichen Interesse, da sich die thematisierten Epistemologien auf den modernen systemtheoretischen Kontext beziehen, dessen Kernkonzept der Selbstorganisation häufiger im Zusammenhang mit chaostheoretischen Überlegungen genannt wird.
So kann zusammenfassend festgehalten werden, daß epistemologische beliefs, durch eine zunehmende Tendenz der Verwissenschaftlichung der alltäglichen Lebenswelt, mittlerweile auch Inhalte von Subjektiven Theorien darstellen können und sich nicht nur in ihrer Verbreitung auf das Diskurssystem der Wissenschaft beschränken.

2.5. Zusammenhänge zwischen kognitiven Fähigkeiten und epistemologischen Orientierungen

Im nächsten Abschnitt sollen theoretische Ansätze und empirische Arbeiten aus der Psychologie vorgestellt werden, die das Konzept der Epistemologie bereits auf verschiedene Weise thematisiert haben.
Das größte Maß an Bekanntheit haben in diesem Zusammenhang sicherlich die Arbeiten von PIAGET im Rahmen seiner genetischen Epistemologie erlangt (PIAGET, 1974). Innerhalb dieses Ansatzes versucht PIAGET aus einer ontogenetischen Perspektive heraus, die invarianten Prozesse der kognitiven Entwicklung des Menschen zu beschreiben. So kann er beispielsweise die Genese des Zahlbegriffs bei Kindern in den Begriffen seiner Theorie beschreiben und in sein Stadienmodell der kognitiven Entwicklung einordnen (PIAGET, 1973, S.46ff). PIAGET hat durch seine Art der Fragestellung Inhalte für die psychologische Forschung erschlossen, die bisher der Erkenntnistheorie und dort vor allem der (mathematischen) Logik vorbehalten waren. Damit kann PIAGET aus einer historischen Perspektive als der bedeutendste Wegbereiter für die in dieser Arbeit formulierten Fragestellungen angesehen werden. Es soll jedoch auf eine leichte Differenz seines Erkenntnisinteresses zu demjenigen der vorliegenden Arbeit hingewiesen werden. Während bei PIAGET die Genese von allge-

meinpsychologischen kognitiven Kompetenzen im Mittelpunkt der Untersuchungen stand, die von prinzipiell allen, kognitiv normal entwickelten Menschen, erreicht werden können, geht es in dieser Arbeit um den Nachweis der Existenz und der Verhaltenswirksamkeit von ganz spezifischen Inhalten Subjektiver Epistemologien. Hieran schließt sich direkt die weiterführende Frage an, ob nicht diese Subjektiven Epistemologien eventuell Elemente enthalten könnten, die eine Fortsetzung der kognitiven Entwicklung "jenseits der formalen Operationen" von PIAGETs Stadienmodell beschreiben können (vgl. COMMONS, RICHARDS & ARMON, 1984). Dieser Aspekt wird noch an einem späteren Punkt dieses Abschnittes genauer diskutiert werden. Auf jeden Fall soll in der vorliegenden Untersuchung, und hierin besteht ein wesentlicher Unterschied zu den Arbeiten PIAGETs, nicht der "Prozeß der Genese" von konkreten Inhalten Subjektiver Epistemologien empirisch beschrieben werden. Hierfür mangelt es in der vorliegenden Arbeit an der methodischen Möglichkeit, den vermutlich sehr langen Prozeß der Sozialisation des menschlichen Denkvermögens zu beobachten, der als Grundlage für den Erwerb epistemologischer beliefs angesehen werden kann. Eine derartige Analyse kann nur im Rahmen einer empirischen wissenssoziologischen Untersuchung geleistet werden.

Einen weiteren, auf erkenntnistheoretische Fragestellungen bezogenen Forschungsansatz innerhalb der Psychologie, stellt die Theorie der "Laienepistemologie" dar (KRUGLANSKI, BALDWIN & SHELAGH, 1985). In ihm wird der Versuch unternommen, ein integratives Konzept für verschiedene sozialpsychologische Theorieansätze zu entwerfen, das seine Anwendung in den Gegenstandsbereichen Attribution, kognitive Konsistenz, Schlußfolgerungsfehler und soziale Vergleichsprozesse findet. Der Mensch wird in der "Laienepistemologie" ebenfalls wieder als ein nach Erkenntnis strebendes Wesen betrachtet (vgl. "epistemologisches Subjektmodell"), das sein Wissen über die Welt, durch drei grundlegende Motive veranlaßt, erwirbt. Als erstes Motiv ist das Bedürfnis nach einer Struktur des eigenen Wissens angesprochen, wodurch eine innere Kohärenz in der Wissensorganisation erreicht werden soll. Zweitens wird ein Bedürfnis nach spezifischen Schlußfolgerungen angeführt, durch welches eine widerspruchsfreie Organisation von Überzeugungen gesichert werden soll, die für den jeweiligen Laienepistemologen eine besondere Relevanz besitzen. Drittens ist im Zusammmenhang mit Wissen immer auch ein Bedürfnis nach der Gültigkeit dieses Wissens vorhanden (KRUGLANSKI, BALDWIN & SHELAGH, 1985, S. 296ff.). Sind diese drei Bedürfnisse bei einer Person erfüllt, so "friert" sie ihre Überzeugung als "Wissen ein". Dies bedeutet konkret, daß die Person ihre Überzeugung nicht länger "gegenüber konkurrierenden Alternativen und/oder inkonsistenten Beweisstücken" bewertet (ebenda S.295).

Die Aussagen der Laienepistemologie befinden sich auf einem hohem Grad an Allgemeinheit, so daß in ihr eigentlich, in Analogie zum "epistemologischen Subjektmodell", eher die Voraussetzungen einer sozialpsychologischen Theorie des Wissens formuliert werden, als daß aus ihr direkt empirisch-überprüfbare Hypothesen abgeleitet werden könnten. Ihre Ausagen können damit in großer Nähe zu dem Forschungsprogramm der Subjektiven Theorien gesehen werden, fügen diesem auch nichts Wesentliches hinzu. Für das Erkenntnisinteresse der vorliegenden Arbeit ist allerdings der heuristische Wert der Theorie der Laienepistemologie hervorzuheben, da sie die Gleichartigkeit des Entstehungszusammenhanges von Erkenntnissen bei Wissenschaftlern und Laien betont. Diese Gleichartigkeit findet sich nicht nur im Entstehungszusammenhang, sondern ebenso im Bewertungszusammenhang von Erkenntnis, der von der "Laienepistemologie" durch eine deskriptive Analyse der Akzeptanzprozesse von Wissensinhalten untersucht wird. So wird in der Theorie der Laienepistemologie ausdrücklich ein Anspruch von seiten der Sozialpsychologie formuliert, Prozesse der Erkenntnisproduktion und der faktischen Bewertung von Erkenntnisprozessen beschreiben zu können.

Der Vollständigkeit halber soll an dieser Stelle noch auf das Konzept des "epistemischen Wissens" eingegangen werden, wie es von DÖRNER (1976) für die Denkpsychologie formuliert worden ist. DÖRNER bezeichnet Wissen, das Personen in einem bestimmten Phänomenbereich gesammelt haben, als epistemisches Wissen. Dieses Wissen bezieht sich sowohl auf deklaratives Faktenwissen, als auch auf prozedurales Wissen in Form von Operationen. So ist das entscheidende Merkmal für die Charakterisierung des epistemischen Wissens das Merkmal der Bereichspezifizität, das dieses von bereichsübergreifenden heuristischen Wissensformen unterscheidet.
Aufgrund dieser Definition muß eine Abgrenzung des nach DÖRNER verstandenen epistemischen Wissens von den in der vorliegenden Untersuchung thematisierten Subjektiven Epistemologien vorgenommen werden. Es besteht kein systematischer Zusammenhang zwischen diesen beiden Formen des Wissens. Das epistemische Wissen beinhaltet keinerlei reflexive Anteile, welche für die Konstitution von Subjektiven Epistemologien von fundamentaler Bedeutung sind.

Der Begriff der "epistemology" ist seit dem Jahre 1973 in den "Psychological Abstracts" aufgeführt. Trotzdem existieren nur sehr vereinzelt empirische Arbeiten, die den Zusammenhang von Epistemologien - in der hier beschriebenen, empirisch-operationalisierbaren Form - mit kognitiven Prozessen thematisieren. Den inhaltlichen Schwerpunkt dieser geringen Anzahl von Arbeiten bildet eine Auseinandersetzung und Weiterführung der Theorie zur kognitiven Entwicklung, wie sie von PIAGET

ausgearbeitet worden ist. Unabhängig von Arbeiten, die sich mit der Theorie PIAGETs im engeren Sinne beschäftigen, lassen sich noch zwei weitere Fragestellungen unterscheiden.
Die erste Fragestellung nimmt noch einen indirekten Bezug auf die Theorie von PIAGET, indem sie die Notwendigkeit einer Erweiterung des Stadienmodells der kognitiven Entwicklung diskutiert. Nach PIAGET ist mit dem Erreichen der formal-operationalen Phase der Endpunkt der kognitiven Entwicklung des Menschen erreicht. In ihr ist es dem Menschen möglich, kognitive Operationen in Gestalt von logischen Verknüpfungen und Quantifikationen, unabhängig von konkret vorgegebener Information, durchzuführen (MONTADA, 1987, S.440). Im Gegensatz hierzu vertreten einige Autoren die Auffassung, daß die intellektuelle Entwicklung des Menschen nicht bereits in seinem Jugendalter als abgeschlossen angesehen werden kann, sondern sich auch noch im Erwachsenenalter qualitativ beschreibbare Veränderungen des Denkvermögens beobachten lassen. So entwirft BASSECHES (1984a) eine Rahmentheorie für dialektisches Denken, welches die Begrenzungen des statischen formal-operationalen Denkens durch die Anwendung integrativer und dynamischer Denkfiguren überwindet. Diese Denkfiguren stellt er in Form von dialektischen Schemata dar, deren Anwendung bei erfahrenen Wissenschaftlern häufiger nachgewiesen werden konnte, als bei einer Kontrollgruppe von Studienanfängern (BASSECHES, 1984b). Auf diese Weise konnte von BASSECHES und anderen Autoren
[12] eine Fülle an empirischem Material zusammengetragen werden, welches die Existenz eines "postopera-tionalen Denkens" nahelegt.

Der zweite Komplex von Untersuchungen nimmt keinen expliziten Bezug mehr auf die Theorie PIAGETs, sondern untersucht direkt das Ausmaß und die Qualität der Beeinflussung, die bestimmte epistemologische beliefs auf kognitive Leistungen ausüben können. Schon Anfang der siebziger Jahre hat ROYCE (1970) verschiedene epistemologische Stile innerhalb des psychologischen Denkens dargestellt (Empirismus, Rationalismus und Metaphorismus), deren Unterscheidung aber eher aus der Motivation nach einer metatheoretischen Strukturierung der Psychologie resultierte, als aus dem Bedürfnis, sie für die empirische Forschung nutzbar zu machen[13].
UNGER, DRAPER und PENDERGRASS (1986) haben in ihrer Studie empirisch nachweisen können, daß StudentInnen kohärente und stabile Muster epistemologischer

---

12 Vgl. den Sammelband "Beyond formal operations" von M.COMMONS, F.RICHARDS & C.ARMON (Eds.) (1984)

13 Möglicherweise hat ROYCE in seinem "Manual for the psycho-epistemological profile" (1975), Edmonton: University of Alberta, den Versuch unternommen, epistemologische Orientierungen auch empirisch zu erfassen. Diese Literatur konnte aber vom Autor nicht eingesehen werden.

Annahmen über das Verhältnis von eigener Person und Realität besitzen. Sie verwendeten einen Fragebogen (Attitudes about reality scale) dem eine zweipolige Dimension zugrundeliegt, wobei der eine Pol durch sozial-konstruktivistische beliefs ("die Person konstruiert die Wirklichkeit") und der andere Pol durch logisch-positivistische beliefs ("die Wirklichkeit konstruiert die Person") gekennzeichnet ist. Neben dem Nachweis der Existenz dieser epistemologischen Strukturen konnte ebenfalls eine Verhaltenswirksamkeit derselben bei einer großen Gruppe von Studenten (N=101) aufgezeigt werden. Es konnte nämlich durch eine systematische Beobachtung nachgewiesen werden, daß die Kurse an der Universität mit ihren jeweiligen inhaltlichen Schwerpunkten so von den Studenten gewählt wurden, daß sie sich in Einklang mit ihren epistemologischen beliefs befanden. So wählten sozial-konstruktivistisch eingestellte Studenten eher Kurse, die eine stärkere Anwendung der sozialen Perspektive auf psychologische Probleme anvisierten. Dieses von UNGER, DRAPER und PENDERGRASS beschriebene Wahlverhalten in bezug auf die Aufnahme neuer Information, kann leicht zu einer Abschottung gegenüber anderen, mit den eigenen epistemologischen beliefs inkonsistenten Informationen führen. Dieser Selektionsprozeß beginnt aber nicht erst während der akademischen Ausbildung, sondern ist bereits bei Studienanfängern zu beoabachten, was auf die Existenz eines epistemologischen Rahmenmodells hinweist, das durch den allgemeinen Sozialisationsprozeß vermittelt wird.

Zu vergleichbaren Ergebnissen kommt eine Studie von KING, KITCHENER, DAVISON, PARKER & WOOD (1983). In ihr konnte in einer zweijährigen Längsschnittstudie nachgewiesen werden, daß Erwachsene eine unterschiedliche Fähigkeit zum reflexiven Urteilen aufwiesen, je nachdem, welcher Altersgruppe sie angehörten. Die Einschätzung des reflexiven Urteilens erfolgte an einem elaborierten siebenstufigen Modell, welches von KING & KITCHENER (1981) erstellt worden ist und in dessen Mittelpunkt die Beschreibung von Übergängen zwischen unterschiedlichen epistemologischen Grundhaltungen steht. In diesem Modell wird eine Entwicklungshierarchie verschiedener epistemologischer Stadien vorgestellt, an dessen Endpunkt ein relativistisches, auf metatheoretische Begründbarkeit ausgerichtetes epistemologisches System steht. Durch ihre empirische Inhaltsanalyse des verbalen Materials aus vier Dilemma-Situationen, welches von ihren Versuchspersonen im "reflexive judgement interview" (RJL) erhoben worden ist, konnten KING, KITCHENER, DAVISON, PARKER und WOOD (1980) nachweisen, daß Erwachsene älterer Altersgruppen (Doktoranden, Durchschnittsalter 28 Jahre, N=20) höhere Stadien in dem Modell zum reflexiven Urteilen erreicht haben als "high school juniors" (Durchschnittsalter 16 Jahre, N=20) und "college juniors" (Durchschnitts-alter 20 Jahre, N=40). Diese Tendenz konnte auch in der zweijährigen Phase ihrer Längsschnittstudie bestätigt werden, in der bei allen Versuchspersonen eine Weiterentwicklung der Fähigkeit zum reflexiven Urteilen beobachtet werden konnte. In der jüngsten Altersgruppe war demnach auch die größte durchschnittliche Weiterentwicklung zu erkennen. Eine Konfundierung der Ergebnisse zum reflexivem Urteilen mit dem Faktor einer allgemeinen verbalen Kompetenz ist durch zusätzliche Tests ausgeschlossen worden.

Einen direkten Zusammmenhang zwischen epistemologischen Orientierungen und den kognitiven Fähigkeiten des Textverstehens und der Textproduktion hat RYAN (1984a, 1984b) nachweisen können. Er hat dabei auf der epistemologischen Seite zwei inhaltliche Positionen unterschieden. Auf der einen Seite konnte er die studentischen Versuchspersonen durch die Verwendung von standardisierten Fragebögen als entweder dualistisch (faktenorientiert) oder als relativistisch (kontextorientiert) klassifizieren.

Studenten mit dualistischen Epistemologien orientierten sich bei der Beurteilung des Verständnisses von Texten stärker an Wissenskategorien, während relativistische Studenten sich in ihrem Verständnis stärker an Anwendungskategorien orientierten. Aus diesen, über die epistemologischen beliefs vermittelten Kriterien, zur Beurteilung des eigenen Textverständnisses, ließen sich bei RYAN (1984a) die späteren Leistungen in einführenden Grundkursen zur Psychologie voraussagen. Relativistisch orientierte Studenten erzielten hierbei bessere Noten als dualistisch orientierte Studenten.

Ebenso konnte RYAN (1984b) nachweisen, daß "relativistische" Studenten eine höhere Leistung bei dem Verfassen von Texten erbrachten, weil ihre Kategorien für das Entwerfen von Texten (die Reihenfolge der eigentlich miteinander verbundenen Teile eines Textes und die Einheit der Gedankenführung unter dem eigentlichen Thema des Textes) eher einem Anspruch nach Kohärenz entsprachen, als die Kriterien der "dualistischen" Studenten (hier: Informationsgehalt und Gruppierung dieser Informationen).

SCHWARTZ und WILKINSON (1988) greifen ebenfalls auf die Klassifikation von relativistischen und dualistischen Epistemologien bei ihrer Untersuchung der Beziehung zwischen epistemologischen Orientierungen und kognitiven Fähigkeiten zurück. Sie haben hierzu 76 nicht graduierte Studenten aus Kursen zur pädagogischen Psychologie mit Fragebögen zur ihrer epistemologischen Einstellung befragt und anschließend mit diesen fünf kognitive Leistungstests durchgeführt. Diese fünf Tests sollten die Fähigkeit der flexiblen Umsetzung vorgegebener räumlicher Information ("Ornamentation Test"), die Fähigkeit zur kreativen Umsetzung vorgegebener semantisch-verbaler Information ("Thing Categories Test"), zum induktiven ("Letter Set Test"), deduktiven ("Diagramming Relationships Test") und simultanen Schlußfolgern ("Calendar Test") diagnostizieren. Bei einer Korrelation der Ergebnisse aus diesen fünf Tests mit den Ergebnissen des Fragebogens zur epistemologischen Orientierung zeigt sich, daß die relativistischen Studenten bei allen fünf Tests bessere Leistungen

gezeigt haben, wobei aber nur die Leistungsunterschiede im induktiven, deduktiven und simultanen Denken signifikant wurden. Aufgrund dieser Ergebnisse stellen SCHWARTZ und WILKINSON die offene Frage in den Raum, ob eine relativistische Epistemologie eine allgemeine kognitive Kompetenz positiv unterstützt oder ob durch sie nur ganz spezifische kognitive Fähigkeiten verbessert werden.
Als letzte Studie aus der Reihe von Vorarbeiten, die den Zusammenhang von Subjektiven Epistemologien und kognitiven Leistungen untersuchen, soll die Untersuchung von SINNOTT (1984) angeführt werden. Sie weist die wesentlichsten Parallelen zu der Fragestellung auf, der auch in der vorliegenden Arbeit nachgegangen werden soll. SINNOTT postuliert ebenfalls die Existenz eines relativistischen Denkens, das er als eine Weiterentwicklung des formal-operationalen Denkens nach PIAGET beschreibt. Er sieht einen breiten Anwendungsbereich für relativistische Denkoperationen.
"Adults can use relativistic operations to structure physical, interpersonal, and practical areas of knowing. In short, adults with postformal relativistic operations can act intelligently in complex, everyday situations that require several mutually contradictory systematic logical interpretations" (SINNOTT, 1984, S.304).
SINNOTT verortet hiermit das relativistische Denken vor allem in jenem Bereich des alltäglichen Handelns, in dem eine zwischenmenschliche Dimension eine entscheidende Stellung in der Problemstellungen einnimmt. Er schreibt:
"The genesis of relativistic operations has been described in terms of understanding interpersonal relations, a type of understanding that is relevant to adults" (SINNOTT, 1984, S.325).
SINNOTT wählt seine Versuchspersonen bewußt aus einem nicht-wissenschaftlichen Kontext aus, um zeigen zu können, daß relativistisches Denken nicht als das alleinige Produkt des wissenschaftlichen Denkens angesehen werden kann (obwohl nach SINNOTT gerade die moderne Physik in Gestalt der Einsteinschen Relativitätstheorie relativistische Elemente enthält, 1984, S.302), sondern als eine alltägliche Form des Denkens in sozialen Zusammenhängen aufgefaßt werden kann. In den durchgeführten Interviews wurde der Schwerpunkt auf eine Analyse des Problemlöseverhaltens gelegt, welches von den Versuchspersonen bei der Bearbeitung von sechs verschiedenen Problemstellungen mit unterschiedlichem Abstraktionsgrad auf einer verbalen Ebene geäußert worden ist. SINNOTT hat für die Auswertung der Problemlösungen ein Kategoriensystem entwickelt, in welchem speziell postoperationale Formen des Denkens erfaßt werden sollen. Zu diesen Kategorien des Denkens zählen: metatheoretischer Wechsel zwischen abstrakten und praktischen Ebenen, eine Problemdefinition, ein Wechsel zwischen Prozeß und Produkt, eine Parameterbestimmung, eine pragmatische Ebene, vielfältige Lösungsansätze, mehrfache Kausalitäten und Paradoxien.

SINNOTT untersucht in seiner Studie die Anwendung dieser Denkoperationen auf drei unterschiedliche Problemtypen. Als Ergebnis läßt sich festhalten, daß die Häufigkeit von postoperationalen Denkformen in einem systematischen Zusammenhang mit der Art des Problemtyps steht. Sehr abstrakte Probleme bieten keinen großen Raum für die Anwendung relativistischer Denkoperationen (nur die Kategorie Wechsel zwischen Prozeß und Ergebnis läßt sich häufiger beobachten). Postoperationales Denken läßt sich jedoch am häufigsten dort auffinden, wo Problemstellungen Elemente enthalten, die ein Verständnis von zwischenmenschlichen Beziehungen erfordern. SINNOTT faßt am Ende seiner Arbeit die Überlegenheit der relativistischen Denkoperationen gegenüber den klassischen Formen des formal-operationalen Denkens für die folgenden Bereiche zusammen:
"First, relativistic operations allow adults to take maximum advantage of a social world. Second, they permit not only the best choice of action but also the widest range of interpretation, in spite of imperfect information. Finally, relativistic operations permit a flexible, intelligent interpretation of complex reality to persist beyond the lifetime of a single generation" (ebenda, S.325).
Die Studie von SINNOTT weist zu der hier vorliegenden Untersuchung eine große Ähnlichkeit auf, weil in ihr eine differenzierte Analyse von Problemlöseprozessen erfolgt. Bei SINNOTT wird ebenfalls ein Zusammenhang zu epistemologischen Überzeugungen hergestellt. So gehört beispielsweise der epistemologische belief der "Subjektivität allen Wissens" notwendig zum relativistischen Denken dazu (SINNOTT, 1984, S.299). Trotzdem geht es SINNOTT eher um die Beschreibung eines allgemeinen Entwicklungsmodells kognitiver Problemlösekompetenzen, als um den Nachweis einer Beeinflussung des Problemlösens durch spezifische Subjektive Epistemologien. In den Worten des Theoriemodells von SCHOENFELD (s. 2.1.) ausgedrückt, handelt es sich bei SINNOTTs Überlegungen um eine Beschreibung der Ebene der kognitiven "resources".

Faßt man die Ergebisse aus den bisher vorgestellten Studien zusammen, so ergibt sich folgender Forschungsstand:

1) Es lassen sich konsistente Subjektive Epistemologien bei Studenten nachweisen.

2) Spezifische Epistemologien (mit relativistischen, dialektischen oder pragmatischen Inhalten) besitzen einen positiven Einfluß auf die kognitiven Fähigkeiten des reflexiven Urteilens, des Textverstehens, der Textproduktion und verschiedener Formen des Problemlösens.

3) Es lassen sich Formen des postoperationalen Denkens in Alltag und Wissenschaft identifizieren, die an bestimmte epistemologische beliefs gebunden sind. Diese postoperationalen Formen des Denkens sind dem formal-operationalen Denken in bestimmten komplexen Problemstellungen überlegen.

Im nächsten Abschnitt soll auf die wissenschaftstheoretischen Implikationen der oben angesprochenen Forschungsergebnisse näher eingegangen werden.

2.7. Wissenschaftstheorie und Psychologie des Problemlösens

Folgt man POPPER (1935) in seiner Auffassung, daß am Anfangspunkt des wissenschaftlichen Forschungsprozesses ein wahrgenommenes Problem steht, so erscheint es naheliegend, der Psychologie des Problemlösens eine bedeutende Rolle bei der Beantwortung von wissenschaftstheoretischen Fragestellungen zuzuschreiben. Trotzdem gibt es unterschiedliche Positionen, zu welchen Fragen innerhalb der Wissenschaftstheorie sich die empirische Psychologie überhaupt äußern darf. POPPER knüpft in seiner "Logik der Forschung" (1935) an die Aufteilung der Wissenschaftstheorie von REICHENBACH an, der zwischen einem Enstehungszusammenhang ("context of discovery") und einem Begründungszusammenhang ("context of justification") wissenschaftlicher Forschung unterschieden hat. Für POPPER darf sich die empirische Psychologie nicht in die Fragen der Rechtfertigung von Erkenntnis einmischen. Die Beantwortung der Fragen nach einer möglichen Rechtfertigung von Erkenntnis bleibt allein der philosophischen Erkenntnislogik vorbehalten, die letztendlich in ihren Begründungen auf analytische, d.h. deduktiv abgeleitete und empirisch nicht zu überprüfende, Einsichten angewiesen ist. Hält sich die empirische Psychologie nicht an diese ihr auferlegte Grenze und versucht Erkenntnis einfach als den faktischen Verlauf von Erkenntnisprozessen darzustellen, so gerät die Wissenschaftstheorie in die Gefahr, von einem Psychologismus eingeholt zu werden (POPPER, 1935, S.6/7). Die von POPPER für die moderne Wissenschaftstheorie geforderte Arbeitsteilung in Philosophie ("Geltungsfragen") und empirische Wissenschaft ("Tatsachenfragen") stellt gegenwärtig die dominante Position in der Wissenschaftstheorie dar.
Durch die Einsichten der "new philosophy of science", die die Wissenschaft aus einer historischen Perspektive betrachtet hat, ist die Relevanz dieser Aufgabenteilung aber seit den 60er Jahren dieses Jahrhunderts grundlegend in Frage gestellt worden. Vertreter dieser Position argumentieren, daß für ein vollständiges Verständnis des Wissenschaftsprozesses auch diejenigen Fragen berücksichtigt werden müssen, die von einer "Psychologie der Forschung" beantwortet werden können (KUHN, 1978).

Dagegen legt die "Logik der Forschung" auf einer normativen Ebene lediglich Standards der wissenschaftlichen Methode fest, die in der wissenschaftlichen Praxis nur unzureichend eingehalten werden[14] und daher auch nur selten erklären können, wie Wissenschaft denn nun faktisch abläuft. Im Anschluß an diese Überlegungen sind eine große Anzahl von Studien durchgeführt worden, die meist auf einer soziologischen Ebene den empirischen Prozeß der Erkenntnisproduktion beschrieben haben[15].

Mittlerweile hat sich dieser Zweig einer deskriptiven Analyse des Wissenschaftsprozesses als Disziplin der Wissenschaftssoziologie innerhalb der Wissenschaftsforschung etablieren können. Eine ähnliche Entwicklung hätte auch für eine Wissenschaftspsychologie erwartet werden können. Diese Entwicklung hat aber bisher nicht stattgefunden, auch wenn der Wissenschaftspsychologie durchaus ein eigener Standpunkt in der Wissenschaftstheorie zugeordnet werden könnte (vgl. KÖNIG, 1977, S.91-93). Als Begründung für diese ausgebliebene Entwicklung muß wohl angeführt werden, daß sich die Psychologie bisher nicht systematisch zu den möglichen Fragen einer Wissenschaftspsychologie geäußert hat.

Eine Ausnahme stellen hier die Arbeiten von SIMON dar, der innerhalb seiner allgemeinen Theorie des Problemlösens den Wissenschaftler als Problemlöser thematisiert hat (SIMON, 1989). Die zentrale Frage in SIMONs wissenschaftspsychologischen Arbeiten lautet, ob der Prozeß der wissenschaftlichen Entdeckung durch kognitionspsychologische Erkenntnisse über den Prozeß des Problemlösens angemessen beschrieben werden kann (SIMON, 1973, 1978). Häufig wird aber gerade dieser Phase des Forschungsprozesses, in welcher der Wissenschaftler Ideen produziert und erste Lösungsansätze entwirft, wenig Aufmerksamkeit geschenkt. Dies liegt zum einen daran, daß der Prozeß der wissenschaftlichen Ideenproduktion und -auswahl schon immer als wenig zugänglich betrachtet worden ist und daher nur mit diffus analysierbaren Vorgängen wie Kreativität und Intuition in Verbindung gebracht worden konnte. Zum anderen ist die genaue Analyse der Entstehung von wissen-schaftlichen Ideen und Lösungsansätzen wenig reizvoll, wenn über den eigentlichen Wert wissenschaftlicher Erkenntnis in einer ganz anderen Diskussion, nämlich in derjenigen über Geltungsfragen von Erkenntnis, entschieden wird. SIMON hat ungeachtet dessen versucht, seine Einsichten in den Prozeß der wissenschaftlichen Entdeckungen in sein

---

14 Am eindringlichsten hat FEYERABEND (1986) diese These in Gestalt seines wissenschaftsmethodologischen Anarchismus vertreten. Er hat diese These vor allem durch seine historische Analyse der wissenschaftlichen Arbeiten von GALILEI belegen können.

15 Der Prozeß der wissenschaftlichen Produktion von Erkenntnis wird von KNORR-CETINA (1984) aus dem Blickwinkel einer Ethnologin eindringlich beschrieben, die sich in die "fremde Welt" eines naturwissenschaftlichen Labors begibt.

allgemeines Modell des Problemlösens zu integrieren und dieses in Computerporgrammen zu modellieren. Als Ergebnis dieser Forschungen kann die Programmserie BACON angeführt werden (LANGLEY, SIMON, BRADSHAW & ZYTKOW, 1987), in der es gelang, unterschiedliche Aspekte von induktiven Denkvorgängen zu simulieren, die an wissenschaftlichen Entdeckungsprozessen beteiligt sind.

Ebenfalls zur Beschreibung des Prozesses der wissenschaftlichen Entdeckung haben KLAHR und DUNBAR das SDDS-Modell (*S*cientific *d*iscovery as *d*ual *s*earch) entwickelt (KLAHR & DUNBAR, 1988; KLAHR, FEY & DUNBAR, 1993). In diesem Modell wird induktives Lernen und Denken als eine zweifache Suche beschrieben. Der Suchprozeß findet in einem Problemraum mit Hypothesen und dem dazugehörigen Wissen statt, während der andere Suchvorgang in einem Problemraum mit Daten und den dazugehörigen Experimenten abläuft.

Innerhalb dieser Forschungen wird deutlich, daß mittlerweile erste Ergebnisse einer Wissenschaftspsychologie vorliegen, deren Schwerpunkt auf einer kognitionspsychologischen Analyseebene liegt[16].

Auch die vorliegende Arbeit möchte als ein Beitrag zur Wissenschaftspsychologie begriffen werden. Sie unterscheidet sich jedoch von dem Typ der Untersuchungen, wie sie von SIMON und von KLAHR und DUNBAR angefertigt worden sind, auf einer inhaltlichen, und damit verbunden, auch auf einer methodologischen Ebene. Während es in den Arbeiten von SIMON et. al. um den Nachweis von allgemeinpsychologisch gültigen kognitiven Prozessen geht, soll in der vorliegenden Arbeit der Zusammenhang zwischen einer spezifischen inhaltlichen Einstellung in Form von Subjektiven Epistemologien und kognitiven Leistungen untersucht werden. Die Inhalte der Subjektiven Epistemologien lassen sich nur als Produkt eines sehr langen, spezifischen Sozialisationsprozesses auffassen. Damit können die epistemologischen Inhalte nicht zum Gegenstand einer allgemeinpsychologischen Beschreibung werden. Eine angemessenere Beschreibung könnte für die Subjektiven Epistemologien auf der Ebene der Wissenssoziologie, bzw. Wissenschaftssoziologie angefertigt werden. Aus diesem Grunde muß bereits von einer forschungsmethodologischen Ebene aus behauptet werden, daß vollständige epistemologische "belief systems", mit all ihren Reflexionsanteilen, prinzipiell nicht in eine Computermodellierung überführt werden können. Doch dieser vermeintliche Mangel stellt sich auf längere Sicht als ein Vorteil gegenüber den computerisierten Modellen des wissenschaftlichen Problemlösens dar. Durch die Mitberücksichtigung sozialer Kognitionen in Gestalt von Subjek-

---

16 So beschreibt GIBSON (1985) eine Konvergenz zwischen der wissenschaftstheoretischen Position von KUHN und dem Schema-Konzept wie es in der kognitiven Psychologie verwendet wird.

tiven Epistemologien wird der generelle Fehler der Künstlichen-Intelligenz-Forschung vermieden, den kognitiven Akteur künstlich aus seinen sozialen Bezügen zu isolieren. Dieses Vorgehen mag für die Modellierung kognitiver Leistungen in Computermodellen praktikabel sein (obwohl vermutlich gerade hieraus die Begrenzungen der Künstlichen Intelligenz herrühren), ist aber für eine Beschreibung menschlicher kognitiver Aktivität kontraproduktiv. So muß von einer Wissenschaftspsychologie, die den Wissenschaftler als Menschen ernst nehmen will, gefordert werden, daß in ihrer kognitionspsychologischen Betrachtung nicht die sozialen Bezüge von Wissen(schafts)erwerbsprozessen vernachlässigt werden dürfen. Während die Arbeiten von SIMON et. al. noch dem Anspruch QUINEs (1975) nach einer "naturalisierten Epistemologie" entsprechen können, kann die in der vorliegenden Arbeit aufgegriffene Fragestellung auch den Ansprüchen einer weiterentwickelten "soziologisierten Epistemologie" (FEHER, 1988) gerecht werden.

Auf diese Weise erscheint es möglich, daß eine Kognitionspsychologie, die bei ihrer Analyse des faktischen Verlaufs von wissenschaftlichen Problemlöseprozessen den Blick für die soziale Basis der beteiligten Denkprozesse nicht aus den Augen verliert, einen fruchtbaren Beitrag zur wissenschaftstheoretischen Diskussion zu leisten vermag.

Aber ebenso kann die Psychologie in umgekehrter Richtung durch theoretische Überlegungen über das Wesen von Wissens- und Erkenntnisprozessen, wie sie in der Philosophie am gründlichsten durchgeführt werden, in ihrer empirischen Arbeit angeregt werden[17]. In der vorliegenden Untersuchung wird dieser Fragerichtung nachgegangen werden, wenn es darum gehen soll, den Nutzen bestimmter epistemologischer Reflexionen für das komplexe Problemlösen empirisch zu bestimmen.

---

17 Eine interessante Perspektive bieten hier die Überlegungen von MITROFF und SAGASTI (1973) an, welche versuchen, das Konzept des Stimulus innerhalb verschiedener komplexer Problemlöse-Experimente durch epistemologische Theoriesysteme näher zu spezifizieren. So werden, je nach epistemologischen Vorannahmen (sie unterscheiden hier zwischen den Positionen von LEIBNIZ, LOCKE, KANT, HEGEL und SINGER), Untersuchungssysteme ("inquiring systems") konstruiert, die sich durch eine spezifische Problemkonstellation beschreiben lassen. So können mit einem an LEIBNIZ orientierten Untersuchungssystem vor allem "well-structured-problems" mit großem Erfolg bearbeitet werden, während "ill-structured-problems" eher ein Untersuchungssystem erfordern, das auf die Elemente der HEGELschen Theorie zurückgreift.

2.8. Die Fragestellungen

Nach diesen theoretischen Vorüberlegungen sollen nun die Forschungsfragen für die nachfolgende Untersuchung formuliert werden.

F1) Lassen sich aus dem modernen systemtheoretischen Kontext abgeleitete, subjektive Epistemologien in einer studentischen Stichprobe diagnostizieren, und existieren Hinweise darauf, welche spezifischen Einflußfaktoren die Inhalte von Subjektiven Epistemologien bestimmen?

F2) Können diese subjektiven Epistemologien durch eine gezielte Intervention in Form einer dialogischen Reflexionsphase verändert werden?

F3) Inwieweit sind die beim komplexen Problemlösen gezeigten Denkleistungen von der semantischen Einkleidung der jeweiligen Problemstellung abhängig?

F4) Lassen sich systematische Zusammenhänge zwischen den subjektiven Epistemologien der Probanden und ihren Leistungen beim komplexen Problemlösen aufzeigen?

3.1. Allgemeine methodologische Vorüberlegungen

Das vornehmliche Ziel der vorliegenden Untersuchung ist es, komplexe Denkleistungen zu analysieren. Ein dementsprechend komplexer Anspruch auch muß an die verwendeten Untersuchungsmethoden gestellt werden. Aus diesem Grund wird in der vorliegenden Arbeit auf recht unterschiedliche Methoden der empirischen Psychologie zurückgegriffen, um für die verschiedenen Bereiche von Fragestellungen jeweils einen angemessenen Auflösungsgrad der Analyse zu garantieren.
Die Auswahl der konkreten Forschungsmethoden wird durch eine Orientierung an methodologischen Leitprinzipien bestimmt, die auf einer metatheoretischen Ebene den gesamten Blickwinkel dieser Untersuchung festlegen sollen. Vier metatheoretische Leitbilder liegen der vorliegenden Untersuchung zugrunde. Das erste metatheoretische Leitprinzip besteht in der **Annahme des Menschenbildes vom epistemologischen Subjekt** (vgl. 2.4.). Bei der methodischen Umsetzung dieser Annahme ist besondere Aufmerksamkeit darauf gerichtet worden, die Versuchspersonen nicht durch die Wahl einer restriktiven Aufgabenstellung "um ihren Verstand zu bringen". Eng mit dieser Menschenbildannahme hängt auch das zweite Leitprinzip zusammen, in welchem (wenigstens) der Anspruch formuliert ist, den Versuchspersonen einen breiten Raum für die Äußerung ihrer Denkinhalte zu gewähren. Konkret läßt sich dieses Leitprinzip in die Forderung an den Versuchsleiter umsetzen, eine Haltung von prinzipieller **Offenheit** gegenüber den Mitteilungen der Versuchspersonen einzunehmen (MAYRING, 1990, S.16/17). Hiermit soll vor allem sichergestellt werden, daß sich dieser Forschungsprozeß nicht in der Gestalt eines sturen Testens von zu Beginn der Untersuchung formulierten Hypothesen darstellt, sondern daß, im Sinne einer gegenstandsbezogenen Theoriebildung (MAYRING, 1990, S.77-79), auch Material von den Versuchspersonen in die Auswertung mit aufgenommen werden kann, für das am Anfang der Untersuchung noch keine Auswertungskategorie festgelegt worden ist.
Das dritte Leitprinzip besagt, daß trotz dieser prinzipiellen Offenheit gegenüber den Äußerungen der Versuchspersonen nicht nur ein einzelfallbezogenes Vorgehen angestrebt wird, sondern eine möglichst große **Verallgemeinbarkeit der Ergebnisse** erreicht werden soll. Dieses Ziel muß zum einen durch eine argumentative Absicherung erfolgen, die beschreibt "welche Ergebnisse auf welche Situationen, Bereiche, Zeiten hin generalisiert werden" dürfen (MAYRING, 1990, S.22). Zum anderen kann durch die Auswahl einer möglichst repräsentativen Stichprobe die Möglichkeit der Verallgemeinbarkeit der Ergebnisse zusätzlich erhöht werden.
Letztendlich muß als viertes Leitprinzip, eine Variante des allgemeinen "Sachzwangarguments" aufgenommen werden. In diesem wird darauf hingewiesen, daß die Anzahl der zu bearbeitenden Fragestellungen durch den zeitlichen und organisatori-

schen Rahmen einer Diplomarbeit begrenzt wird. Prinzipiell läßt sich in empirischen Untersuchungen durch eine Steigerung des Aufwandes bei der Datenerhebung ein immer höheres Maß an Exaktheit erreichen. Aber dieses Maß an Exaktheit steht in einem vermutlich proportional ansteigenden Verhältnis zum Aufwand der Untersuchung. Der Autor hofft, daß in der vorliegenden Arbeit ein angemessenes Verhältnis zwischen Aufwand und Ergebnis erreicht worden ist.

Die vier methodologischen Leitprinzipien dieser Arbeit machen deutlich, daß eine qualitative Datenerhebung und -auswertung angestrebt wird[1]. Dieses generelle Vorgehen wird allerdings durch das "Sachzwang-Argument" des erheblichen Mehraufwandes qualitativer psychologischer Forschung zu einem gewissen Grade in seine Schranken verwiesen. So wird in der vorliegenden Untersuchung ein Methodeninventar verwendet werden, das sich sowohl aus qualitativen (Lautes Denken, dialogische Intervention), als auch aus quantitativen Elementen (Fragebogen) zusammensetzt.

An dieser Stelle erscheint es notwendig, auf die häufig in der psychologischen Methodendiskussion aufgeworfene Dichotomie zwischen quantitativer und qualitativer Forschung einzugehen. Ziel der folgenden Argumentation soll eine Relativierung dieser methodologischen Dichotomie sein.

Die qualitative Methodik kann sich gegenüber der quantitativen Methodik nicht dadurch abgrenzen, daß sich ihre Ergebnisse prinzipiell nicht verallgemeinern lassen. So können quantitative, immer auf eine Verallgemeinerung abzielende Auswertungsverfahren, bei einer zusätzlichen Aufbereitung des Datenmaterials, auch auf qualitative Daten angewendet werden. Ebenso wird innerhalb qualitativer Forschungsarbeiten häufig eine Verallgemeinerung der Untersuchungsgebnissen angestrebt. In diesen Fällen wird jeweils auf eine am spezifischen Gegenstand orientierte Argumentation zur Absicherung der Verallgemeinbarkeit der Ergebnisse zurückgegriffen.

Auf der anderen Seite grenzt sich die quantitative gegenüber der qualitativen Forschung häufig durch einen Verweis auf die Beschaffenheit der jeweiligen Datenbasis ab. Hier wird die gängige Auffassung vertreten, daß quantitative Forschung objektive "harte" Daten produziert, während qualitative Forschung nur "weiche" Daten liefern kann. Aber auch hier ist es wenig sinnvoll, einen Gegensatz zwischen qualitativen "weichen" und quantitativen "harten" Verfahren aufzubauen. Vielmehr ergibt sich die Güte eines Datensatzes dadurch, "wie die Theorie ist, die einen empirischen Gegenstand mit der Methode seiner Messung und seiner Bedeutung als Gegenstand in einem theoretischen Netzwerk verknüpft" (FISCHER, 1982, S.182). Harte Daten

---

1 Es soll an dieser Stelle in Anlehnung an MAYRING (1990, S.44ff.) zwischen qualitativen Techniken der Datenerhebung und qualitativen Techniken der Datenauswertung unterschieden werden. MAYRING unterscheidet in diesem Zusammenhang noch zusätzlich eine Ebene der qualitativen Datenaufbereitung.

liegen zwar meist nah am empirischen Gegenstand, sind aber gleichzeitig weit von der "Bedeutung" eines Phänomens entfernt, die sich erst durch die theoretische Zuordnung des Phänomens zu einem Theoriegebäude ergibt. Die sogenannten "weichen Daten" können eine ebenso gute Grundlage für die Erfassung der Bedeutung eines Phänomens darstellen, wenn sie sich auf eine elaborierte Hintergrundtheorie beziehen.

Durch diese Argumente wird deutlich, daß keine Apriori-Bewertungen über die Güte von qualitativen und quantitativen Forschungsergebnissen ausgesprochen werden können. Daher wird in dieser Arbeit - unter der angestrebten Perspektive einer Verallgemeinerung der Ergebnisse - versucht werden, die jeweiligen Vorteile beider Forschungsstrategien zu nutzen.

3.2. Instrument zur Erfassung der Subjektiven Epistemologien

Die epistemologische Grundeinstellung der Versuchspersonen soll durch einen Fragebogen erfaßt werden. Die Wahl des Erhebungsinstrumentes Fragebogen bedarf einer besonderen Begründung, da für die Erfassung Subjektiver (hier: epistemologischer) Theorien eigentlich andere Erhebungsverfahren entwickelt worden sind. So ist im Zusammenhang mit dem Forschungsprogramm Subjektive Theorien (vgl. 2.4.) die Heidelberger-Struktur-Lege-Technik (SLT) entwickelt worden (SCHEELE & GROEBEN, 1988), in deren Mittelpunkt die Dialog-Konsens-Methode zur Erfassung der konkreten Inhalte von Subjektiven Theorien steht[2]. Hierbei wird der Forschungsprozeß in Gestalt eines Dialogs zwischen "Erkenntnissubjekt" (Versuchsleiter) und "Erkenntnisobjekt" (Versuchsperson) durchgeführt, wobei das Ergebnis dieses Dialoges nur dann als ein akzeptables Forschungsresultat betrachtet wird, wenn sich hierüber bei dem Versuchsleiter und der Versuchsperson ein Konsens hat herausbilden können ("Kommunikative Validierung"). Die SLT-Methode hilft bei diesem Prozeß des Dialoges und der Konsensfindung durch das Bereitstellen einer festen "grammatikalischen" Form der Aussagen. Hierbei handelt es sich graphische Visualisierungen von Relationsbeziehungen zwischen selbstgewählten Konzepten aus dem jeweiligen Untersuchungsfeld, die das Finden einer gemeinsamen Sprache zwischen Versuchsleiter und Versuchsperson erleichtern sollen. Durch dieses dialog-konsensorientierte

---

2 SCHEELE (1991) verweist als philosophischen Bezugsrahmen für das Wahrheitskriterium der Dialog-Konsens-Methoden auf die Diskurstheorie von HABERMAS, in welcher die Bedingungen der Möglichkeit für eine Wahrheitsapproximation im Dialog formuliert werden. Als zentrale Annahme innerhalb dieser Theorie kann die kontrafaktische Annahme einer idealen Sprechsituation aufgefaßt werden, in welcher die Grundlage für einen machtfreien Diskurs ausgedrückt wird.

Vorgehen soll gewährleistet werden, daß die jeweilige Innensicht der Versuchsperson zu ihrer eigenen Subjektiven Theorie bei der Rekonstruktion derselben durch den Versuchsleiter angemessen berücksichtigt wird. Auf diese Weise kann ein dialogisch-hermeneutisches Element in den Rekonstruktionsprozeß von Subjektiven Theorien eingeführt werden, womit eine rein aus der Beobachterperspektive durchgeführte und von den Kategorien des Erkenntnissubjektes abhängige Erfassung und Beurteilung der Subjektiven Theorien vermieden werden soll.

Die wissenschaftstheoretisch reflektierte Dialog-Konsens-Methode konnte in der vorliegenden Arbeit nicht angewendet werden. Dieser Verzicht muß in erster Linie mit dem großen zeitlichen Aufwand erklärt werden, den die Verwendung dieser Methode nach sich zieht, da auf verschiedenen Ebenen des Dialoges immer wieder Phasen der kommunikativen Validierung eingeschoben werden müssen. Die Verwendung der SLT-Technik steigert den Arbeitsaufwand enorm, da die Versuchspersonen zusätzlich noch die "Grammatik" des SLT's erlernen müssen. Dieser Aufwand konnte in der vorliegenden Arbeit nicht geleistet werden[3].

Außerdem lag es nicht im direkten Erkenntnisinteresse dieser Arbeit, eine sehr exakte Rekonstruktion der gesamten Subjektiven Epistemologien der Versuchspersonen anzufertigen. Es ging vielmehr um die Erfassung von Einstellungen zu bestimmten erkenntnistheoretischen Grundthemata, wie sie gegenwärtig im modernen Sprachgebrauch der Systemtheorie reformuliert werden. Hierzu sind die Einstellung der Versuchspersonen zu diesen epistemologischen Grundthemata auf klassische Weise durch Aussagen erfaßt worden, in denen die Versuchspersonen ihre Position gegenüber einem epistemologischen belief jeweils durch ihre Zustimmung oder Ablehnung kennzeichnen sollten. So ist ein Iteminventar konstruiert worden, daß zur Diagnose der subjektiven, epistemologischen Orientierungen der Versuchspersonen dienen sollte.

Drei erkenntnistheoretische Grundthemata sind im Fragebogen erfaßt worden. Diese Grundthemata lassen sich jeweils durch zwei konträre epistemologische Positionen darstellen, so daß dem Fragebogen drei, jeweils zweipolige Dimensionen zugrundeliegen.

---

3 Die explizite Erfassung von Subjektiven Epistemologien mit Hilfe der SLT-Technik wäre sicherlich eine lohnenswerte Aufgabe für eine eigenständige Untersuchung.

Diese drei dichotomen Dimensionen lauten folgendermaßen:

1) Realismus/Konstruktivismus (RK)
2) Elementarismus/Holismus (AH)[4]
3) Linearismus/Zirkularismus (LZ)

Die Auswahl dieser drei Dimensionen erfolgte aufgrund einer Analyse der momentan in der modernen Systemtheorie diskutierten Fragestellungen. Im Zentrum dieser Diskussion steht das Konzept der Selbstorganisation, welches auf unterschiedlichste Weise dazu verwendet wird, die vorherrschenden Prämissen, einer an dem Objektivitätsideal der Naturwissenschaften orientierten Erkennntistheorie in Frage zu stellen. In einer Vielzahl von empirischen und theoretischen Arbeiten, konnte das Konzept der Selbstorganisation erfolgreich angewendet werden. Diese Arbeiten beziehen sich auf annähernd alle akademischen Disziplinen, womit sowohl die "harten" Naturwissenschaften der Physik, Biochemie, Biologie und Kognitionspsychologie angesprochen sind, als auch die formal-exakten Wissenschaften der Mathematik und Informatik, sowie die Geisteswissenschaften in Gestalt der Sozial- und Wirtschaftswissenschaften[5].
Mittlerweile haben sich in unterschiedlichen Gegenstandsbereichen differierende Konzepte der Selbstorganisation herausgebildet. Zu den bekanntesten Selbstorganisationskonzepten zählen die Autopoiese (MATURANA, 1982), der Hyperzyklus (EIGEN, 1979) und die Synergetik (HAKEN, 1978). Alle drei Selbstorganisationskonzepte sind auf Gegenstandsbereiche übertragen worden, in denen sie nicht originär entwickelt worden sind. So hat LUHMANN (1984) die Theorie der Autopoiese auf den Bereich der Soziologie angewendet, KROHN & KÜPPERS (1990) ziehen das Modell des Hyperzyklus zur Erklärung von Wissenschaft heran, TEUBNER (1987) unternimmt denselben Versuch für den Bereich des Rechts und HAKEN (1983) hat seine Theorie selber auf gesellschaftliche Prozesse übertragen. Weiterhin existieren theoretische Ansätze, die dem Konzept der Selbstorganisation ein integratives und interdisziplinäres Erklärungspotential zuweisen (vgl. KRATKY & WALLNER 1990, KROHN & KÜPPERS, 1990) und die in die Hoffnung einer Allgemeinen Systemtheorie[6] münden.

---

4 Die Abkürzung AH bezieht sich auf das ursprünglich verwendete Begriffspaar Atomismus/Holismus. Obwohl der Terminus Atomismus durch den ähnlichen, aber exakteren Begriff des Elementarismus ersetzt wird, soll die Abkürzung AH aus einem historisch-ideosynkratischen Grund weiter beibehalten werden.

5 KROHN und KÜPPERS (1987) geben einen Überblick der Entwicklung und Verbreitung des Konzeptes der Selbstorganisation.

6 Bereits einige Jahrzehnte zuvor hat Ludwig von BERTALANFFY (1968) den Entwurf einer Allgemeinen Systemtheorie formuliert.

In keiner der oben aufgeführten Arbeiten wird ein expliziter Bezug auf die drei epistemologischen Dimensionen genommen, die den Gegenstand für die Erfassung der Subjektiven Epistemologien in der vorliegenden Untersuchung darstellen. Zwar wird in vielen Arbeiten jeweils eine der drei Dimensionen thematisiert, wobei die Betonung einer konstruktivistischen Erkenntnistheorie im Zusammenhang mit systemtheoretischen Überlegungen am häufigsten beobachtet werden kann[7], aber es existiert bisher keine Metaanalyse der zentralen Grundthemata innerhalb der Systemtheorie. So basiert die hier vorliegende Dreiteilung der epistemologischen Dimensionen auf der persönlichen Analyse des Autors und ist dementsprechend auch seine Perspektive bestimmt.

Die drei bereits vorgestellten epistemologischen Dimensionen dürfen nicht im klassisch-testtheoretischen Sinne (WOTTAWA, 1980, S.72ff.) als voneinander unabhängig angesehen werden. Es ist vielmehr davon auszugehen, daß eine hohe Ausprägung der epistemologischen Orientierung Konstruktivismus eine ebenso hohe Ausprägung auf den epistemologischen Dimensionen Holismus und Zirkularismus erwarten läßt. Dieses Konstruktivismus-Holismus-Zirkularismus-Cluster kann als charakteristisch für eine systemtheoretische Position angesehen werden, während der gegenteilige Realismus-Elementarismus-Linearismus-Cluster eher auf eine logisch-positivistische bis kritisch-rationale Erkenntnistheorie hindeutet. Diese beiden Formen von Clustern stellen nicht die einzigen Möglichkeiten der Kombination der drei epistemologischen Dimensionen dar. Die Möglichkeit anderer Kombinationen verweist vielmehr auf eine partielle Unabhängigkeit dieser Dimensionen hin. So kann bei Vertretern von elaborierten epistemologischen Positionen eine Vermischung dieser drei Dimensionen beobachtet werden. Während die Vetreter des Wiener Kreies als logische Positivisten in ihrem Protokollsatzprogramm noch zu einer elementaristischen Form des Realismus hin tendierten, sind moderne analytisch orientierte Wissenschaftstheoretiker, wie z.B. QUINE (1979), nach dem nur noch vollständige Theoriengebäude auf ihren semantischen Gehalt hin analysiert werden können, eher einer holistischen Variante des Realismus zuzuordnen. Ebenso gibt es Vertreter systemtheoretischer und damit holistischer Ansätze

[8], die sich auf eine konstruktivistische Erkenntnistheorie stützen (KROHN & KÜPPERS 1989, KRUSE & STADLER, 1992), während andere systemtheoretische

7 Die gesamte erkenntnistheoretische Strömung des Radikalen Konstruktivismus gründet nach ihrem eigenen Bekenntnis auf systemtheoretischem Gedankengut (vgl. SCHMIDT, 1987, S.11ff.).

8 Eine wichtige Unterscheidung zwischen Systemtheorie und Holismus führt HEJL (1989, S.13) ein. Während der Holismus das System über die Differenz von "das Ganze/einzelne Teile" definiert, versucht eine funktionalistische Systemtheorie ihren Systembegriff durch "Komponenten plus Organisation" zu erfassen.

Ansätze eine realistische Position beibehalten (TSCHACHER 1990, MOCEK 1990). Lediglich der epistemologische Pol der Rekursivität[9] scheint an eine konstruktivistische und holistische Position gebunden zu sein. Die Einnahme einer realistisch- bzw. elementaristisch-zirkulären Position konnte bei keinem theoretischen Ansatz ausgemacht werden. Dagegen kann die Theorie von LUHMANN (1984) als das beste Beispiel für eine Verbindung von zirkularistischen, konstruktivistischen und holistischen epistemologischen beliefs angesehen werden. Da sich bereits in verhältnismäßig stark reflektierten und daher von theoretischen Widersprüchen weitgehend bereinigten wissenschaftlichen Theorien ein großer Spielraum von möglichen Kombination zwischen den epistemologischen Dimensionen ergibt, ist diese Tendenz auch für den Bereich der weniger stark reflektierten Subjektiven Epistemologien zu vermuten, die sich durch eine höhere Toleranz gegenüber theoretischen Widersprüchen auszeichnen.

In der Gewichtung der drei epistemologischen Dimensionen soll der Dimension Realismus/Konstruktivismus die zentrale Bedeutung zugeteilt werden, da in ihr die größten erkenntnistheoretischen Gegensätze aufgebaut werden. Außerdem besteht durch die Verwendung dieser dichotomen Dimension eine gute Anschlußfähigkeit an bisher durchgeführte Studien zur Verhaltensrelevanz von subjektiven Epistemologien, in denen ebenfalls jeweils zwischen einer relativistischen versus dualistischen (RYAN 1984a, 1984b, SCHWARTZ & WILKINSON 1988), bzw. zwischen einer sozialkonstruktivistisch versus logisch-positivistischen (UNGER, DRAPER & PENDERGRASS 1986) epistemologischen Orientierung unterschieden worden ist.

Die Inhalte von Subjektiven Epistemologien sollen nicht nur in einer rein kognitiven Form repräsentiert sein, sondern ihnen werden entsprechend dem theoretischen Konzept der Einstellung auch emotionale und normative Aspekte zugeschrieben (vgl. McGUIRE, 1985, S.242). Es kann davon ausgegangen werden, daß eine besonders hohe Identifikation mit einer epistemologischen Position vorliegt, wenn diese zusätzlich zur kognitiven Ebene auch auf einer normativen[10] bzw. emotionalen Ebene unterstützt wird.

---

9 TSCHACHER (1990, S.149) macht ebenfalls auf eine wichtige Unterscheidung innerhalb des Konzeptes der Rekursion aufmerksam. Während mit der horizontalen Rekursion lediglich ein zeitlich aufeinanderfolgender Prozeß beschrieben wird, der sich durch einen Wechsel der Beschreibungsebene seiner Elemente auszeichnet, stellt die vertikale Rekursivität die eigentliche Ursache für den häufig angesprochenen Sachverhalt der Selbstreferenz dar.

10 Den Zusammenhang zwischen Wertentscheidungen, die als kognitive Repräsentanten einer normativen Ebene aufgefaßt werden und komplexen Entscheidungssituationen untersucht REITHER (1985). In seiner Untersuchung zeigte sich, daß Versuchspersonen in akuten kognitiven Überlastungssituationen Probleme damit haben sich an ihren normalerweise vertretenen normativen Standards zu orientieren.

Der Fragebogen ist konkret so aufgebaut, daß sich jeweils zehn seiner Items auf eine der drei oben genannten Epistemologien beziehen. Hiervon erfassen jeweils sechs Items rein kognitive beliefs, während jeweils zwei Items auf emotionale bzw. normative Anteile von Subjektiven Epistemologien abzielen. Auf diese Weise besteht ein Fragebogen aus dreißig Items, die in eine zufällige Reihenfolge angeordnet worden sind. Zusätzlich sind zwei Items aufgenommen worden, welche die eigene Einschätzung über Vorerfahrungen mit epistemologischen Fragestellungen und die Relevanz dieses epistemologischen Wissens für konkretes Problemlösen erfassen. Von diesem zweiunddreißig Items umfassenden Fragebogen sind zwei - was den formalen Aufbau anbelangt - völlig parallele Versionen konstruiert worden. Als Antwortmöglichkeiten stehen den Versuchspersonen drei Möglichkeiten offen: Zustimmung, Ablehnung und Kennzeichung eines inhaltlichen Unverständnisses. Durch die strikte Vorgabe von nur zwei reinen Antwortalternativen (die dritte Möglichkeit durfte nicht als dritte Form einer Nichtentscheidbarkeit verwendet werden), sollte bei den Versuchspersonen eine klare Entscheidung provoziert werden. Gerade bei der Erfassung von Einstellungen zu abstrakten Thematiken hat sich diese Form der Gestaltung von Antwortmöglichkeiten bewährt (vgl. BLÖBAUM, HUNECKE, MATTHÄUS & MATTHÄUS, 1991). Durch diese Vorgehensweise kann eine ausreichende Varianz in den Antworten der Versuchspersonen erreicht werden. Die dritte Antwortkategorie kann bei einer Berücksichtigung ihrer Beantwortungshäufigkeit dazu dienen, Aussagen über das epistemologische Vorwissen einer Versuchsperson zu treffen.

Die beiden Fragebögen sind im Anhang AI dieser Arbeit dargestellt. Außerdem ist dort beschrieben, welches Item welcher epistemologischen Dimension zugeordnet werden kann und welche Items sich jeweils auf die Erfassung von kognitiven, normativen oder emotionalen Anteilen von Subjektiven Epistemologien beziehen.

Nachdem ein erster vorläufiger Fragebogen entworfen worden war, wurde zur methodischen Absicherung der Inhalte dieses Fragebogens eine Experten-Validierung durchgeführt. Hierzu sind die Items der beiden Fragebögen vier, mit erkenntnistheoretischen Fragestellungen vertrauten, Experten vorgelegt worden. Bei den Experten handelt es sich um zwei Philosophie-Professoren, einen promovierten Philosophen und eine promovierte Psychologin. Jeweils zwei der Experten sind aufgefordert worden, sich in die Perspektive eines prototypischen Vertreters einer konstruktivistisch-holistisch-zirkularistischen bzw. einer realistisch-elementaristisch-linearistischen Position hineinzuversetzen und die Items aus deren Perspektive heraus zu beantworten.

Als Ergebnis dieses Experten-Ratings ergab sich insgesamt eine zufriedenstellende bis gute Übereinstimmung der von den Experten beantworteten Items mit den aufgrund

von theoretischen Überlegungen postulierten Antworten der beiden fiktiven epistemologischen Prototypen. Auf der Dimension Realismus/Konstruktivismus lag die Übereinstimmung der Experten-Ratings mit der theoretisch postulierten Beantwortung bei 91,25 %, auf der Dimension Elementarismus/Holismus bei 85 % und auf der Dimension Linearismus/Zirkularismus bei 63,75 %. Diese, wenigstens für die beiden Dimensionen Realismus/Konstruktivismus und Elementarismus/Holismus, hohen Übereinstimmungen können sicherstellen, daß die in den Items formulierten epistemologischen Inhalte auch jenen philosophischen Inhalten entsprechen, welche im professionellen erkenntnistheoretischen Diskurs thematisiert und vermittelt werden.
Die nicht so hohe Übereinstimmung auf der Dimension Linearismus/Zirkularismus bedarf einer besonderen Erklärung. Innerhalb dieser Dimension wurde vor allem der Diskussionspunkt thematisiert, inwieweit das Denken in logisch korrekten Schlußformen erfolgen soll (linearistischer Pol) oder ob nicht selbstbezügliche und paradoxe Formen des Denkens den Erkenntnisprozeß weiter voranbringen (zirkularistischer Pol). Die Abweichungen zwischen den Experten-Ratings und den theoretisch postulierten Antworten ergaben sich hierbei fast ausschließlich auf dem Pol der Zirkularität, während die Zuordnungen zum Pol der Linearität weitgehend eindeutig waren. Die epistemologischen beliefs zur Zirkularität wurden dabei häufig als praktisch nicht umsetzbar zurückgewiesen. Der zirkularistische Standpunkt wurde in diesem Sinne als Position gekennzeichnet, die nicht von einem leibhaftigen Menschen konsistent vertreten werden kann. Trotzdem ist die Dimension Linearismus/Zirkularismus (LZ) weiter beibehalten worden, wobei der Pol der Zirkularität mit einer zusätzlichen inhaltlichen Erläuterung versehen werden mußte. Hohe Werte auf dem zirkularistischen Pol der Dimension LZ können als ein Indikator dafür interpretiert werden, daß bei der betreffenden Versuchsperson eine hohe Bereitschaft zu einem expliziten Verstoß gegenüber wissenschaftlichen Regeln zu erwarten ist. Einer solchen Versuchsperson könnte eine im wissenschaftstheoretischen Sinne verstandene Haltung des "anything goes" zugewiesen werden[11].

Zusätzlich zum Rating der Items sind die Experten dazu aufgefordert worden, die Items auf die Eindeutigkeit ihrer inhaltlichen Aussage zu überprüfen. Die in diesem Zusammenhang von den Experten geäußerten Verbesserungsvorschläge, sind in die endgültige Formulierung der Items eingearbeitet worden. Die Endversionen der aus diesen Items konstruierten Fragebögen finden sich in Anhang AI wieder.

---

11 In der Wissenschaftstheorie ist diese Position des "anything goes" von FEYERABEND (1986) populär gemacht worden.

Mit Hilfe des Fragebogens zur Erfassung der Subjektiven Epistemologien lassen sich im Rahmen der vorliegenden Arbeit folgende Fragestellungen bearbeiten:

F1a)	Deskriptive Darstellung der gegenwärtig in einer studentischen Stichprobe vorherrschenden epistemologischen Orientierungen.
F1b)	Untersuchung der Stichprobe von StudentenInnen auf jene subgruppenspezifischen Faktoren, welche die Bildung von spezifischen Subjektiven Epistemologien beeinflussen.
F1c)	Ausarbeitung eines optimierten Fragebogens zur Erfassung der Subjektiven Epistemologien.
F1d)	Erstellung eines epistemologischen Profiles für jede Versuchsperson, welches sich aus den drei Dimensionen Realismus/Konstruktivismus, Elementarismus/Holismus und Linearismus/Zirkularismus zusammensetzt.
F1e)	Untersuchung des korrelativen Zusammenhanges zwischen den Dimensionen der Subjektiven Epistemologien und den in Persönlichkeitstests erhobenen Maßen.

3.3. Gestaltung der Intervention zum Versuch einer gezielten Veränderung der Subjektiven Epistemologien

Die Untersuchung des Prozesses der Genese von epistemologischen Orientierungen ist mit der Frage nach der inhaltlichen und zeitlichen Stabilität von Subjektiven Epistemologien verbunden. Der Erwerb von epistemologischen beliefs kann nur in einem langen Sozialisationsprozeß erfolgen, den eine Person in ihrer wissenschaftlichen Ausbildung durchlaufen muß. Im Untersuchungszeitraum der vorliegenden Arbeit konnte nur eine minimale Zeitspanne dieses langen Prozesses der wissenschaftlichen

Sozialisation erfaßt werden. Konkret umfaßt diese Zeitspanne jene zwei bis drei Stunden, die von den Versuchspersonen benötigt worden sind, um die gesamten Aufgaben der Untersuchung durchzuführen.

Trotzdem ist in der vorliegenden Arbeit der Versuch unternommen werden, die epistemologischen beliefs der Versuchspersonen innerhalb eines kurzen Zeitraumes zu verändern. Sollte es hierbei gelingen, eine meßbare Veränderung der Subjektiven Epistemologien zu erfassen, so kann ein derartiges Ergebnis im Sinne einer relativ flexiblen Organisation von epistemologischen beliefs interpretiert werden. Das Merkmal einer flexiblen Repräsentation von epistemologischen beliefs könnte durch ein hohes Maß an Abstraktheit dieser beliefs erklärt werden. Diesen epistemologischen beliefs würde ein konkreter Bezug zu situationalen Gegebenheiten fehlen, weswegen diese "abgehobenen" beliefs durch Argumentationen auf einer Metaebene relativ einfach beeinflußt werden können. Bei einer derartigen Repräsentation der epistemologischen beliefs könnte diese im schmalen zeitlichen Rahmen der vorliegenden Untersuchung aufgedeckt werden. Sollten sich jedoch keine meßbaren Veränderungen innerhalb der Subjektiven Epistemologien aufzeigen lassen, so muß dieser Sachverhalt als ein Indiz für die inhaltliche Stabilität von epistemologischen Orientierungen gedeutet werden. Dieses Ergebnis kann auf einer theoretischen Ebene durch den oben schon angesprochenen langen Prozeß der kognitiven Sozialisation eines Individuums erklärt werden, in dem epistemologische beliefs zwar als sehr abstrakte, aber trotzdem stabile Konstrukte hervorgebracht werden. In dem knappen zeitlichen Rahmen der vorliegenden Arbeit konnte dagegen keine ernsthafte Auseinandersetzung mit derart verdichteten sozialen Kognitionen stattfinden, so daß eine Veränderung derselben auf diese Weise unmöglich erscheinen würde.

Damit bei dem Versuch einer Veränderung der Subjektiven Epistemologien überhaupt eine Aussicht auf Erfolg besteht, muß die Intervention mit einer sehr spezifischen Methode durchgeführt werden. Diese Methode muß gewährleisten, daß in der Interventionsphase eine ausreichende Möglichkeit für die Versuchsperson gegeben ist, sich in einer reflexiven Haltung mit erkenntnistheoretischen Problemen auseinanderzusetzen. Diese Möglichkeit erscheint durch die Verwendung einer "dialogischen Forschungsmethode" (SOMMER, 1987) am ehesten gewährleistet zu sein. SOMMER beschreibt den Dialog als Forschungsmethode folgendermaßen:

"- *Um wieder interessantere und wichtigere Forschungsgebiete für die Psychologie zu erschließen, die im derzeit vorherrschenden Neobehaviorismus als nicht erforschbar gelten*
- *um die Fähigkeit des Dialogpartners zur Selbstforschung nutzen zu können. Das heißt, daß im Dialog der Dialogpartner als Mitforscher gewonnen werden soll;*

- *die Fähigkeiten des Dialogpartners zur Selbstreflexion (Nachdenken über das eigene Selbst) gefördert und*
- *der Dialogpartner dabei unterstützt wird, seine Bewußtseinsinhalte zu beschreiben und mitzuteilen"*

(SOMMER, 1987, S.95).

Eine an den Leitprinzipien der dialogischen Forschungsmethode (SOMMER, 1987, S. 92) durchgeführte Intervention soll die Möglichkeit eröffnen, für Versuchsleiter und Versuchsperson in eine dialogische Phase der Reflexion einzutreten, in der die erkenntnistheoretisch bedeutsame Asymmetrie zwischen Erkenntnissubjekt und Erkenntnisobjekt wenigstens auf der idealisierten Ebene einer regulativen Zielidee überwunden werden kann.
Für die vorliegende Untersuchung gilt, wie für jeden faktischen Verlauf einer Interviewsituation, daß von einer gewissen Asymmetrie zwischen Versuchsleiter und Versuchsperson ausgegangen werden muß. Der Versuchsleiter befindet sich aufgrund seiner Vorbereitung des Themas in einer "mächtigeren" Position. Konkret hat er die drei Gesprächsanlässe ausgewählt, die mit der Versuchsperson anhand eines sehr frei gestalteten Interviewleitfadens (siehe Anhang BII) durchgesprochen werden sollen, und besitzt somit zwangsläufig ein größeres Vorwissen zu den in den Gesprächsanlässen aufgeführten Problematiken. Der Verlauf, die Dauer und vor allem das hiermit verbundene Bestimmen der Endpunkte des Dialoges sollen jedoch durch Versuchsleiter und Versuchsperson gemeinsam bestimmt werden.

Der Stellenwert der dialogischen Intervention ist für den gesamten Untersuchungsverlauf von einer untergeordneten Bedeutung. Die Überprüfung möglicher Interventionseffekte wird durch die Fragebögen zu den Subjektiven Epistemologien sichergestellt. Aus diesem Grunde wird der Gesprächsverlauf der dialogischen Intervention auch nur zur routinemäßigen Kontrolle auf ein Tonbandgerät aufgezeichnet. Eine inhaltsanalytische Auswertung der Dialoge ist nicht durchgeführt worden.

Doch trotz dieser explizit offengehaltenen Form der dialogischen Reflexionsphase soll in ihr eine bestimmte inhaltliche Richtung verfolgt werden. Diese Richtung soll durch die Auswahl der drei Gesprächsanlässe sichergestellt werden. Jeder dieser drei Gesprächsanlässe bezieht sich auf eine der drei in den Fragebögen angesprochenen Dimensionen der Subjektiven Epistemologien. Hierbei thematisieren und unterstützen die Gesprächsanlässe jeweils einen Pol der drei epistemologischen Dimensionen.

Folgende drei Gespächsanlässe sind konkret für die Thematisierung der drei epistemologischen Dimensionen ausgewählt worden:

1) Eine Zeichnung von ESCHER (HUGHES & BRECHT, 1978, S.37), die zwei sich selber zeichnende Hände darstellt; hiermit soll der Pol Zirkularität auf der Dimension LZ auf metaphorisch-anschauliche Weise angesprochen werden.

Abb. 3: Gesprächsanlaß 1

2) Die Schiffsmetapher für wissenschaftliche Erkenntnis von NEURATH (1932, S.206); hiermit soll der Pol Holismus auf der Dimension AH ebenfalls auf einer metaphorischen Ebene thematisiert werden.

Wie Schiffer sind wir, die ihr Schiff
auf offener See umbauen müssen,
ohne es jemals in einem Dock
zerlegen und aus besten Bestandteilen
neu errichten zu können.

Abb. 4: Gesprächsanlaß 2

3) eine (weniger bekannte) Kippfigur, wie sie von KRUSE (1988, S. 41) für die Demonstration von wahrnehmungspsychologischen Phänomenen verwendet worden ist; durch sie soll der konstruktivistische Pol der Dimension RK eine argumentative Untersützung erfahren.

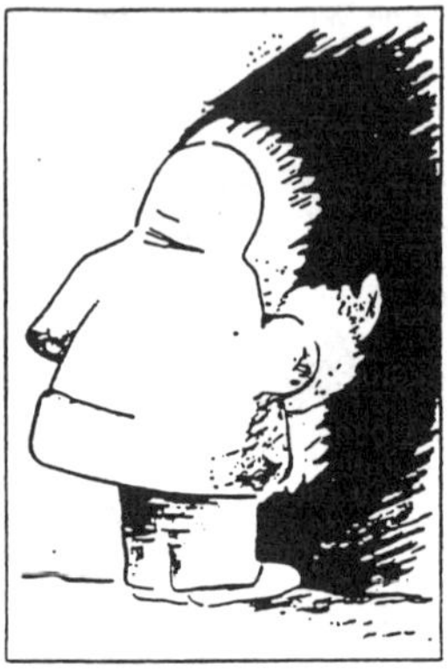

Abb. 5: Gesprächsanlaß 3

Die drei Gesprächsanlässe werden den Versuchspersonen in der oben aufgeführten Reihenfolge vorgelegt. Der Dialog wird vom Versuchsleiter durch Fragen, die in einem Gesprächsleitfaden vorher festgelegt worden sind, angeregt und strukturiert.
Dem Versuchsleiter ist hierbei natürlicherweise der argumentative Hintergrund bekannt, unter dem die in den Gesprächsanlässen aufgeführten Metaphern und Konzepte im erkenntnistheoretischen Diskurs verwendet werden. Er versucht in dem Dialog mit der Versuchsperson die Vor- und Nachteile der Anwendung dieser Metaphern und Konzepte auf erkenntistheoretische Fragestellungen zu diskutieren. Er selbst vertritt in diesem dialogischen Prozeß der Reflexion keine neutrale epistemologische Position.
Er argumentiert hier jeweils aus der in den drei Gesprächsanlässen thematisierten Position heraus, so daß insgesamt von einer zielgerichteten Intervention gesprochen werden kann, die sich auf eine Auseinandersetzung mit den drei epistemologischen Positionen des Konstruktivismus, Holismus und Zirkularismus konzentriert. Trotz dieser eindeutigen epistemologischen Position des Versuchsleiters sollen jedoch im Mittelpunkt dieses reflexiven Dialoges die Einschätzungen der Versuchspersonen zum Sinngehalt der oben angesprochenen Metaphern und Konzepte stehen. Im Zentrum des reflexiven Dialoges soll die Anschlußfähigkeit dieser abstrakten Konzepte an die konkreten Erfahrungen der Versuchspersonen stehen.

Durch die dialogische Intervention wird folgender Fragestellung nachgegangen:

> F2) Experimentielle Überprüfung der Stabilität von Subjektiven Epistemologien anhand einer gezielten, dialogisch-reflexiven Interventionsphase, die sich auf die drei subjektiv-epistemologische Einstellungen bezieht.

3.4. Erfassung der Leistungen beim komplexen Problemlösen

Ein Hauptziel im Forschungsbereich des komplexen Problemlösens liegt in der Bestimmung von reliablen und ökologisch validen Personenkennwerten, aus denen die Leistungen für komplexe Problemlöseprozesse vorausgesagt werden können. Der komplexen Problemlöseforschung scheint allerdings ein Zielkonflikt inhärent zu sein, der sich aus der gleichzeitigen Forderung nach einer hohen Reliabilität und einer möglichst hohen ökologischen Validität der erhobenen Leistungsmaße ergibt. Aufgrund dieser schwer miteinander zu vereinbarenden Ansprüche haben sich mittlerweile zwei unterschiedliche Strategien in der Komplexen-Problemlöseforschung herausgebildet (FUNKE, 1992, S.57). Die eine Strategie versucht die Reliabilität der Kennwerte durch eine (mathematisch) exakte Beschreibung der Problemanforderungen sicherzustellen. Hierbei werden semantikfreie Computersimulationen von dynamischen Systemen als Aufgabenstellung für das komplexe Problemlösen verwendet. Die andere Forschungsrichtung will stärker der Forderung nach einer ökologischen Validität entsprechen, indem sie bei ihrer Analyse auf semantisch-vorstrukturierte Computersimulationen zurückgreift, die sich auf realitätsnahe Problemszenarios beziehen[12].

Die in dieser Arbeit verwendeten Problemstellungen orientieren sich stärker an der "realitätsnahen" Forschungsrichtung, ohne jedoch eine formale Beschreibung der Problemanforderung völlig außer acht zu lassen. Trotz einer Partizipation am allgemeinen Untersuchungsparadigma zum komplexen Problemlösen liegt in der vorliegenden Untersuchung bei der konkreten Operationalisierung des komplexen Problemlösens ein wesentlicher Unterschied zu den beiden oben aufgeführten Forschungsstrategien

12 In der LOHHAUSEN-Studie (1983) von DÖRNER und Mitarbeitern ist dieses Untersuchungsparadigma umfassend vorgestellt worden.

vor. Es wird hierbei auf das Hilfsmittel der computersimulierten Steuerung eines Realitätsszenarios zur Analyse des komplexen Problemlösens verzichtet. Die Versuchspersonen müssen demnach kein ihnen in seiner komplexen Dynamik unbekanntes System steuern, sondern sollen Fragen beantworten, die sich auf ein Kausalschema beziehen, das ihnen in ausgearbeiteter Form vorgelegt wird[13]. Damit wird von den Versuchspersonen keine direkte Handlungsentscheidung gefordert, wie dieses bei der computersimulierten Steuerung eines komplexen Realitätsszenarios gewöhnlich der Fall ist. Vielmehr sollen die Versuchspersonen durch einen Fragenkatalog zum "Lauten Denken" angeregt werden, so daß dieser Prozeß des verbalisierten Denkens vom Versuchsleiter direkt mitprotokolliert werden kann.
Ein weiterer Unterschied der hier verwendeten Aufgabenstellung im Kontrast zu einer computersimulierten Systemsteuerung besteht darin, daß die Versuchspersonen kein eigenes Modell über den jeweiligen Realitätsausschnitt und die hiermit verbundenen Variablen und Zusammenhänge aufbauen müssen, da ihnen in Form des Kausalschemas bereits eine annähernd vollständige Problemrepräsentation vorgelegt wird. Im Lichte dieser Aufgabenstellung verschiebt sich auch der Stellenwert der fünf, von DÖRNER et. al. (1983) aufgeführten, Merkmale zur Charakterisierung eines komplexen Problems. Die in den Kausalschemata repräsentierten komplexen Probleme zeichnen sich in Analogie zu DÖRNER durch die drei Merkmale der Komplexität, Vernetztheit und Intransparenz aus. Allerdings muß die Anzahl der Variablen und das Ausmaß ihrer Vernetzung im Vergleich zu einschlägigen Computersimulationen als vergleichsweise gering bezeichnet werden, da in den Kausalschemata bereits ein Lösungsversuch vorliegt, die Komplexität, Vernetztheit und Intransparenz eines komplexen Problemes zu reduzieren. Das vierte Merkmal der Dynamik fehlt bei der Verwendung der Kausalschemata vollständig, da von den Versuchspersonen keine Handlungen unter Zeitdruck ausgeführt werden müssen. Das fünfte Merkmal der Polytelie kann dagegen ohne Abstriche in den Inhalten der Kausalschemata wiedergefunden werden.

Im nächsten Schritt soll die spezifische Auswahl des Aufgabentypes "Bearbeitung von Kausalschemata" begründet werden. Da im Hintergrund dieser Arbeit die These überprüft werden soll, inwieweit Subjektive Epistemologien wissenschaftliche Problemlöseprozesse beeinflussen. Daher muß durch die Operationalisierung des Problemlösens ein Aufgabentyp erzeugt werden, der eine große Ähnlichkeit mit dem wissenschaft-

13 In FUNKEs Taxonomie zur Strukturierung des Phänomenbereiches komplexes Problemlösen (1992, S.143) fällt diese Aufgabenanforderung in den Bereich der Situationsmerkmale. Er selber verwendet die Methode der "subjektiven Kausalmodelle" um die Entwicklung von Hypothesen über Variablenzusammenhänge zu erfassen (ebend. S.67).

lichen Problemlösen aufweist. Wissenschaftliches Problemlösen wird hier in einem weiten Sinne als Tätigkeit aufgefaßt, in der kognitive Operationen angewendet werden, die sich auf die Beschreibung und Erklärung von komplexen Phänomenbereichen beziehen und in denen eine, für den Menschen relevante, Anwendungsperspektive enthalten ist. Aufgrund dieser anwendungsbezogenen Perspektive soll in diesem Typ des wissenschaftlichen Problemlösens die Ableitung von konkreten Handlungskonsequenzen einen zentralen Stellenwert einnehmen. Aus diesem Verständnis heraus, müssen Formen des wissenschaftlichen Problemlösens, wie sie in der naturwissenschaftlichen Grundlagenforschung praktiziert werden, aus dem Betrachtungsrahmen der vorliegenden Untersuchung ausgeklammert werden.
Zur Erfassung des wissenschaftlichen Problemlösens wird die Bearbeitung eines komplexen Realitätsszenarios gewählt, in dem aus einer vorgegebenen Perspektive Handlungsanweisungen abgeleitet werden müssen. Diese Aufgabenstellung ist allerdings nicht unter Rückgriff auf das Untersuchungsparadigma der Computersimulation operationalisiert worden, weil die dort simulierte Systemdynamik als beeinflussender Faktor für den Prozeß des wissenschaftlichen Problemlösens keine zentrale Bedeutung besitzt. Wissenschaftliches Problemlösen findet gewöhnlich nicht unter akutem Zeitdruck statt, so daß dort ein Feedback auf konkrete Arbeitsergebnisse gewöhnlich in relativ großen Zeiträumen erfolgt. Im Vergleich hierzu sind die in den Computersimulationen vermittelbaren Feedbackzeiträume wesentlich kürzer.
Ein weiteres Merkmal des allgemeinen wissenschaftlichen Problemlösens besteht in dem Vorliegen einer größeren Menge an vorstrukturierter Information, die sich auf die Ergebnisse bisheriger Forschungen bezieht. Diese Forschungsergebnisse müssen vom Wissenschaftler in den Prozeß seiner eigenen Modell- und Hypothesenbildung integriert werden. Das in den Kausalschemata repräsentierte Wissen kann mit dem Vorwissen verglichen werden, daß ein Wissenschaftler vorfindet, wenn er sich neu mit den beiden Problemfeldern von DORI und ÖPNV zu beschäftigen beginnt.
Insgesamt erscheint die gewählte Operationalisierung der Denkleistungen gerechtfertigt, weil durch die Bearbeitung der Kuasalschemata Denkleistungen erfaßt werden, die ebenfalls beim wissenschaftlichen Problemlösen als Prozesse der Informationsselektion und Modellbildung zu beobachten sind.

Im nächsten Abschnitt erfolgt eine genaue Darstellung der Aufgaben- bzw. Systemmerkmale (vgl. FUNKE, 1992, S.143/144) der beiden verwendeten Realitätsszenarien (s. Anhang CIa und CIb). In dieser Darstellung kann zwischen einer formalen und einer inhaltlichen bzw. semantischen Ebene der Beschreibung unterschieden werden. Im folgenden sind zuerst die Systemmerkmale der semantischen Ebene aufgeführt.

Als inhaltliche Grundlage für das erste Kausalschema ist das von DÖRNER programmierte Realitätsszenario DORI (HESSE, 1982, S.68) ausgewählt worden. In diesem Szenario sollen die Versuchspersonen aus der Perspektive eines Entwicklungshelfers versuchen, die Lebensbedingungen eines fiktiven, am Rande der Sahel-Zone lebenden, Nomadenstammes (den DORIs) zu verbessern. Das zweite verwendete Kausalschema basiert auf einem selbstentworfenen Gedankenmodell zum Realitätsbereich des "Öffenlichen Personennahverkehrs" (ÖPNV). In diesem Szenario sollte die Attraktivität des ÖPNV aus der Perspektive des Aufsichtrates der Verkehrsbetriebe verbessert werden.

Als Ziel ist angestrebt worden, die beiden Szenarien so weit wie möglich in ihrer inhaltlichen Ausgestaltung zu parallelisieren. Folgende Voraussetzungen sollten für die Auswahl der beiden Problemfelder erfüllt sein:

a) Es konnte von einem Vorwissen der Versuchspersonen ausgegangen werden (welches allerdings vorher nicht genau erfaßt werden konnte).

b) In den Problemstellungen sollte durch die Einbindung von menschlichen Interessen ein Konflikt zwischen verschiedenen Wertvorstellungen enthalten sein, der nicht eindeutig aufgelöst werden kann (Merkmal der Polytelie). Beide Probleme lassen sich in einen größeren Problemzusammenhang einordnen (Umgang mit einer fremden Kultur für DORI, ökologische Lebensgestaltung für ÖPNV).

c) Das dargestellte Problem sollte für die Versuchspersonen eine gewisse "Dringlichkeit" besitzen. Diese Dringlichkeit sollte sich im Fall DORI durch die weite Tragweite der Eingriffe in dieses System ergeben, wo es letztendlich um die Sicherung der Lebensgrundlagen von Menschen geht. Im Fall des ÖPNV war die Tragweite von Interventionen zwar nicht ganz so schwerwiegend, aber dieser Mangel sollte durch eine größere persönliche Betroffenheit der Versuchspersonen kompensiert werden.

Ob es allerdings überhaupt möglich ist, Aufgabenstellungen, welche, wie die DORI- und ÖPNV-Problematik, in einen derartig umfassenden semantischen Kontext eingebunden sind, auf einer inhaltlichen Ebene zu parallelisieren, mußte erst noch im Verlauf der vorliegenden Untersuchung geklärt werden. Es existieren experimentelle Hinweise darauf, daß sich invariante Problemlösestile auch bei der Bearbeitung von komplexen Problemen aus unterschiedlichen Problembereichen auffinden lassen (ANDRESEN & SCHMID, 1993). Außerdem impliziert die Fragestellung nach dem

Expertentum für komplexes Problemlösen (vgl. 2.2) die theoretische Voraussetzung, daß sich verschiedene komplexe Problembereiche durch eine gewisse Anzahl von spezifischen Gemeinsamkeiten charakterisieren lassen. Ob diese Gemeinsamkeiten nur auf einer formalen Ebene der komplexen Problemstellung identifiziert werden können, oder ob für diese Gemeinsamkeiten auch inhaltliche Merkmale angegeben werden können, wird in der vorliegenden Untersuchung näher beleuchtet werden.

Ebenso ist der Versuch unternommen worden, die beiden Kausalschemata auf einer formalen Ebene zu parallelisieren. Zur formalen Charakterisierung von komplexen Problemen wird im allgemeinen die Art und Anzahl der involvierten Variablen und die Formen der relationalen Verknüpfungen dieser Variablen angeführt (vgl. FUNKE, 1992, S.144-146). In der vorliegenden Arbeit sind die Kausalschemata daher so konstruiert worden, daß die Anzahl der Variablen (12) und die Anzahl der eingezeichneten Verbindungen (18) in beiden Schemata gleich groß ist. Außerdem sind als relationale Verknüpfung zwischen den Variablen in beiden Kausalschemata nur einfache Ursache-Wirkungs-Beziehungen aufgenommen worden. Auf diese Weise wurde explizit festgelegt, daß keine komplexeren Formen von relationalen Verknüpfungen, z.B. in Gestalt von Wechselwirkungen oder nicht-linearen Zusammenhängen, in den Kausalschemata dargestellt worden sind. Durch diese Vorgehensweise konnte eine weitgehende Parallelisierung des Stellenwertes einzelner Variablen in den beiden Gesamtschemata erreicht werden. Legt man das Kriterium des Ausmaßes der gegenseitigen Verknüpfung einzelner Variablen zugrunde, so lassen sich folgende Variablen miteinander vergleichen:

DORI-Szenario	ÖPNV-Szenario
- Kapital	- Finanzlage der Verkehrsbetriebe
- Vegetationsmenge	- Benutzung ÖPNV
- Vegetationsfläche	- Benutzung MIV
- Anzahl Menschen	- Verkehrsdichte
- Grundwasser	- Fahrgastzahl
- Medizinischer Dienst	- Fahrpreis

- Tse-Tse-Fliege-Bekämpfung	- Liniennetz
- Antikonzeptionsmittel	- Fahrtakt
- Brunnen	- Fahrzeugkomfort
- Anzahl Rinder	- Parkmöglichkeiten
- Niederschlagsmenge	- Luftverschmutzung
- Erosionskonstante	- Benzinpreis

Die hier aufgeführten Variablen lassen sich am Merkmal ihrer Eingriffsqualität klassifizieren. Als Kriterium für die Eingriffsmächtigkeit einer Variablen kann das Ausmaß angesehen werden, in dem sie selber andere Variablen beeinflußt, bzw. in dem sie selbst durch andere Variablen beeinflußt wird. Folgende Abbildung stellt diesen Sachverhalt systematisch dar:

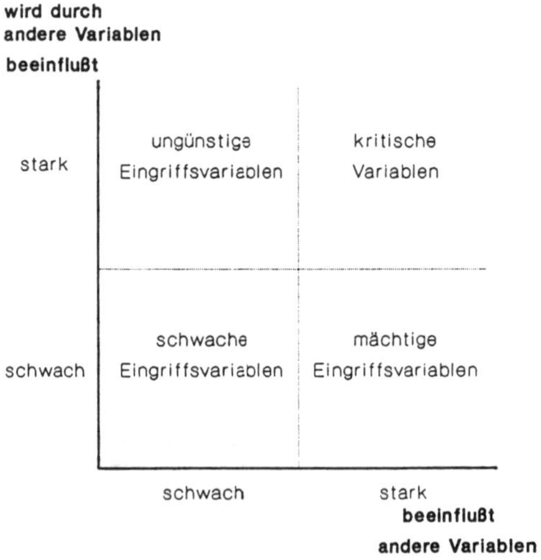

Abb. 6: Klassifikationsschema für Systemvariablen (nach HÖGER, 1991)

So können mit Hilfe dieser Klassifikation die in dem Kausalschema aufgeführten Variablen "Kapital/Finanzlage der Verkehrsbetriebe", "Vegetationsmenge/Benutzung ÖPNV" und "Anzahl Mensch/Verkehrsdichte" als ungünstige Eingriffsvariablen be-

zeichnet werden. Die Variablen "Vegetationsfläche/Benutzung MIV" und "Grundwasser/Fahrgastanzahl" können in dieser Klassifikation als kritische Variablen aufgefaßt werden, während die gesamten Variablen "Medizinischer Dienst/Fahrpreis", "Tse-Tse-Fliege-Bekämpfung/Liniennetz", "Antikonzeptionsmittel/Fahrtakt" und Brunnen/ Fahrkomfort" wenn auch nicht als mächtige, so doch wenigstens als günstige Eingriffsvariablen aufgefaßt werden. Die Variable "Benzinpreis/Erosionskonstante" kann am deutlichsten als schwache Eingriffsvariable bezeichnet werden.
Auf der Ebene dieser formalen Beschreibung kann von einer starken formalen Parallelität der beiden in der Untersuchung verwendeten Kausalschemata ausgegangen werden. Im nächsten Abschnitt soll nun im Detail dargestellt werden, welche kognitiven Leistungen mit dieser Art der Aufgabenstellung erfaßt werden sollen.

Die eigentliche Aufgabe der Versuchspersonen besteht nun darin, nachdem sie sich entprechend der Untersuchungsinstruktion in eine vorgegebene Perspektive hineinversetzt haben, zehn Fragestellungen zu dem jeweiligen, im Kausalschema repräsentierten, Realitätsszenario zu bearbeiten. Da die beiden Kausalschemata auf einer formalen Ebene parallel konstruiert worden sind, war es möglich, dieselben Fragestellungen auf beide Kausalschemata anzuwenden. An die konkrete Aufgabenstellung müssen lediglich die spezifischen Formulierungen der Perspektiven angepaßt werden, die von den Versuchspersonen eingenommen werden sollten, sowie die Beschreibung der jeweiligen Ausgangssituation und die konkrete Benennung der Variablen.

Das allgemeine Ziel der Untersuchung stellt die Erfassung von kognitiven Fähigkeiten dar, die sich auf eine Ableitung von Handlungskonsequenzen aus komplexen Problemfeldern beziehen. Die Fragestellungen sind so ausgewählt worden, daß in ihnen ein besonderer Rahmen für die Erfassung von systemtheoretischen und selbstreflexiven Aspekten beim komplexen Problemlösen aufgespannt wird. Auf diese Weise werden Überlegungen anhand einer konkreten Problemstellung induziert, wie sie häufig auf der abstrakten Ebene des erkenntistheoretischen Diskurses behandelt werden. Die zehn Fragestellungen thematisieren folgende Inhalte:

1a) Einfügen von Vorzeichen in das Schema, welche die Kausalbeziehungen zwischen den Variablen näher spezifizieren. Hierbei sollen gleichsinnig proportionale Beziehungen mit einem positiven Vorzeichen versehen werden und gegensinnig proportionale Beeinflussungen mit einem negativen Vorzeichen. In der Terminologie von FUNKE (1992, S.80) wird durch diese Aufgabenstellung ein eigenständiges Vorzeichenwissen erfaßt.

1b) Unterschiede in der Wirksamkeit der im Schema aufgeführten Variablen aufzeigen. Hierzu konnten einerseits konkrete Variablen genannt werden, deren Auswahl auf einer möglichst konkreten inhaltlichen Ebene begründet werden sollte. Andererseits konnten auch formale Eigenschaften von Variablen angeführt werden, die den Stellenwert konkreter Variablen im Gesamtschema näher charakterisieren.

1c) Auffällige Verzögerungen in der Beeinflussung zwischen zwei oder mehreren Variablen aufführen. Es hat sich häufig in experimentellen Studien nachweisen lassen, daß zeitliche Verzögerungen ("Totzeiten") in Wirkungszusammenhängen von Versuchspersonen nur sehr schwierig identifiziert und kontrolliert werden können (DÖRNER & PREUßLER, 1990).
Zusammenfassend sollen alle in Punkt 1) formulierten Fragestellungen das **Gesamtverständnis** der Versuchsperson zu dem vorliegenden Schema erfassen.

2) Durch die **Frage nach Unklarheiten** in dem Schema soll der Versuchsperson bereits an dieser Stelle eine Möglichkeit zur Problematisierung der in dem Schema aufgeführten Inhalte angeboten werden. Außerdem konnten einfache Wissensfragen an dieser Stelle geklärt werden.

3) Hier wird die **Bedeutung einer einzelnen**, allerdings sehr **zentralen Variabl**en für das Schema abgefragt. Dieser Variablen wird im vorgegebenen Kausalschema auf der formalen Ebene der Pfeilverbindungen eine sehr passive Rolle zugeschrieben. Die Versuchsperson muß sich von dieser formalen Vorgabe lösen, wenn sie die faktisch vorhandenen und ebenso vielfältigen Einflußmöglichkeiten dieser Variablen beschreiben will.

4) Hier wird eine **gezielte Veränderung des Wertes einer Variabl**en induziert. Überprüft werden soll die Fähigkeit der Versuchsperson, die Konsequenzen dieser Variablenwertveränderung im Gesamtschema zu überblicken.

5) Hierbei wird ebenfalls die Manipulation eines Variablenwertes angeregt, und die hieraus resultierenden Konsequenzen sollen abgeschätzt werden. Eine besondere Betonung wird auf die **Benennung von Nebenwirkungen** gelegt. Die zu verändernde Variable ist so im Kausalschema gewählt, daß sich bei einer Überdosierung ihrer Veränderung ein kontraproduktiver Effekt einstellt ("Umschlagen ins Gegenteil"), was als eine besonders brisante Form der Nebenwirkung angesehen werden kann.

6) Eine konkrete **Aufforderung, das Schema** sowohl um Variablen, als auch um bisher nicht aufgeführte Zusammenhänge **zu erweitern**. Hierdurch wird die Fähigkeit der Versuchsperson angesprochen, das vorgegebene Material durch eigenes Vorwissen anzureichern.

7) Einführung einer neuen Variablen, die durch einen besonderen Beobachterstatus gekennzeichnet ist. Hierzu sollte diejenige Instanz, aus deren Perspektive das Szenario zu Beginn der Aufgabenstellung betrachtet werden sollte, als eigenständige Variable ins Variablengefüge der vorliegenden Problemrepräsentation aufgenommen werden. Es handelt sich hierbei um einen Entwicklungshilfe-Manager für das DORI-Szenario und den Aufsichtsrat der Verkehrsbetriebe für das ÖPNV-Szenario. Die Versuchsperson muß den **Beobachterstatus dieser neuen Variablen erkennen** und einen Wechsel der eigenen Perspektive vornehmen, um das Schema mit den Augen des neu eingeführten Beobachters betrachten zu können.

8) **Konkretisierung der Perspektive des neuen Beobachters** durch die Veränderung eines Variablenwertes, die vom Beobachter registriert wird und von diesem das Einleiten konkreter Handlungskonsequenzen erfordert.

9) Es wird von der Versuchsperson eine **Bewertung der Praktikabilität des vorgelegten Kausalmodells** abgefragt. Hiermit soll die Fähigkeit einer Versuchsperson angesprochen werden, den Nutzen eines theoretischen Modells auf der metatheoretischen Bewertungsdimension der Praktikabilität zu beurteilen (vgl. die Bewertungskategorie "pragmatism" für post-formales Denken bei SINNOTT, 1984, S.314).

10) **Aufforderung** an die Versuchsperson, **das vorliegende Modell** in ihrem Sinne **zu verbessern**; hierbei können von der Versuchsperson sowohl Verbesserungen auf einer inhaltlichen, als auch auf einer formalen Ebene angeführt werden. An dieser Stelle wird direkt die Fähigkeit überprüft, eine vorgegebene Problemrepräsentation zu bewerten und diese durch eigenes konkretes Wissen zu erweitern. Zusätzlich können auf einer formalen Ebene die komplexitätsreduzierenden Strategien der Versuchsperson abgefragt werden.

Die Reihenfolge der Fragen ist so gewählt, daß die Versuchspersonen ausgehend von relativ einfachen und konkreten Aufgaben zunehmend abstraktere und komplexere Operationen ausführen müssen, bis sie schließlich in den letzten beiden Aufgabenstellungen explizit dazu aufgefordert werden, auf einer metatheoretischen Ebene zu argumentieren. Allerdings waren die Versuchsperson nicht an eine Beantwortung der

Fragestellungen in ihrer vorgegebenen Reihenfolge gebunden. So wurden metatheoretische und damit reflexive Aussagen über die Art und Inhalte der Kausalschemata bereits zu früheren Punkten der Erhebung, in denen noch nicht explizit nach einer metatheoretischen Stellungnahme gefragt wurde, erfaßt, und zu Gunsten der Versuchsperson ausgewertet. Hierdurch soll im Sinne des methodologischen Postulates der Offenheit sichergestellt werden, daß relevante Denkinhalte der Versuchsperson nicht einfach durch die vorgegebene Reihenfolge der Fragestellungen ausselektiert werden.

Für die Bearbeitung der Aufgaben wurde kein fester Zeitrahmen festgelegt, so daß die Versuchspersonen selber darüber entscheiden konnten, wann sie die Aufgabenstellung als ausreichend beantwortet betrachten und demnach zu der nächsten Fragestellung übergehen wollten. Der Versuchsleiter intervenierte nur, wenn unklar formulierte Aussagen der Versuchspersonen durch Nachfragen präzisiert werden mußten. Diese Vorgehensweise kann mit einem "testing the limits" beschrieben werden, in dem der Schwerpunkt der Betrachtung mehr auf das Maximum der Leistungsfähigkeit einer Versuchsperson gelegt wird, als auf die Bestimmung des quantitativen Umfanges ihrer Leistungsfähigkeit in einer vorgegebenen Zeiteinheit.

Zusammenfassend kann folgenden Fragestellungen durch die Bearbeitung der Kausalschemata im Rahmen der vorliegenden Untersuchung nachgegangen werden:

F3a) Vergleich der Leistungsmaße zum komplexen Problemlösen, welche bei der Bearbeitung von zwei formal ähnlichen, aber semantisch unterschiedlichen Kausalschemata erhoben worden sind. Kennzeichnung der Leistungsmaße, welche sich als probleminvariant darstellen, und derjenigen Maße, welche durch den Kontext des jeweiligen Problems beeinflußt werden.

F3b) Untersuchung der vorliegenden Stichprobe von Studierenden auf gruppenspezifische Effekte, die die Leistungen beim komplexen Problemlösen beeinflussen.

F3c) Erstellung von Problemlöseprofilen, welche die Beschreibung des Problemlösestiles einzelner Versuchspersonen ermöglichen.

3.5. Untersuchung der Zusammenhänge zwischen den Leistungen beim komplexen Problemlösen und den Subjektiven Epistemologien

Nachdem in einem ersten Schritt die Kennwerte für die Subjektiven Epistemologien aus den Fragebögen berechnet worden sind und durch eine Analyse des Lauten Denkens der Versuchspersonen die Leistungsmaße für das komplexe Problemlösen bestimmt worden sind, konnten in einem zweiten Schritt die korrelativen Zusammenhänge dieser beiden quantitativ erfaßten Variablen untersucht werden.
Hierbei sind zwei, allerdings nur graduell unterschiedliche Vorgehensweisen angewendet worden. Im ersten Fall wurden die Korrelationen zwischen den Maßen zu den Subjektiven Epistemologien und zum komplexen Problemlösen für die gesamte Stichprobe auf einer gruppenstatistischen Ebene berechnet. Diese Korrelationen stellen das Hauptergebnis der vorliegenden Untersuchung dar. Zusätzlich hierzu sind anhand der jeweiligen Maße zu den Subjektiven Epistemologien und zum komplexen Problemlösen Subgruppen gebildet worden, die sich durch eine spezifische und auffällige Merkmalskombination auszeichnen. An dieser Stelle sollen Extremgruppen einer besonderen Betrachtung unterzogen werden. Hiermit ist für den Bereich der Subjektiven Epistemologien jene Gruppe von Versuchspersonen angesprochen, die für die Gesamtheit der drei operationalisierten Dimensionen einen hohen, bzw. einen niedrigen Wert aufweisen. Beim komplexen Problemlösen stellen die besonders guten, bzw. die besonders schlechten Versuchspersonen eine näher zu betrachtende Extremgruppe dar. Auf dieser zweiten Ebene der Analyse können Zusammenhänge zwischen den Subjektiven Epistemologien und dem komplexen Problemlösen aufgezeigt werden, die durch eine gruppenstatistische Auswertung der gesamten Stichprobe möglicherweise überdeckt worden sind.
Zusammenfassend ergeben sich folgende Fragen in bezug auf den Zusammenhang zwischen Subjektiven Epistemologien und komplexen Problemlöseleistungen:

F4a) Berechnung des korrelativen Zusammenhanges zwischen den Subjektiven Epistemologien und den beim komplexen Problemlösen erhobenen Leistungsmaßen.

F4b) Korrelation von spezifischen epistemologischen Orientierungen mit den Leistungen beim komplexen Problemlösen.

F4c) Korrelation von spezifischen Problemlöseprofilen mit den Subjektiven Epistemologien.

3.6. Forschungshypothesen

Es lassen sich, entsprechend den oben aufgeführten Fragestellungen, drei konkrete Forschungshypothesen für die vorliegende Untersuchung formulieren:

H1) Subjektive Epistemologien können durch einen dialogischen Reflexionsprozeß beeinflußt werden.

H2) Die Leistungen beim komplexen Problemlösen werden nicht durch die semantische Einkleidung der Aufgabenstellung beeinflußt.

H3) Es besteht ein Zusammenhang zwischen spezifischen Subjektiven Epistemologien und den Leistungen bei der Bearbeitung einer komplexen Problemstellung.

4.1. Versuchsdesign

Der vorliegenden Untersuchung liegt ein Zweistichprobenplan mit wiederholter Messung zugrunde (SARRIS, 1992, S.83ff).
In der Experimentalgruppe findet eine Intervention statt, die in Gestalt einer dialogischen Reflexion durchgeführt wird und sich auf die drei oben angeprochenen epistemologischen Geprächsanlässe (s. 3.3.) gründet. In der Kontrollgruppe findet keine Intervention statt. Der Effekt der Intervention kann über die Auswertung der beiden parallel konstruierten Fragebögen zu den Subjektiven Epistemologien bestimmt werden, die zu zwei unterschiedlichen Meßzeitpunkten vorgegeben worden sind. Der eine Meßzeitpunkt liegt entsprechend dem Prä-/Post-Design vor der Intervention, während zum zweiten Mal nach der Intervention gemessen wurde. Um einen - trotz Parallelisierung - auftretenden Reihenfolgeeffekt bei der Beantwortung der Fragebögen auszuschließen, sind die beiden Fragebögen den Versuchspersonen in einer randomisierten Reihenfolge vorgelegt worden. Hierbei mußten jeweils 20 Versuchspersonen einen der beiden Fragebögen als ersten beantworten.
Die Zuteilung der Versuchspersonen in die Kontroll- und die Experimentalgruppe erfolgt nach dem Zufallsprinzip. Es mußte an dieser Stelle darauf vertraut werden, daß sich die Vertreter der unterschiedlichen Subjektiven Epistemologien durch das Zufallsprinzip in einem annähernd gleichen Verhältnis auf Kontroll- und Experimentalgruppe verteilen. Da in der Intervention stets eine spezifische Form der Subjektiven Epistemologien verändert, bzw. gestärkt werden soll, wäre es für die Überprüfung eines Interventionseffektes hinderlich, wenn in der Kontroll- und in der Experimentalgruppe jeweils nur ein Pol der drei epistemologischen Dimensionen vertreten wäre. Es konnte an dieser Stelle kein "matching" der Versuchspersonen am Merkmal epistemologische Orientierung erfolgen, weil hierfür eine unmittelbare Auswertung der Fragebögen zu den Subjektiven Epistemologien bei der ersten Befragung nötig gewesen wäre, die aber aus organisatorischen Gründen nicht durchgeführt werden konnte. Um daher die Aussagekraft des gemessenen Interventionseffektes überprüfen zu können, muß eine post-hoc-Analyse zu der Zusammensetzung von Kontroll- und Experimentalgruppe im Hinblick auf die dort jeweils anzutreffenden Subjektiven Epistemologien erfolgen.
Die beiden Kausalschemata sind ebenfalls zu zwei verschiedenen Zeitpunkten innerhalb der Untersuchung präsentiert worden. Obwohl auch hier jeweils ein Kausalschema vor der Intervention und eines nach der Intervention bearbeitet werden sollte, ist diese Reihenfolge nicht zum Zwecke eines Vorher/Nachhervergleichs gewählt worden. Es ist zwar insgesamt ein Vergleich der beiden Problemlösungen angestrebt worden, doch dieser Vergleich dient nicht zur Überprüfung eines Interven-

tionseffektes. Vielmehr soll durch diesen Vergleich, die eigenständige Forschungshypothese überprüft werden, ob sich spezifische kognitive Operationen über verschiedene semantische Problembereiche als stabil erweisen. Demnach wird keine Parallelität der beiden denkpsychologischen Aufgabenstellungen vorausgesetzt, sondern die Überprüfung der Parallelität stellt eine eigene Zielsetzung der vorliegenden Versuchsanordnung dar. Um auch in diesem Zusammenhang einen Reihenfolgeffekt in der Darbietung der beiden Kausalschemata zu vermeiden, sind auch die beiden Kausalschemata den Versuchspersonen in randomisierter Reihenfolge vorgelegt worden.
Der Versuchsablauf läßt sich chronologisch in fünf Phasen gliedern:

Phase	Experimentalgruppe	Kontrollgruppe
1) Beantwortung Fragebogen 1	x	x
2) Bearbeitung Kausalschema 1	x	x
3) Intervention	x	Ablenkung
4) Beantwortung Fragebogen 2	x	x
5) Bearbeitung Kausalschema 2	x	x

Aus dem obigen Schema wird deutlich, daß alle Versuchspersonen die gesamten fünf Phasen des Versuches durchlaufen müssen. Die ersten beiden Phasen der Untersuchung, in Gestalt der Beantwortung eines der beiden randomisiert vorgegebenen Fragebögen zu den Subjektiven Epistemolgien und der Bearbeitung eines der beiden Kausalschemata (ÖPNV oder DORI), laufen für alle Versuchspersonen identisch ab.
Während in der dritten Phase mit der Experimentalgruppe die Intervention durchgeführt wird, ist die Kontrollgruppe in einem vergleichbaren Zeitraum durch eine nicht mit der Untersuchung in Verbindung stehende Tätigkeit beschäftigt worden. Wenn man das Ausmaß der kognitiven Belastung zugrunde legt, kann davon ausgegangen werden, daß die Versuchspersonen in der Experimentalgruppe nicht gravierend gegenüber den Versuchspersonen aus der Kontrollgruppe benachteiligt werden, da die dialogische Intervention einen gesprächshaften Verlauf nehmen sollte und daher die Versuchspersonen auf einer kognitiven Ebene eher anregen als belasten sollte.
Die vierte und fünfte Phase der Untersuchung gestaltete sich wieder für alle Versuchspersonen gleich. In ihnen mußte der zweite, jeweils noch nicht ausgefüllte

Fragebogen zu den Subjektiven Epistemologien und das zweite, noch nicht vorgelegte Kausalschema von den Versuchspersonen bearbeitet werden.

4.2. Konkreter Versuchsablauf

Zur Erfassung der Subjektiven Epistemologien wurde den Versuchspersonen die beiden Fragebögen vorgelegt, die sie selbständig ausfüllen sollten. Für die Bearbeitung der Kausalschemata wird den Versuchspersonen jeweils ein Blatt mit dem aufgezeichneten Kausalschema und zusätzlich ein Zettel mit den zehn Aufgabenstellungen vorgelegt. Hat die jeweilige Versuchsperson nach dem Lesen der auf dem Aufgabenzettel aufgeführten Instruktion erkennen lassen, daß ihr der grobe Ablauf der Untersuchung klar geworden ist, wird sie vom Versuchsleiter explizit zum lauten Denken aufgefordert. Der Versuchsleiter protokolliert während des gesamten Versuches die verbalisierten Denkinhalte der Versuchspersonen. Treten für den Versuchsleiter Unklarheiten in den Inhalten des lauten Denkens der Versuchspersonen auf, fragt er gezielt nach, um Mißverständnisse bei der Protokollierung der Denkinhalte zu vermeiden. Außerdem weist der Versuchsleiter die Versuchspersonen immer wieder auf die Möglichkeit hin, die aktuelle Aufgabe selbständig beenden und damit zur Bearbeitung der nächsten Fragestellung übergehen zu können.
In der dritten Phase werden im Rahmen der dialogischen Intervention in der Experimentalgruppe die drei vorbereiteten Gesprächsanlässe auf einem Blatt Papier vorgelegt und gemeinsam besprochen. Die Reihenfolge der Gesprächsanlässe ist für alle Versuchspersonen in gleicher Weise festgelegt. Die Geprächsanlässe werden in der Reihenfolge Zirkularität, Holismus und Konstruktivismus vorgelegt und diskutiert. Der reflexive Dialog wird seitens des Versuchsleiters durch einen groben Interviewleitfaden strukturiert, der sicherstellen soll, daß auch die entscheidenden Inhalte zu den epistemologischen Themata thematisiert werden.
Während der gesamten Untersuchung können die Versuchspersonen Fragen an den Versuchsleiter stellen, auf die direkt eingegangen wird.

4.3. Dauer der Untersuchung

Es bestand für die Versuchspersonen keine explizite Zeitbeschränkung für die Bearbeitung der einzelnen Aufgaben. Vielmehr sollten die Versuchspersonen für sich selber festlegen, die Bearbeitung der Aufgabenstellung zu beenden. Der Versuchsleiter gab jedoch folgende Zeiträume als grobe Orientierung für die Bearbeitung der jeweiligen Aufgabenstellung an. Für die Bearbeitung eines der beiden Fragebögen sollten ungefähr 15 Minuten eingeplant werden und für die Kausalschemata jeweils ungefähr 45 Minuten. Für die Intervention wurde kein zeitlicher Orientierungsrahmen angegeben.

Bei der Beantwortung des Fragebogens ergaben sich im Laufe der Untersuchung keine nennenswerten Zeitunterschiede zwischen den Versuchspersonen. Der Zeitraum, in dem die Kausalschemata bearbeitet worden sind, wies eine bedeutend größere Varianz auf. Maximal wurden hierfür 70 Minuten und 25 Minuten im Minimum benötigt. Der weitaus größte Teil der Problembearbeitungen erfolgte aber in einem Zeitraum zwischen 35 und 50 Minuten. Für keines der beiden Kausalschemata benötigten die Versuchspersonen systematisch mehr Zeit. Meistens erforderte die zweite Problembearbeitung innerhalb des Untersuchungsablaufes weniger Bearbeitungszeit, was auf einen Lerneffekt schließen läßt, der sich durch die formale Parallelität der beiden Kausalschemata ergibt. Der Gesamtzeitraum für die Untersuchung schwankt zwischen knappen zwei Stunden und vier Stunden, während die meisten Versuchspersonen zwischen zweieinhalb und drei Stunden benötigten.

Die Zeiträume für die Bearbeitung der Fragebögen und der Kausalschemata werden in dieser Untersuchung nicht als unabhängige Variablen aufgefaßt, die einen entscheidenden Beitrag zur Überprüfung der aufgeführten Forschungshypothesen leisten können (vgl. 3.5.). Daher wird auf sie auch in der nachfolgenden Analyse und Diskussion der Forschungshypothesen nicht näher eingegangen.

Die gesamte Untersuchung wurde in dem Zeitraum zwischen dem 10. November 1992 und dem 27. März 1993 in Bochum durchgeführt.

4.4. Versuchspersonen

Die Stichprobe dieser Studie umfaßte 40 Personen. Als Voraussetzung für die Teilnahme an der Untersuchung galt für die Versuchspersonen die Voraussetzung, sich gegenwärtig in einem Prozeß der wissenschaftlichen Ausbildung zu befinden oder diese bereits abgeschlossen zu haben. 37 Versuchspersonen waren Studenten, eine Versuchsperson besaß ein abgeschlossenes Fachhochschulstudium, eine Versuchsperson hatte ihr Hochschulstudium abgeschlossen und befand sich zum Zeitpunkt des Versuches in einem Graduiertenkolleg und eine Versuchsperson hatte ebenfalls ihr Hochschulstudium abgeschlossen und arbeitete als wissenschaftliche Hilfskraft. Das Kriterium der wissenschaftlichen Ausbildung wurde für die Auswahl vorausgesetzt, um zu gewährleisten, daß die Versuchspersonen hierdurch an Diskursen beteiligt gewesen sind, in denen epistemologische Fragestellungen thematisiert worden sind.

Folgende Merkmale sind von den Versuchspersonen erfaßt worden, weil in ihnen ein potentieller Beeinflussungsfaktor sowohl für die Ausbildung von Subjektiven Epistemologien, als auch für den Prozeß des komplexen Problemlösens vermutet worden ist.

1) **Alter**: Das Alter der Versuchspersonen bewegt sich in der vorliegenden Stichprobe zwischen 20 und 32 Jahren (Mittelwert: 24.95, Standardabweichung: 2.80).

2) **Geschlecht**: Es wurden jeweils 20 Frauen und 20 Männer befragt.

3) **Stand der Ausbildung**: Als Unterscheidungskriterium fungierte hier eine abgelegte Zwischenprüfung (Vordiplom o.ä.). Anhand dieses Kriteriums waren 14 StudentInnen als Studienanfänger zu bezeichnen, während 26 StudentInnen bereits graduiert waren.

4) **Studienrichtung**: Es wurden die vier Studienbereiche der Geisteswissenschaften, der Human- und Sozialwissenschaften, der Psychologie und der Natur- und Ingenieurwissenschaften unterschieden. Jeweils 10 Versuchspersonen konnten einer dieser vier Gruppen zugeordnet werden. Im einzelnen setzen sich die vier Gruppen jeweils aus StudentInnen der folgenden Fachrichtungen zusammen:

Geisteswissenschaften: 3 PhilosophInnen, 2 PädagogInnen, 2 Theater-, Film- und FernsehwissenschaftlerInnen, 1 Publizist, 1 Geschichtswissenschaftler und 1 Rechtswissenschaftlerin.

Human- und Sozialwissenschaften: 5 SozialwissenschaftlerInnen, 2 Sozialpädagoginnen, 2 (Kultur)Geographen, 1 Wirtschaftswissenschaftlerin.

Psychologie: 10 PsychologInnen
Natur- und Ingenieurwissenschaften: 4 Elektrotechniker, 2 Physiker, 1 Bauingenieur, 1 Biologin, 1 Informatiker, 1 Mathematiker.

5) **Vorerfahrungen mit epistemologischen Fragestellungen**: Die Versuchspersonen sollten selber einschätzen, ob sie ein Wissen in erkenntnistheoretischen Problembereichen besitzen oder nicht. Zusätzlich wurde vom Versuchsleiter nachgefragt, welche Veranstaltungen die Versuchspersonen hierzu besuchen, bzw. welche Bücher sie zu diesen Themen gelesen haben. Hiernach wurde eine Zuordnung in die Kategorie mit Vorerfahrung/ohne Vorerfahrung vorgenommen. 28 Versuchspersonen schätzten sich

ohne epistemologische Vorkenntnisse ein, während sich 12 Versuchspersonen ein epistemologisches Vorwissen zuschrieben.

6) **Vorerfahrungen beim komplexen Problemlösen**: Mittlerweile werden an unterschiedlichen Stellen entweder direkt an der Universität aber auch in der berufsbegleitenden Weiterbildung Seminare und Trainingsprogramme angeboten, die dazu beitragen sollen, den Umgang mit komplexen Problemen zu optimieren. Auch an der Psychologischen Fakultät für Psychologie der RUB ist ein solches Seminar im Frühjahr 1992 durchgeführt worden[1]. Einige Teilnehmer dieses Seminars fanden sich in der Stichprobe der vorliegenden Untersuchung wieder. Dieser, aus 5 Personen bestehenden Teilgruppe wurde zusammen mit einer Versuchsperson, die sich aus der Perspektive des formal-ökonomischen Ansatzes des "operation research" ausgiebig mit komplexen Problemstellungen beschäftigt, ein Vorwissen im Umgang mit komplexen Problemen zugeschrieben. Die restlichen 34 Versuchspersonen besitzen kein derartiges Vorwissen.

7) **Politische Grundeinstellung**: Die Versuchspersonen sollten sich hier selber auf einer fünfstufigen Skala einordnen, die ein Spektrum der politischen Grundeinstellungen von links-aktiv, links-gemäßigt, Mitte, rechts-gemäßigt bis hin zu rechts-aktiv vorgab. In der Stichprobe schätzten sich 9 Personen als links-aktiv ein, 23 als links-gemäßigt, 7 als Vertreter der Mitte und 1 als rechts-gemäßigt ein.

Die Zusammenstellung der Stichprobe erfolgte bewußt an den Merkmalen Studienrichtung, Geschlecht und Ausbildungstand. Hierdurch soll eine ausreichende Repräsentativität der Stichprobe für die gesamte Population der StudentInnen sichergestellt werden. Es kann davon ausgegangen werden, daß gerade der Faktor Studienrichtung einen großen Einfluß auf die epistemologischen Orientierungen der StudentInnen ausübt[2]. Ebenso ist zu erwarten, daß die StudentInnen der naturwissenschaftlich orientierten Disziplinen die Berabeitung der Kausalschemata leichter fällt, da sie stärker darin geübt sind, mit formalen und abstrakten Modellen zu hantieren. Dieser

---

1 Die Inhalte, der Verlauf und eine Evaluation dieses Seminars finden sich in der Diplomarbeit von Ute FELSCHER-SUHR (1993).

2 PORTELE (1981) konnte nachweisen, daß bei Wissenschaftlern verschiedener Disziplinen unterschiedliche Vorstellungen über den Bereich der "Wissenschaft" und den Bereich der "Moral" vorhanden sind. Bei Vertretern der stärker standardisierten Disziplinen in Gestalt der Naturwissenschaften läßt sich ein höheres Maß an Entfremdung gegenüber den Produkten der eigenen wissenschaftlichen Tätigkeit erkennen, als dies beispielweise bei Vertretern der Sozialwissenschaften zu beobachten ist.

Vorteil könnte sich auch in vorliegenden Untersuchung zeigen, obwohl die Art der in den Kausalschemata repräsentierten Problematiken eher aus dem Bereich der Human- und Sozialwissenschaften stammen. Von einem höheren Ausbildungsstand ist ebenfalls ein positiver Einfluß auf die Subjektiven Epistemologien und auf den Prozeß des komplexen Problemlösens erwartet worden. Der Faktor "Geschlecht" ist aufgenommen worden, um die Behauptung einer Strömung der feministischen Wissenschaftstheorie zu überprüfen, die Frauen einen anderen Stil des wissenschaftlichen Denkens zuschreibt (vgl. KRÜLL, 1990).
Alle zusätzlich in der Stichprobe erfaßten Merkmale konnten nicht systematisch bei der Stichprobenkonstruktion kontrolliert werden, stellen aber trotzdem eine potentielle Informationsquelle dar, die zu einer differenzierteren Analyse der Subjektiven Epistemologien und des komplexen Problemlösens herangezogen werden kann.

Insgesamt haben alle Versuchspersonen aus eigener Motivation an der Untersuchung teilgenommen. Es konnte keine Vergütung für den Zeitaufwand der Versuchspersonen erfolgen (die Ausnahme bilden hier 5 Psychologie-StudentInnen, denen eine Bescheinigung über abgeleistete Versuchspersonen-Stunden für ihre Teilnahme an der Untersuchung ausgestellt worden ist). Bei den beteiligten Versuchspersonen kann daher von einer hohen Eigenmotivation für die in der Untersuchung thematisierten Inhalte ausgegangen werden. Es ist fraglich, ob in der gesamten Population der StudentInnen ein derart hohes Maß an Motivation vorausgesetzt werden kann, die ausreicht, um in einem zwei- bis dreistündigen Zeitraum konzentriert an einer Aufgabe zu arbeiten, die keinen direkt einsehbaren Nutzen für die Versuchsperson nach sich zieht. Die Repräsentativität der Stichprobe darf aus diesem Grunde nicht überschätzt werden.
Alle Versuchspersonen sind zu Beginn der Untersuchung darüber informiert worden, daß im Mittelpunkt der Untersuchung eine Analyse des Zusammenhanges zwischen Subjektiven Epistemologien und komplexen Problemlöseprozessen steht.

4.5. Versuchsraum

Als Ort der Untersuchung wurde ein Büroraum der Philosophischen Fakultät der RUB ausgewählt. Dieser Raum ist ca. 20 qm groß und wird durch das einfallende Tageslicht vollständig erleuchtet, so daß die Versuchspersonen weder durch räumliche Enge noch durch eine unangenehme künstliche Beleuchtung in ihrer Konzentration bei der Aufgabenbearbeitung gestört wurden. Der Versuchsleiter und die Versuchspersonen saßen sich jeweils an einem Tisch gegenüber. Der Versuchsleiter war während der gesamten Untersuchung in dem Raum anwesend.

Bei einigen Versuchspersonen mußte aus organisatorischen Gründen die Untersuchung zu Hause stattfinden. Da aber in der vorliegenden Untersuchung keine besonderen Anforderungen an den Versuchsraum gestellt wurden, kann dieser Sachverhalt vernachlässigt werden.

5.1. Auswertung der Fragebögen zu den Subjektiven Epistemologien

Jeder der beiden parallelen Fragebögen besitzt 32 Items, wovon sich jeweils 10 Items auf die drei operationalisierten Dimensionen beziehen. Zwei weitere Items in den Fragebögen erfassen die epistemologische Vorerfahrung und die Einschätzung der Relevanz von erkenntnistheoretischen Überlegungen seitens der Versuchspersonen. Für jedes Item stehen drei Antwortkategorien zur Verfügung. Für die erste Antwortkategorie der Zustimmung wird ein positiver Wert Punktwert (+1), für die zweite Antwortkategorie der Ablehnung wird ein negativer Punktwert (-1) vergeben. Für die dritte offenstehende Antwortmöglichkeit, die ein Unverständnis über den Inhalt des jeweiligen Items zum Ausdruck bringen soll, wird ein neutraler Punktwert (0) vergeben. Ein Teil der Items ist zustimmend und der andere Teil ablehnend formuliert worden. Es muß daher in der Auswertung eine Zuordnung der Antwortkategorie zu dem jeweiligen Pol der epistemologischen Dimension erfolgen, um einen homogenen Punktwert für die epistemologischen Dimensionen bestimmen zu können. Alle Items sollen einen gleichgroßen Beitrag zu dem Gesamtpunktwert einer Dimension liefern, so daß keine speziellen Gewichtungen für bestimmte Items vorgenommen werden müssen.

So ergibt sich für jede der drei Dimensionen ein möglicher Bereich von Punktwerten, der sich von -10 bis +10 Punktwerten erstreckt. Positive Punktwerte deuten hierbei auf eine Bevorzugung der epistemologischen Pole Konstruktivismus, Holismus und Zirkularismus hin. Negative Punktwerte kennzeichnen im gleichen Sinne eine Tendenz der Versuchsperson zu den Polen des Realismus, Elementarismus und Linearismus.

Auf diese Weise kann durch die Punktzuweisung die Ausprägung für die jeweilige epistemologischen Dimensionen von einzelnen Versuchspersonen bestimmt werden. Liegt der Punktwert zwischen +10 und +7 (-10 und -7), so soll von einer eindeutigen Zentrierung in bezug auf eine Dimension der Subjektiven Epistemologien gesprochen werden. In einem Bereich zwischen +6 und +3 (-6 und -3) Punkten ist von einer tendenziellen epistemologischen Orientierung auszugehen, während Punktwerte im Bereich von +2 bis -2 als unzentrierte Positionen interpretiert werden sollen.

Aufgrund der Vorerfahrungen bei der Validierung des Fragebogens kann davon ausgegangen werden, daß für den Pol der Zirkularität vermutlich nur selten ein hoher Punktwert zu erwarten ist, weil die inhaltlichen Aussagen dieser epistemologischen Dimension eine sehr radikale Position kennzeichnen, die nur sehr wenige Personen für sich selber in Anspruch nehmen würden. Aus diesem Grunde soll bei der Interpretation der Ergebnisse zu der Dimension LZ berücksichtigt werden, daß auch

weniger hohe Punktwerte eine aussagekräftige Zuordnung der Versuchsperson zu dem inhaltlichen Pol der Zirkularität ermöglichen.
Durch die Auswertung der dritten Antwortkategorie soll das Vorwissen der Versuchsperson zu den im Fragebogen thematisierten epistemologischen Problematiken erfaßt werden. Eine hohe Anzahl von Itembeantwortungen in der dritten Kategorie deutet auf ein geringes Vorwissen hin. Zusätzlich soll durch eine Überprüfung der Häufigkeiten bei der Bevorzugung der dritten Antwortmöglichkeit der jeweilige Schwierigkeitsgrad für die jeweiligen Items überprüft werden. Wird bei einem Item überdurchschnittlich häufig die dritte Antwortkategorie gewählt, so wird dies als ein Hinweis auf eine zu große Itemschwierigkeit oder auf eine inhaltliche Unklarheit des Items interpretiert.
Zusätzlich ist in dieser Arbeit eine Optimierung des verwendeten Fragebogens angestrebt werden. Diese Optimierung soll durch eine Überprüfung der internen Reliabilität der drei im Fragebogen operationalisierten epistemologischen Dimensionen erfolgen. Hierfür kann das in der vorliegenden Stichprobe erhobene Datenmaterial genutzt werden. Ziel der durchgeführten Itemselektion ist es, eventuell vorhandene Redundanzen in dem Itempool zu beseitigen und unklare Items oder allzu eindeutige Items auszusortieren, um die Ökononomie des Fragebogens insgesamt zu erhöhen.
Aufgrund der Ergebnisse der Itemselektion ist ein einzelner Fragebogen konstruiert worden. Dieser optimierte Fragebogen zur Erfassung von systemtheoretischen Subjektiven Epistemologien (EPIS) kann als Diagnoseinstrument für weitere Forschungen verwendet werden.

5.2. Auswertung der komplexen Problemlöseaufgaben

Bei der Analyse von komplexen Problemlöseprozessen können zwei unterschiedliche Ebenen der Betrachtung gewählt werden. Zum einen kann die bei der jeweiligen Problembearbeitung gezeigte Leistung durch die Bestimmung eines Gütemaßes bestimmt werden. Zum anderen kann der prozessurale Aspekt einer Problemlösung stärker im Blickpunkt des Interesses liegen. Aus dem letztgenannten Blickwinkel erfolgt in der Regel eine Verlaufsanalyse des konkreten Problemlöseprozesses.
In der vorliegenden Untersuchung soll die erstgenannte Perspektive der Analyse von Leistungen beim komplexen Problemlösen im Mittelpunkt des Interesses stehen. Trotzdem soll durch die Verwendung der Erhebungsmethode des lauten Denkens sichergestellt werden, daß auch die wichtigsten Denkanteile einer Versuchsperson auf ihrem Weg zu einer Problemlösung miterfaßt werden können. Hiermit soll gewährleistet werden, daß die von den Versuchspersonen während des Problemlöseprozesses

laborationen und Reflexionen bei der Beurteilung der Problemlösun-
tigt werden können.

ung der Denkleistungen der Versuchspersonen zu ermöglichen, muß aßstab für die geäußerten Denkinhalte entwickelt werden. Aufgrund der theoretischen Überlegungen zum komplexen Problemlösen und den in dieser Arbeit angestrebten Operationalisierungen bestimmter Denkoperationen (s. 3.4.) ist ein vorläufiges Kategoriensystem entwickelt worden, das eine quantitative Bewertung der gezeigten Denkleistungen ermöglicht. Ziel dieser Bewertung ist es, für jede Versuchsperson einen Leistungsindex zu bestimmen, der angibt, ob jeweils eine gute oder eine schlechte Problemlösung gezeigt worden ist.

Auf diese Weise erfolgt die Beurteilung der Leistungen zum komplexen Problemlösen in erster Linie theoriegeleitet. Bei dieser Vorgehensweise besteht die Gefahr, aus der Theorie abgeleitete Normen zur Beurteilung von Denkoperationen aufzustellen, welche die faktisch geäußerten Denkinhalte der Versuchspersonen nur sehr unzureichend erfassen. Hierdurch kann sich vor allem eine bedeutende Verzerrung in der konkreten Auswertungssituation ergeben. Ist der Bewertungsrahmen zu eng angelegt, so können viele Leistungen der Versuchspersonen nicht mit ihm erfaßt werden, obwohl diese Leistungen aus der theoretischen Perspektive der Denkpsychologie durchaus als beachtenswerte kognitive Operationen angesehen werden können. Außerdem kann der Schwierigkeitsgrad der einzelnen Aufgabenstellungen häufig aus einer rein theoretischen Ebene nicht eindeutig eingeschätzt werden, so daß bei der Anwendung eines zu leichten oder zu schweren Bewertungsrahmens entweder fast alle oder kaum jemand der Versuchspersonen den postulierten Leistungsstandard erreicht. Die Folge hiervon ist eine mangelnde Varianz in den Leistungsergebnissen der Versuchspersonen. Diese beiden Gefahren dürfen gerade in der vorliegenden Untersuchung nicht unterschätzt werden, weil bisher keine Vorerfahrungen für die Erfassung derartiger komplexer Denkleistungen vorliegen.

Aus diesem Grunde soll bei der Erstellung dieses Auswertungsschlüssels ein zweiter Konstruktionsschritt durchgeführt werden, in dem die in der konkreten Aufgabenstellung gezeigte Verteilung der Leistungen der Versuchspersonen mit berücksichtigt werden. Durch diese Vorgehensweise wird im Sinne einer gegenstandsbezogenen Theoriebildung (vgl. MAYRING, 1990, S.76ff) die theoretisch-deduktive Ableitung der Auswertungskriterien für das komplexe Problemlösen durch induktiv erhaltene Einsichten ergänzt, die vom Versuchsleiter bereits während des Prozesses der Datenerhebung gewonnen worden sind. Aus diesem Grunde wird die Entwicklung des Auswertungsschlüssels für das komplexe Problemlösen im folgenden Teil in Gestalt einer Prozeßbeschreibung wiedergegeben. Insgesamt läßt sich dieser Prozeß in drei Phasen aufgliedern.

In der ersten Phase ist ein vorläufiges theoriegeleitetes Kategoriensystem zu Auswertung entwickelt, in dem Punktwerte für bestimmte Denkleistungen zugeteilt worden sind. In der zweiten Phase wurde dieses Kategoriensystem aufgrund der Erfahrungen, die bei der konkreten Datenerhebung gewonnen worden sind, elaboriert. Hierbei konnten die tatsächlich erbrachten Leistungen der Versuchspersonen zu einer Abschätzung des Schwierigkeitsgrades der einzelnen Aufgaben verwendet werden. Unter Berücksichtigung dieser Einsichten konnte ein endgültiges Punktesytem für die verbalisierten Denkleistungen der Versuchspersonen festgelegt werden. Auf dieser Ebene wird zwischen 28 Variablen unterschieden. In der dritten Auswertungsphase wurden diese 28 Variablen in zwei aufeinanderfolgenden Aggregierungsschritten zu drei Variablen zusammengefaßt. Die Aggregierung der Variablen kann theoretisch durch die Vermutung begründet werden, daß in diesen drei Variablen jene Denkoperationen zusammenfassend repräsentiert sind, die mit den Inhalten der systemtheoretischen Subjektiven Epistemologien in einer positiven Interaktion stehen. Diese drei Variablen zur Erfassung der Leistungsfähigkeit beim komplexen Problemlösen dienen dann als Grundlage für die Betrachtung des korrelativen Zusammhanges zu den Subjektiven Epistemologien.

5.2.1. Phase I

Am Anfang der Konstruktion eines Bewertungsinstrumentes für die komplexen Denkleistungen steht die Formulierung eines Auswertungsschlüssels, der sich an den zehn Teilaufgabenstellungen in bezug auf die beiden Kausalschemata orientiert (s.Anhang CIb und CIIb). In diesem Auswertungsschlüssel wurde festgelegt, für welche verbalisierten Denkleistungen überhaupt Punktwerte vergeben werden sollen. Dieser Auswertungsschlüssel wurde vor der Datenerhebung festgelegt. Er sieht folgendermaßen aus:

1) Allgemeinverständnis des Schemas

a) Ergänzung der Vorzeichen für die Relationen zwischen den Variablen
=> optimale Lösung = 18 korrekte Vorzeichen

b) Klassifizierung von Variablen oder Nennung von besonderen Variableneigenschaften => für jede Nennung von Variableneigenschaften, die an im Schema vorhandenen Variablen konkretisiert werden kann, wird ein Punktwert vergeben

c) Verständnis und Aufdecken zeitlicher Verzögerungen zwischen Variablen
=> jede im Schema konkretisierte Wirkungsverzögerung erhält einen Punktwert

2) Problematisierungsgrad des vorgelegten Schemas

Als Problematisierungen werden folgende Aussagen anerkannt und mit Punktwerten versehen:

- Vorwissensfragen in bezug auf Inhalt einer Variablen und auf die Relationen zwischen verschiedenen Variablen
- Gewichtung der einzelnen Variablen im Schema
- fehlende Angaben im Schema

3) Erfassung der Bedeutung einer zentralen Variablen des Schemas

a) Erkennen des Zusammenhanges zwischen der Bedeutung einer Variablen und der Art ihrer relationalen Verknüpfung => ein Punktwert

b) Vorschlag zur Verbesserung der Darstellung (Umkehrung der eingezeichneten Pfeile) => ein Punktwert

c) Angabe weiterer Wirkungen, die von dieser thematisierten Variablen ausgehen
=> für die Nennung jeder konkretisierten Wirkung wird ein Punktwert vergeben

d) Angabe eines begründeten Abbruchkriteriums für die Fortsetzung der Beschreibung der Wirkungszusammenhänge => ein Punktwert

4) Abschätzen der Konsequenzen, die sich durch die Manipulation einer ausgewählten Variablen des Schemas ergeben

a) Angabe von Konsequenzen, die im Schema bereits eingezeichnet sind
=> für jede konkretisierte Wirkung wird ein Punktwert vergeben

b) Angabe von Konsequenzen, die noch nicht im Schema aufgeführt worden sind
=> für jede konkretisierte und plausible Wirkung wird ein Punktwert vergeben

5) Aufzeigen von Nebenwirkungen

a) Nennung der Möglichkeit, daß eine geplante Maßnahme auf lange Sicht in ihr Gegenteil umschlagen kann
=> einen Punktwert für die Konkretisierung dieses Sachverhaltes im Schema

b) Angabe weiterer Neben- und Fernwirkungen
=> jede konkretisierte und plausible Wirkung erhält einen Punktwert

6) Aufforderung zur Ergänzung des Schemas

a) Variablenergänzungen

=> für jede konkretisierte und plausible neue Variable wird ein Punktwert vergeben

b) Ergänzungen von Verknüpfungen zwischen Variablen

=> für jede konkretisierte und plausible neue Relation wird ein Punktwert vergeben

c) Angabe eines begründeten Abbruchkriteriums für die weitere Aufnahme von Variablen und Wirkzusammenhängen in das Schema

=> ein Punktwert

7) Einführen einer neuen Beobachtervariablen in das Schema

a) Erkennen des Beobachterstatus dieser Variablen

=> ein Punktwert

b) Lokalisation dieser Variablen im Schema

=> für eine begründete Lokalisation der Variablen wird ein Punktwert vergeben

c) Angabe von Wirkungen, die diese neue Variable auf die im Schema aufgeführten Variablen ausübt

=> jede konkretisierte und plausible Wirkung erhält einen Punktwert

8) Konkretisierung der Beobachterperspektive

Angabe von Maßnahmen, welche der neu eingeführte Beobachter ergreifen kann, um eine Steuerfunktion für das Schema zu übernehmen

=> einen Punktwert für jede genannte konkretisierte und plausible Maßnahme

9) Beurteilung der Praktikabilität des Modells

Äußerung von Akzeptanz oder Unzufriedenheit gegenüber dem vorliegenden Modell

=> Punktwerte werden für Argumente vergeben, die den eigenen Standpunkt zum Modell begründen

10) Verbesserungsvorschläge auf einer metatheoretischen Ebene des Modells

Angabe von Verbesserungsvorschlägen auf einer inhaltlichen und auf einer formalen Ebene des Modells

=> alle plausiblen Verbesserungsvorschläge erhalten einen Punktwert

5.2.2. Phase II

Nachdem das Datenmaterial zum komplexen Problemlösen durch die Protokollierung des lauten Denkens der Versuchspersonen erhoben worden ist, konnte dieses mit in die Konstruktion des endgültigen Auswertungsschlüssels einfließen. Auf diese Weise differenzierte sich der Auswertungsschlüssel weiter aus, als er durch den theoriegeleiteten Blick aus Phase I festgelegt worden war. Hierbei mußten keine grundlegend neuen Kategorien in den Auswertungsschlüssel eingeführt werden, so daß auch weiterhin die in den zehn Aufgabenstellungen operationalisierten Denkoperationen als grober Bezugsrahmen beibehalten werden konnten. Lediglich innerhalb einzelner Kategorien fand eine feinere Ausdifferenzierung der Einteilungsmöglichkeiten für die erfaßten Denkleistungen statt.

Notwendige Voraussetzung für diese endgültige Ausdifferenzierung des Auswertungsinstrumentes war die Sichtung des gesamten protokollierten Datenmaterials. Nach dieser Sichtung ist mit der Konstruktion eines Auswertungsbogens begonnen worden, in dem alle relevanten Kategorien zur Erfassung der komplexen Denkleistungen aufgeführt sein sollten.

Ziel der weiteren Auswertung war es nun, die Protokolle des lauten Denkens in diesen Auswertungsbogen zu übertragen. Der endgültige Auswertungsbogen, der auf das komplexe Problemlösen angewendet worden ist, findet sich auf den nächsten beiden Seiten wieder. In ihm werden 28 verschiedene Kategorien für die verbalisierten Denkleistungen unterschieden, wobei diese jeweils getrennt für das DORI- (Problem1) und für das ÖPNV-Szenario (Problem 2) erfaßt werden.

Weiterhin ist für jede der zehn Aufgabenstellungen eine Kategorie "Zusätzliches" eingeführt worden, in der die Lösungsergebnisse der Versuchspersonen zu den einzelnen Aufgabenstellungen aufgeführt werden, die bisher in keine der allgemeinen Kategorien eingeordnet werden konnten. Hiermit soll sichergestellt werden, daß individuelle Lösungsvorschläge, aber auch Gedanken, die sich nicht auf eine direkte Bearbeitung der Aufgabenstellung beziehen, nicht bei einer Übertragung der Protokolle des lauten Denkens in den Auswertungsbogen verlorengehen.

Auswertungsbogen für das Laute-Denken-Protokoll VPN (Seite 1):

Aufgabenstellung:	Problem 1	Problem 2
a) Vervollständ. Vorzeichen		
Wirksamkeit -inhaltlich Variablen		
Cluster		
-formal		
Verzögerungen		
Zusätzliches		
b) Unklarheiten		
Zusätzliches		
c) Kapital Pfeile erkannt		
Pfeilrichtung		
neue Pfeile		
indirekte Wirkungen		
Abbruchkrit.		
Zusätzliches		
d) direkte Wirkungen		
weitere Wirkungen		
Zusätzliches		
e) Umschlagen		
weitere Nebenwirkungen		
direkte Wirkungen		
Zusätzliches		

Auswertungsbogen für das Laute-Denken-Protokoll VPN (Seite 2):

f) neue Zusammen-hänge		
neue Variablen		
Abbruchkrite.		
Zusätzliches		
g) Beobachter-status erkannt		
Lokalisation		
Einführung neuer Wirkun.		
besondere Bedeutung		
Zusätzliches		
h) konkrete Wir-kung		
Zusätzliches		
i) Akzeptanz		
Unbehagen		
Begründung		
Zusätzliches		
j) Verbesserungs-vorschläge -inhaltlich		
-formal		
Zusätzliches		

In einem zweiten Schritt zur Bewertung der komplexen Problemlösungen muß eine Quantifizierung der von den Versuchspersonen gezeigten Denkleistungen erfolgen. Diese Quantifizierung erfolgt über eine Punktbewertung der einzelnen Denkleistungen. Im Auswertungsschlüssel aus der Phase I sind bereits einige theoretisch abgeleitete Punktbewertungen festgehalten worden. Diese Bewertungen beziehen sich auf eine Norm, die sich aus den theoretischen Überlegungen zum Schwierigkeitsgrad der operationalisierten Denkleistungen ergeben. Bei der Bewertung der Denkleistungen ist besonderer Wert darauf gelegt worden, daß die von den Versuchspersonen vorgeschlagenen Lösungen einen direkten Bezug zu der im Kausalschemata aufgeführten Informationen besitzen. Auf diese Weise soll die häufig bei Versuchspersonen anzutreffende Tendenz zur "Vertikalflucht"[38] berücksichtigt und negativ in die Bewertung eingehen, weil sie dem Ideal einer detaillierten, an der konkreten Problemstellung orientierten Problembearbeitung entgegensteht.

Die bereits in Phase I entwickelte theoretische Norm soll an dieser Stelle durch die Einbeziehung des in der Untersuchung erhobenen empirischen Materials ausdifferenziert werden. Hierzu sind in einem ersten Schritt alle von den Versuchspersonen verbalisierten Lösungsvorschläge innerhalb der betreffenden Kategorien des Auswertungsschlüssels aufgelistet worden. Auf diese Weise konnte eine empirische Norm erstellt werden, die sich aus allen positiven Lösungsergebnissen und -vorschlägen zusammensetzt. Diese empirische Norm stellt ein Ideal dar, da keine der Versuchspersonen diese Summe der Lösungsergebnisse faktisch gezeigt hat. Trotzdem ist diese Norm aber nicht nur eine theoretische, sondern enthält empirische Anteile, weil sie sich auf konkrete vorgefundene Lösungsvorschläge bezieht.

Durch die Einbeziehung dieser empirischen Norm konnte der Schwierigkeitsgrad der jeweiligen Aufgabenstellungen eingeschätzt werden. Eine Quantifizierung der Bewertung für die Denkleistungen wurde hiermit durch die Verwendung von abgestuften Punktwerten vereinfacht. Dies war vor allem bei Aufgabenstellungen von Nutzen, in denen es weniger um die Lösung einer absoluten Problematik ging (z.B. wird der Beobachterstatus erkannt oder nicht), sondern in denen innerhalb der Lösungsvorschläge ebenfalls ein quantitatives Element mitbewertet werden sollte (z.B. Anzahl der genannten Nebenwirkungen).

---

38 DÖRNER (1989, S.154) verwendet den Begriff der Vertikalflucht, um ein Problemlöseverhalten zu charakterisieren, das sich durch ein Abdriften von der Realität auszeichnet. Hierbei erfolgt eine Verlagerung des Problembereiches auf eine weltfremde Abstraktionsebene, auf der nur noch metaphysische Spekulationen durchgeführt werden können.

Im folgenden sind alle 28 Kategorien aufgelistet, die für die Konstruktion des quantitativen Auswertungsschlüssels verwendet worden sind. Hierbei wird zuerst das normative Ideal aufgeführt, das die Grundlage für das Auswertungsystem bildet und aus theoretischen Überlegungen abgeleitet worden ist. Danach wird das empirische Ideal in Gestalt der Summe aller akzeptablen vorgefundenen Lösungsvorschläge aufgelistet. Weiterhin wird die hieraus abgeleitete Punkteverteilung für die jeweils vorgefundenen Denkleistungen vorgestellt. Zusätzlich wird der Punktwert aufgeführt, der als maximaler Wert von einer Versuchsperson bei der Bearbeitung der jeweiligen Aufgabenstellung erreicht worden ist.

1) Variable **"Vorzeichenrelationen ergänzen"** (aI):
normatives Ideal: 0 Fehler
empirisches Ideal: 0 Fehler
Punkteverteilung: 0-1 Fehler = 3 Punkte
2-3 Fehler = 2 Punkte
3-4 Fehler = 1 Punkt
< 5 Fehler = 0 Punkte
faktische Höchstleistung: 0 Fehler (3 Punkte)

---

2) Variable **"inhaltliche Wirksamkeit"** der Variablen abschätzen (aII):
normatives Ideal: 12 Nennungen (Variablenanzahl im Schema)
empirisches Ideal : 6 korrekte Nennungen
Punkteverteilung: > 4 Nennungen = 4 Punkte
3 Nennungen = 3 Punkte
2 Nennungen = 2 Punkte
1 Nennungen = 1 Punkt
0 Nennungen = 0 Punkte
faktische Höchstleistung: 6 korrekte Nennungen (4 Punkte)

---

3) Variable **"Cluster"** benennen (aIII):
normatives Ideal: war nicht vorgesehen (in den Schemata zu DORI und dem ÖPNV können aber wenigstens 2 Cluster bestimmt werden)
empirisches Ideal: 3 Cluster
Punkteverteilung: > 2 Cluster = 2 Punkte
1 Cluster = 1 Punkt
0 Cluster = 0 Punkte
faktische Höchstleistung: 3 Cluster (2 Punkte)

4) Variable Angabe **"formale Kriterien"** zur Differenzierung der vorgefundenen Variablen (aIV):
normatives Ideal: Vier-Felder-Schema (s. S.??)
empirisches Ideal: Gewichtung: stark/schwach(+); Gleichgewicht (+); Rückkopplungen (+), Wechselwirkungen (+); monokausal (+); kontinuierlich/nicht kontinuierlich (+); direkt/indirekt (+); beeinflußbar/nicht beeinflußbar (+), Steuerungsvariable (*); zentral (+), Angelpunkt (*); Mediatiorvariable (*); kritische Variable (*), Schwellenwert (*); Störfaktor (*), Unsicherheitsfaktor (*); Indikator (*); Anzahl der Pfeile (#); eigene Erfahrung (#); Zielgrößen/Zielformulierung (#) (=> maximal 26 Punkte)
Punkteverteilung:
- alle mit einem (+) gekennzeichneten Kriterien erhalten 1 Punkt
- alle mit einem (*) gekennzeichneten Kriterien erhalten 2 Punkte
- alle mit einem (#) gekennzeichneten Kriterien erhalten 3 Punkte

faktische Höchstleistung: 16 Punkte

---

5) Variable **"Verzögerungen"** aufzeigen (aV):
normatives Ideal: > 9 Nennungen (mehr als die Hälfte der im Schema aufgeführten Relationen)
empirisches Ideal: fast alle Relationen werden als verzögert charakterisiert

Punkteverteilung:
> 5 Nennungen = 5 Punkte
4 Nennungen = 4 Punkte
3 Nennungen = 3 Punkte
2 Nennungen = 2 Punkte
1 Nennung = 1 Punkt
0 Nennungen = 0 Punkte

faktische Höchstleistung: 5 Punkte

6) Variable "**Unklarheiten**" (b):

normatives Ideal: auf der Objektebene = unvollständige Vernetzung der Variablen
auf der Metaebene = reduktive Modellbildung (Perspektive, formale Darstellung)

empirisches Ideal:
- unspezifische Unklarheit (+)
- Vorwissen (Relation zwischen zwei Variablen, Bedeutung einer Variablen) (+)
- Gewichtungen der Relationen (*)
- räumliche Anordnung der Variablen (*)
- Inhaltliche Bedeutung einer Variab len für das Gesamtschema (z.B. Kapi tal) (#)

Punkteverteilung:
- alle mit einem (+) gekennzeichneten Äußerungen erhalten 1 Punkt
- alle mit einem (*) gekennzeichneten Äußerungen erhalten 2 Punkte
- die mit dem (#) gekennzeichneten Äußerungen erhalten 3 Punkte
- die Äußerung "alles klar" erhält 0 Punkte

faktische Höchstleistung: 4 Punkte

---

7) Variable "**Rolle des Kapitals/Finanzlage der Vekehrsbetriebe**" (cI):

normatives Ideal: zentrale Stellung des Kapitals/Finanz lage der Verkehrsbetriebe im Schema erkannt

empirisches Ideal: zentrale Stellung des Kapitals/Finanzlage der Verkehrsbetriebe im Schema erkannt

Punkteverteilungen: vollständig erkannt = 2 Punkte
teilweise erkannt = 1 Punkt
nicht erkannt = 0 Punkte

faktische Höchstleistung: 2 Punkte

8) Variable Umkehrung der **"Pfeilverbindungen"** (cII):

normatives Ideal: Umkehrung der Pfeilverbindungen, bzw. Einfügen von Wechselwirkungen, um die zentrale Bedeutung der Variablen Kapital/Finanzlage der Verkehrsbetriebe auch auf einer formalen Ebene zu dokumentieren

empirisches Ideal: Umkehrung der Pfeilverbindungen und Hinweis auf Wechselwirkungen

Punkteverteilung: Umkehrung der Pfeilverbindung, Angabe von Wechselwirkungen = 2 Punkte
teilweise Umkehrung mit der Angabe konkreter Wirkungen = 1 Punkt
Bedeutung der Pfeile nicht erkannt = 0 Punkte

faktische Höchstleistung: 2 Punkte

---

9) Variable **"neue Verbindungen"** herstellen (cIII):

normatives Ideal: Einfügen von neuen, noch nicht im Schema dargestellten direkten Zusammenhängen zwischen den Variablen Kapital/Finanzlage der Verkehrsbetriebe und anderen Variablen des Schemas

empirisches Ideal: 3 neue Zusammenhänge werden aufgeführt

Punkteverteilungen: > 2 neue Zusammenhänge = 2 Punkte
1 neuer Zusammenhang = 1 Punkt
kein neuer Zusammenhang = 0 Punkte

faktische Höchstleistung: 2 Punkte

---

10) Variable **"indirekte Wirkungen"** (cIV):

normatives Ideal: Aufzeigen von indirekten Wirkungen, die noch von den Variablen Kapital/ Finanzlage der Verkehrsbetriebe ausgehen können

empirisches Ideal: 4 indirekte Wirkungen werden genannt

Punkteverteilung: > 2 indirekte Wirkungen = 2 Punkte
1 indirekte Wirkung = 1 Punkt
keine indirekte Wirkung = 0 Punkte

faktische Höchstleistung: 2 Punkte

11) Variable "**Abbruchkriterium**" (cV):

normatives Ideal: Sonderpunkt für die unaufgeforderte Nennung eines Abbruchkriteriums bei gleichzeitiger Angabe immer weiterer Wirkungszusammenhänge

empirisches Ideal: Abbruchkriterium genannt (s. normatives Ideal)

Punkteverteilung: Nennung des Abbruchkriteriums = 1 Punkt

faktische Höchstleistung: 1 Punkt

----

12) Variable "**direkte Wirkungen**" (dI):

normatives Ideal: 2 direkte Wirkungen können jeweils aus dem vorliegenden Schemata abgelesen werden

empirisches Ideal: 5 direkte Wirkungen sind genannt worden

Punkteverteilung:
> 3 direkte Wirkungen = 3 Punkte
2 direkte Wirkungen = 2 Punkte
1 direkte Wirkung = 1 Punkt
0 direkte Wirkungen = 0 Punkte

faktische Höchstleistung: 3 Punkte

----

13) Variable Angabe "**weiterer Wirkungen**" (dII):

normatives Ideal: Angabe von Fernwirkungen (Anzahl fast unbegrenzt, wenn man den Bezugsrahmen der vorgegebenen Schemata überschreitet)

empirisches Ideal: 4 Fernwirkungen sind genannt worden

Punkteverteilung:
> 3 weitere Wirkungen = 3 Punkte
2 weitere Wirkungen = 2 Punkte
1 weitere Wirkung = 1 Punkt
0 weitere Wirkungen = 0 Punkte

faktische Höchstleistung: 3 Punkte

14) Variable **"Umkehrung einer geplanten Maßnahme in ihr Gegenteil"** (eI):

normatives Ideal: Erkennen der jeweils in den Schemata angelegten Gefahr des Umschlagens der angeführten Maßnahme

empirisches Ideal: Erkennen dieser Gefahr (s. normatives Ideal)

Punkteverteilung: Erkennen dieser Gefahr = 1 Punkt
Nichterkennen dieser Gefahr = 0 Punkte

faktische Höchstleistung: 1 Punkt

---

15) Variable Angabe **"weiterer Wirkungen"** (eII):

normatives Ideal: Angabe weiterer Nebenwirkungen (Anzahl ist fast unbegrenzt, wenn man den Rahmen des vorgegebenen Schemas überschreitet)

empirisches Ideal: Nennung von 5 weiteren Nebenwirkungen

Punkteverteilung: > 4 weitere Nebenwirkungen = 4 Punkte
3 weitere Nebenwirkungen = 3 Punkte
2 weitere Nebenwirkungen = 2 Punkte
1 weitere Nebenwirkung = 1 Punkt
0 weitere Nebenwirkungen = 0 Punkte

faktische Höchstleistung: 4 Punkte

---

16) Variable Angabe **"direkter Wirkungen"** (eIII):

normatives Ideal: war nicht vorgesehen (aus dem Schema sind aber für DORI 3, bzw. für den ÖPNV 2 solcher direkter Wirkungen ablesbar)

empirisches Ideal: 3 direkte Wirkungen sind genannt worden

Punkteverteilung: > 2 direkte Wirkungen = 2 Punkte
1 direkte Wirkung = 1 Punkt
0 direkte Wirkungen = 0 Punkte

faktische Höchstleistung: 2 Punkte

17) Variable Angabe **"neuer Zusammenhänge"** (fI):

normatives Ideal: Ergänzung von Zusammenhängen zwischen den Variablen, die noch nicht im Schema dargestellt sind (aufgrund der hohen Vernetzung der Variablen ist es möglich, eine zweistellige Anzahl von neuen Zusammenhängen zu nennen)

empirisches Ideal: Angabe von 6 neuen Zusammenhängen

Punkteverteilung:
> 4 neue Zusammenhänge = 4 Punkte
3 neue Zusammenhänge = 3 Punkte
2 neue Zusammenhänge = 2 Punkte
1 neuer Zusammenhang = 1 Punkt
0 neue Zusammenhänge = 0 Punkte

faktische Höchstleistung: 4 Punkte

---

18) Variable Einfügen **"neuer Variablen"** (fII):

normatives Ideal: Ergänzung des Schemas durch neue Variablen (Anzahl geht je nach Auflösungsgrad in einen unendlichen Bereich)

empirisches Ideal: Ergänzung von 4 neuen Variablen

Punkteverteilung:
> 4 neue Variablen = 4 Punkte
3 neue Variablen = 3 Punkte
2 neue Variablen = 2 Punkte
1 neue Variable = 1 Punkt
0 neue Variablen = 0 Punkte

faktische Höchstleistung: 4 Punkte

---

19) Variable Angabe eines **"Abbruchkriteriums"** (fIII):

normatives Ideal: Sonderpunkt für die unaufgeforderte Nennung eines Abbruchkriteriums bei der Angabe immer weiterer Wirkungszusammenhänge

empirisches Ideal: Abbruchkriterium genannt (s. normatives Ideal)

Punkteverteilung: Nennung des Abbruchkriteriums = 1 Punkt

faktische Höchstleistung: 1 Punkt

20) Variable **"Beobachterstatus erkannt"** (gI):

normatives Ideal: Beobachterstatus der neu einzuführenden Variablen erkannt

empirisches Ideal: Anführen der besonderen Stellung der neu einzuführenden Variablen

Punkteverteilung: Beobachterstatus erkannt = 4 Punkte
Beobachterstatus nicht erkannt = 0 Punkte

faktische Höchstleistung: 4 Punkte

---

21) Variable **"Lokalisation"** der Beobachtervariablen im Schema (gII):

normatives Ideal: die besondere Bedeutung der Beobachtervariablen soll durch eine exponierte Stellung dieser Variablen im Schema hervorgehoben werden

empirisches Ideal: Kapital/Finanzlage, ÖPNV-Cluster, Menschen/Kapital, Med.Dienst/Brunnen/Kapital, außerhalb des Schemas/in einer dritten Dimension

Punkteverteilung: für jede sinnvolle Lokalisation = 1 Punkt
keine Lokalisation = 0 Punkte

faktische Höchstleistung: 1 Punkt

---

22) Variable Einführung **"neuer Wirkungen"** (gIII):

normatives Ideal: war nicht vorgesehen

empirisches Ideal: allgemein: Einführen von Wechselwirkungspfeilen, ausgehend von der Beobachtervariablen zu den restlichen Variablen des Schemas (Feedback)
konkret: Angabe von maximal 2 neuen konkreten Wirkungszusammenhängen

Punkteverteilung: jeweils 1 Punkt für den allgemeinen und den konkreten Ergänzungsvorschlag

faktische Höchstleistung: 1 Punkt

23) Variable "**Elaboration**" des Beobachterstatus (gIV):

normatives Ideal: Eigenschaften, die eine Variable auszeichnen, welche ein System beobachten kann

empirisches Ideal: Informations- und Steuerungspfeil, Wechselpfeile/Doppelpfeile, beobachtete Meßgrößen, kommuniziert/Dialog, hohes Maß an Motivation nötig, kann Parameter setzen, Perspektivität, spezifisches Verhältnis zum Kapital, Bewertung der Aktionen, nimmt sich selbst wichtig, Vorwissen, Empathie, Selbstreflexion, spezifische Interessen, Distanz/keine Fixierungen, Selbstanwendung, nicht so hohes Maß an direkter Betroffenheit

Punkteverteilung: ausreichende Elaboration = 2 Punkte
wenig Elaboration = 1 Punkt
keine Elaboration = 0 Punkt

faktische Höchstleistung: 2 Punkte

---

24) Variable "**Angabe konkreter Wirkungen**" (hI):

normatives Ideal: es können 5 Maßnahmen aus den beiden Schemata direkt abgelesen werden

empirisches Ideal: 6 Maßnahmen wurden genannt

Punkteverteilung: > 4 Maßnahmen = 3 Punkte
3/4 Maßnahmen = 2 Punkte
1/2 Maßnahmen = 1 Punkt
0 Maßnahmen = 0 Punkte

faktische Höchstleistung: 3 Punkte

---

25) Variable "**Unterscheidung in kurz- und langfristige Wirkungen**" (hII):

normatives Ideal: war nicht vorgesehen

empirisches Ideal: es wurde zwischen kurz- und langfristig wirkenden Maßnahmen unterschieden

Punkteverteilung: 1 Sonderpunkt für Unterscheidung

faktische Höchstleistung: 1 Punkt

26) Variable **"Reflexion der Nützlichkeit"** (i):
normatives Ideal: unbestimmte Menge an begründeten Argumenten für oder gegen die Nützlichkeit des vorgelegten Schemas
empirisches Ideal: Akzeptanz, Unbehagen, Vereinfachung, kein Bezug zu äußeren Faktoren, implizite Werthaltung, Perspektive, Theorie/Praxis-Problem, Orientierungswert, technokratisch, zynisch, zur Abschreckung, Heuristik, Gedächtnishilfe, Warntafel, Willkürlichkeit, Binsenweisheit
Punkteverteilung: jedes begründete Argument = 1 Punkt
Unbehagen/Akzeptanz = 1 Punkt
keine Meinung = 0 Punkte
faktische Höchstleistung: 4 Punkte

---

27) Variable **"inhaltliche Verbesserungsvorschläge"** (jI):
normatives Ideal: unbestimmte Anzahl von inhaltlichen Ergänzungen für das Schema, welche dessen Erklärungsgehalt erhöhen sollen
empirisches Ideal: Konkretisierung/Detaillierung, mehr Hintergrundwissen notwendig (+);
für *DORI*: technische Eingriffsvariablen, Ökologie, Infrastruktur, Ethik, Kultur der Einheimischen/Religion, Lebensstandard, Biomasse (angebaut/natürlich), Weltpolitik, psychologische Größen, Bildung/Erziehung, Hilfe zur Selbsthilfe
für *ÖPNV*: soziale Randgruppen, Personalkosten, Kommunikativität, Unfallrate, Beschäftigungsstrukur, politische Interessen, menschliche Einstellungen, Umweltproblem, Pünktlichkeit als sozialer Wert, Freundlichkeit des ÖPNV-Personals
Punkteverteilung: für die mit (+) gekennzeichneten allgemeinen inhaltlichen Verbesserungsvorschläge = 2 Punkte
für alle weiteren konkreten inhaltlichen Ergänzungen = 1 Punkt
faktische Höchstleistung: 5 Punkte

28) Variable **"formale Verbesserungsvorschläge"** (jII):

normatives Ideal: unbestimmte Anzahl von formalen Änderungs- und Verbesserungsvorschlägen für das vorliegende Schema

empirisches Ideal: beidseitige Pfeilverbindungen (Interdependenzen), Zieldefinitionen, Kennzeichnung indirekte Wirkungen, Cluster markieren, Richtung der Veränderungen, Gewichtungen einführen (Dicke der Pfeile), Rückkopplungen, Kennzeichung des Zeitfaktors, Warnung vor Zufallsfaktor, Wertvorstellungen markieren, konkretes Beispiel zur Veranschaulichung, Fernwirkungen markieren, Pfadmodell, nicht-lineares markieren, komplexere Relationen (SLT), Kennzeichung der kritischen Variablen, Computersimulation, Planspiel, tabellarischer Überblick der Werte der Variablen über einen längeren Zeitraum, Informationsbeziehungen einzeichnen, Kennzeichnung von Schwellenwerten, Intuition fördern, Erläuterung einzelner Variablen, Koordinatenform der Darstellung, Zielkonflikt aufführen, Metaebene mit einführen, zusätzliche Auflistung der Variablen nebeneinander, Gleichgewichte einzeichnen, Nebenwirkungen auflisten, mathematische Formalisierungen, oben/unten-Strukturierung

Punkteverteilung: für jeden begründeten formalen Verbesserungsvorschlag = 1 Punkt
wird der Verbesserungsvorschlag durch einen psychologischen Sachverhalt begründet = 2 Punkte

faktische Höchstleistung: 6 Punkte

Nachdem in der oben dargestellten Weise ein konkretes Punktesystem für die Bewertung der Lösungsvorschläge beim komplexen Problemlösen entwickelt worden ist, konnten die aus dem Laute-Denken-Protokoll in den Auswertungsbogen übertragenen Denkinhalte in einem dritten Schritt in eine numerische Datenmatrix überführt werden. An dieser Stelle ist ein Maximum an Quantifizierbarkeit für die Leistungen des komplexen Problemlösens erreicht worden. Den 28 aufgeführten Variablen wird hierbei ein numerisches Relativ zugeordnet, das die Basis für die weiteren Transformationen der Daten zum komplexen Problemlösen darstellt. Die Ebene, auf der die

Werte für die 28 Variablen zur Kennzeichung der Leistungen beim komplexen Problemlösen vorliegen, wird im weiteren Verlauf als "Mikroebene" bezeichnet.

5.2.3. Phase III

Auf der Mikroebene werden die Leistungen beim komplexen Problemlösen durch einen Auflösungsgrad beschrieben, der sich aus 28 Variablen zusammensetzt. Die Wahl eines derartig hohen Auflösungsgrades ist aber für das Erkenntnisinteresse der vorliegenden Arbeit nicht notwendig. Für eine Großzahl der 28 Variablen zum komplexen Problemlösen kann, wenn man jede für sich einzeln betrachtet, kein eindeutiger theoretischer Zusammenhang zu epistemologischen Denkfiguren hergestellt werden. Viele der Variablen sind hierbei aus einem Gesamtfragenkomplex als Einzelleistung herauspartialisiert worden, sollten aber, wenn man die in den einzelnen Aufgabenstellungen operationalisierten Denkoperationen im Hinterkopf behält, eher im Gesamtzusammenhang der Aufgabenstellung interpretiert werden. Daher sollen die Variablen der Mikroebene in zwei aufeinanderfolgenden theoriegeleiteten Aggregierungschritten zu umfassenderen Variablenclustern zusammengeführt werden.

Im ersten Aggregierungsschritt erfolgt eine Zusammenfassung der 28 Variablen der Mikroebene zu 10 Variablen einer "Zwischenebene", deren Struktur sich an den zehn Teilaufgabenstellungen der Kausalschemata orientiert. Für eine derartige Aggregierung müssen zwei Operationen ausgeführt werden. Zum einen muß eine Normierung der einzelnen Variablenwerte erfolgen, weil deren Punktwerte ein unterschiedliches Maß an Varianz besitzen. Diese Normierung wird durch eine z-Standardisierung bewerkstelligt. Als zweite Operation muß eine Bestimmung desjenigen Anteiles jeder Einzelvariablen erfolgen, welchen sie als Beitrag zum Gesamtwert der neuen aggregierten Variablen beisteuern soll. Hierbei ist zu berücksichtigen, daß die Beiträge der jeweiligen Einzelvariablen nicht als gleich stark für den Aussagegehalt der neuen Gesamtvariablen angesehen werden können. Diese unterschiedlichen Bedeutungen der Einzelvariablen für die neue Gesamtvariable sollen durch eine theoriegeleitete Gewichtung der jeweiligen Einzelvariablen im Prozeß der Variablenzusammenführung zum Ausdruck gebracht werden. Die konkrete Bestimmung der Gewichtungsanteile orientiert sich hierbei an der Bedeutung, die den jeweiligen Einzelvariablen vom Autor für die übergeordnete Variable zugeschrieben werden. So werden jene Einzelvariablen hoch gewichtet, deren Inhalt eine große Nähe zu den in den zehn Teilaufgabenstellungen direkt operationalisierten Denkleistungen aufweist. Leistungen, die zusätzlich erbracht worden sind, aber trotzdem als Inhalte von Variablen auf der Mikroebene erfaßt worden sind, werden in diesem Sinne weniger stark gewichtet.

Im folgenden sind die Gewichtungen der einzelnen Variablen der Mikroebene aufgeführt, mit denen diese bei der Aggregierung zur Zwischenebene versehen worden sind.

Variable Mikroebene	Gewichtung	Variable Zwischenebene
aI Vorzeichenrelation ergänzen	20 %	A Gesamtorientierung im Kausalschema
aII inhaltliche Wirksamkeit	30 %	
aIII Cluster	10 %	
aIV formale Kriterien	20 %	
aV Verzögerungen	20 %	
b Unklarheiten	100 %	B Unklarheiten
cI Rolle des Kapitals	30 %	C Verständnis der zentralen Variablen
cII Pfeilverbindungen	30 %	
cIII neue Verbindungen	20 %	
cIV indirkete Wirkungen	10 %	
cV Abbruchkriterium	10 %	
dI direkte Wirkungen	40 %	D Bestimmung von Fernwirkungen
dII weitere Wirkungen	60 %	
eI Umkehrung einer geplanten Maßnahme in ihr Gegenteil	50 %	E Nebenwirkungen
eII weitere Wirkungen	40 %	
eIII direkte Wirkungen	10 %	

fI neue Zusammenhänge	50 %	E Erweiterungen
fII neue Variablen	40 %	
fIII Abbruchkirterium	10 %	
gI Beobachterstatus erkannt	40 %	G Beoabachterstatus abstrakt
gII Lokalisation	20 %	
gIII neue Wirkungen	10 %	
gIV Elaboration	30 %	
hI Angabe konkreter Wirkungen	90 %	H Beobachterstatus konkret
hII Unterscheidung lang-/kurzfristiger Wirkungen	10 %	
i Reflexion der Nützlichkeit	100 %	I Nützlichkeit
jI inhaltliche Verbesserungsvorschläge	50 %	J Verbesserungsvorschläge
jII formale Verbesserungsvorschläge	50 %	

Als Ergebnis des ersten Aggregierungsprozesses liegen 10 Variablen vor, die eine Bewertungsgrundlage zur Charakterisierung der Leistungen beim komplexen Problemlösen auf der Zwischenebene darstellen.

Aufgrund theoretischer Überlegungen soll noch ein zweiter Aggregierungsschritt vorgenommen werden. Hierbei sollen die 10 Variablen der "Zwischenebene" noch einmal zu drei übergeordneten Variablen einer "Makroebene" zusammengefaßt werden. Die Variablen der Zwischenebene sollen so zusammengefaßt werden, daß drei Cluster von kognitiven Operationen gebildet werden können, von denen aus ein direkter Zusammenhang zu den drei im Fragebogen operationalisierten epistemologischen Dimensionen hergestellt werden kann. So erfassen die Variablen A bis F der Zwischenebene hauptsächlich Formen von Wissen, wie sie im Umgang mit komplexen Systemen angewendet werden müssen. Hiermit sind abstrakte Systemeigenschaften von unterschiedlichem Schwierigkeitsgrad angesprochen, die an dem im Kausalschema vorgegebenen Problemfeld konkretisiert werden müssen. Die Variablen A bis F erfassen somit ein systemspezifisches Wissen und bilden gemeinsam die Grundlage für die Variable "Systemwissen" auf der Makroebene.

Auf einer theoretischen Ebene kann vermutet werden, daß die Variable "Systemwissen" in einem positiven Zusammenhang mit der epistemologischen Orientierung des Holismus stehen sollte, weil eine systemisch-holistische Perspektive den Erwerb von Systemwissen erleichtern müßte. Diese Frage kann im Ergebnisteil der Arbeit durch eine Berechung der Korrelationen zwischen den Werten der Variablen "Systemwissen" und der epistemologischen Dimension Elementarismus/Holismus überprüft werden.

Aus der gleichen Motivation heraus wird aus den Variablen der Zwischenebene G und H die Variable der Makroebene "Beobachterperspektive" gebildet. In den beiden Variablen G und H wird jeweils die Fähigkeit zur Einnahme eines Beobachterstandpunktes operationalisiert, von der vermutet werden kann, daß diese durch die Perspektive einer konstruktivistischen Epistemologie unterstützt wird. Die Bestimmung der Korrelation zwischen der Variablen "Beobachterperspektive" und der epistemologischen Dimension Realismus/Konstruktivismus kann diese theoretische Vermutung überprüfen.

Ebenso soll über die Variable "Reflexionsindex" der Zusammenhang zwischen der kognitiven Fähigkeit zur Reflexion und der epistemologischen Dimension des Linearismus/Zirkularismus überprüft werden, da die theoretische Hypothese aufgestellt werden kann, daß eine zirkularistische epistemologische Orientierung die Fähigkeit zur Reflexion fördert. Die Variable der Makroebene "Reflexionsindex" setzt sich hauptsächlich aus den Zwischenebenen-Variablen B, I und J zusammen. Zusätzlich gehen aber noch Variablen der Mikroebene mit in den "Reflexionsindex" ein, durch die bereits zu anderen Zeitpunkten der Untersuchung kognitiv-reflektorische Leistungen in Form von Zusatzpunkten erfaßt worden sind.

Technisch erfolgt die Aggregierung der Variablen der Makroebene wieder in zwei Schritten aus den Variablen der Zwischenebene. Nach einer z-Standardisierung erfolgt eine inhaltliche Gewichtung der Variablen der Zwischenebene. Hierbei wird wieder aus einer theoretischen Perspektive festgelegt, welchen Anteil die einzelnen Variablen der Zwischenebene in den drei zusammenfassenden Variablenclustern der Makroebene einnehmen sollen.

In der folgenden Tabelle sind die Gewichtungen aufgeführt, mit denen die Variablen der Zwischenebene versehen worden sind, um als Grundlage für die Konstruktion der Variablen auf der Makroebene dienen zu können.

Variable Zwischenebene/ Mikroebene		Gewichtung	Variable Makroebene
A	Gesamtorientierung im Schema	30 %	SYSTEM (Systemwissen)
C	Verständnis der zentralen Variablen	20 %	
D	Bestimmung von Fernwirkungen	20 %	
E	Nebenwirkungen	20 %	
F	Ergänzungen	10 %	
G	Beobachterstatus abstrakt	70 %	BEOBACH (Beobachter-perspektive)
H	Beoachterstatus konkret	30 %	
B	Unklarheiten	20 %	REFLEX (Reflexionsindex)
cV	Abbruchkriterium	5 %	
fIII	Abbruchkriterium	5 %	
I	Nützlichkeit	0 %	
J	Verbesserungs-vorschläge	40 %	

So stehen am Ende des gesamten Prozesses zur Auswertung des lauten Denkens der Versuchspersonen die drei Variablen der Makroebene, welche die Leistungen der Versuchspersonen beim komplexen Problemlösen zusammenfassend ausdrücken.

Das Schaubild auf der nächsten Seite zeigt noch einmal den Zusammenhang der im Laufe von zwei Aggregierungen zusammengefaßten Variablen im Überblick. Die durchgezogene Linie verdeutlicht den ersten Aggregierungsprozeß, die gestrichelte Linie verweist auf den zweiten Prozeß der Variablenzusammenführung.

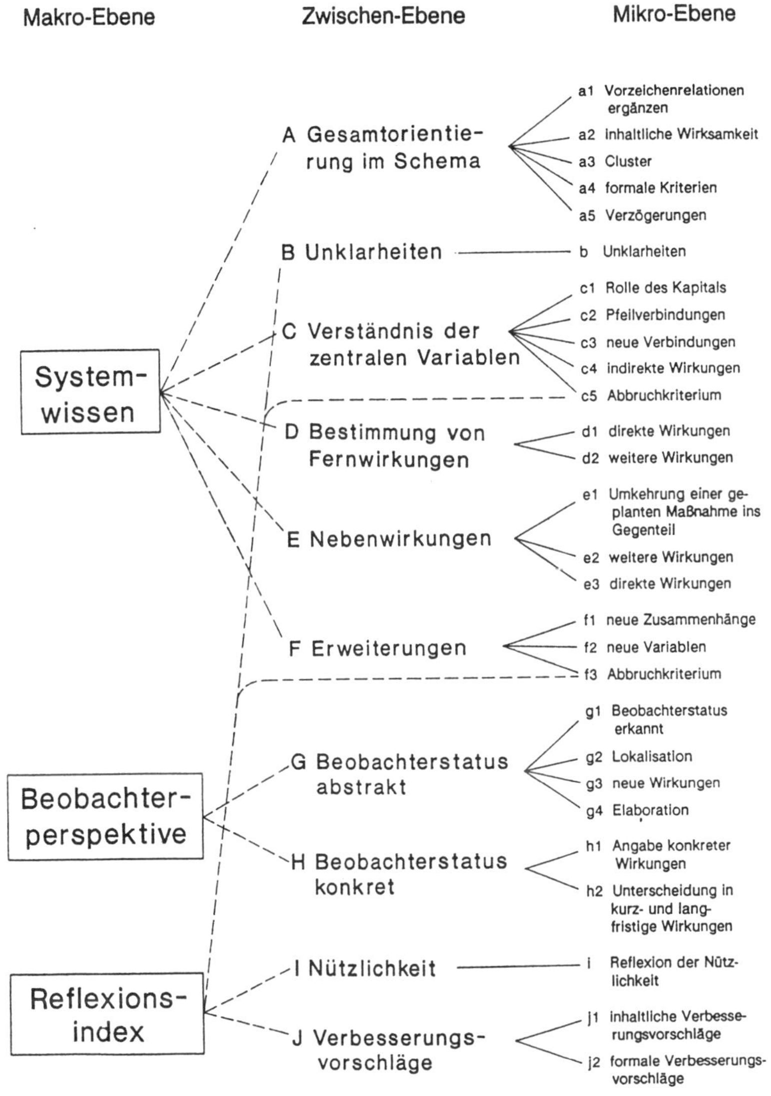

Abb. 7: Variablenstruktur innerhalb der beiden Aggregierungsschritte

5.3. Zusammenfassender Überblick über die verschiedenen Phasen des Auswertungsprozesses

Anhand des Überblickes auf der nächsten Seite kann nun exakt beschrieben, welchen Forschungshypothesen (s. S.70) zu welchen Zeitpunkt der Untersuchung nachgegangen werden kann.
In Phase I können die entscheidenden Antworten für den ersten Fragenkomplex (F1a bis F1e, s. S.54) abgeleitet werden. Nachdem nämlich die Kennwerte für die drei epistemologischen Dimensionen aus den beiden Fragebögen berechnet worden sind, läßt sich für jede Versuchsperson ein epistemologisches Profil entwerfen. Zum einen kann mit diesem Profil die Hypothese geprüft werden, ob sich in der Stichprobe der StudentInnen eindeutige VertreterInnen von systemtheoretisch orientierten Subjektiven Epistemologien auffinden lassen, bzw. wie hoch der quantitative Anteil von epistemologisch eindeutig zentrierten StudentInnen in der Gesamtstichprobe eingeschätzt werden kann.
Zusätzlich kann in Phase I auch der Effekt der epistemologischen Intervention durch ein Prä-/Postvergleich der Werte zu den Subjektiven Epistemologien überprüft werden (H1).
Auf die Forschungshypothese H2 kann in Phase VI Bezug genommen werden. Nachdem die Leistungen beim komplexen Problemlösen für die beiden Problemszenarien getrennt in numerische Werte überführt worden sind, können jene Variablen ermittelt werden, in denen kognitive Leistungen erfaßt worden sind, die sich als invariant gegenüber der konkreten semantischen Einkleidung von komplexen Problemstellungen erwiesen haben. Die in diesen Variablen operationalisierten Leistungsmaße können dann als ein Beitrag dazu aufgefaßt werden, den Umgang von Menschen mit kontextspezifischer Komplexität näher zu beschreiben.
Die zentrale Forschungshypothese H3 wird in der letzten Phase VIII der vorliegenden Untersuchung bearbeitet werden. Nachdem die Leistungsmaße für das komplexe Problemlösen in Phase VII durch einen kontrollierten Prozeß der Aggregierung in drei Variablen repräsentiert worden sind, kann deren Zusammenhang mit den Kennwerten des Fragebogens zu den Subjektiven Epistemologien untersucht werden. Bei der Überprüfung dieses Zusammenhanges soll in erster Linie gruppenstatistisch vorgegangen werden. Zusätzlich soll eine differenziertere Betrachtung dieses Zusammenhanges auf Individualebene und auf einer subgruppenspezifischen Ebene in jenen Fällen erfolgen, in denen sich auffällige Variablenkonstellationen für einzelne Versuchspersonen oder für kleinere Gruppen von Versuchspersonen ausmachen lassen.

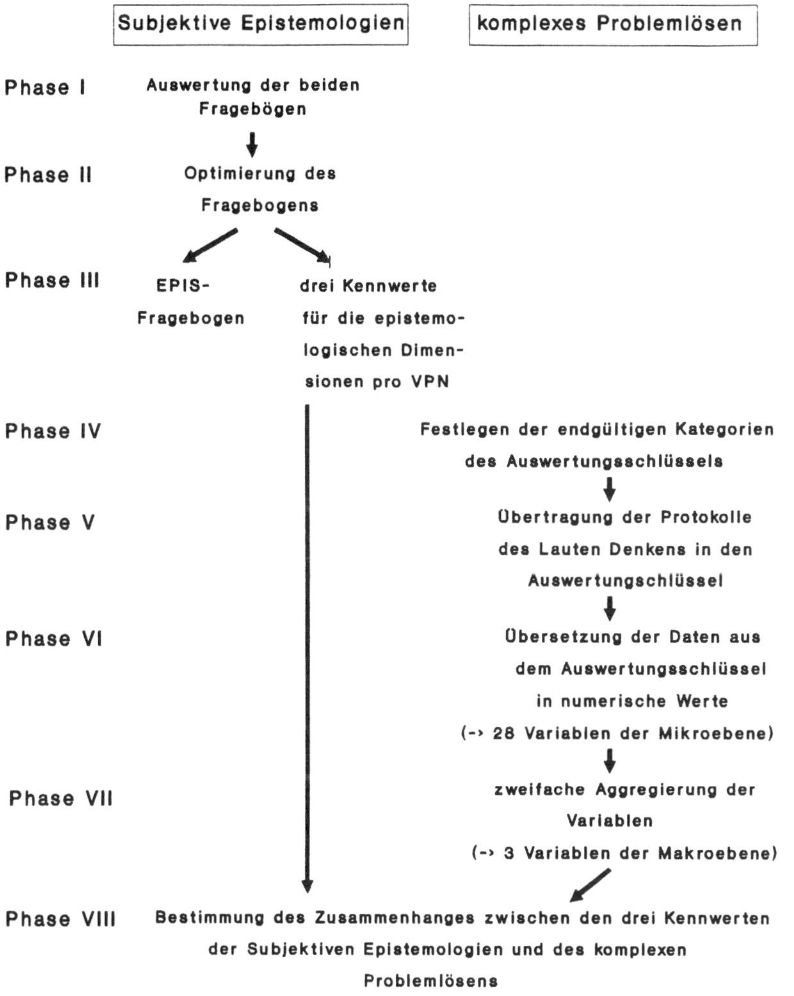

Abb.8: Überblick der Auswertungsphasen

6.1. Ergebnisse aus den beiden Fragebögen zur Erfassung der Subjektiven Epistemologien

6.1.1. Fragestellung F1

In F1 wird der Frage nachgegangen, ob sich bei StudentInnen unterschiedlicher Fachbereiche Subjektive Epistemologien nachweisen lassen, deren Inhalte aus dem modernen systemtheoretischen Kontext ableiten. Um diese Frage zu beantworten, soll gewissermaßen ein "Meinungsbild" der von den StudentInnen vertretenen Positionen gegenüber grundlegenden epistemologischen Fragestellungen eingeholt werden.

In der folgenden Tabelle sind die deskriptiv-statistischen Kennwerte aufgelistet, die von den 40 Versuchspersonen auf den drei im Fragebogen operationalisierten epistemologischen Dimensionen erreicht worden sind[1]. Positive Werte zeigen hier eine Zentrierung auf die Pole Konstruktivismus (für RK), Holismus (für AH) und Zirkularismus (für LZ) an. Negative Werte deuten auf eine Orientierung zu den Polen Realismus (für RK), Elementarismus (für AH) und Linearismus (für LZ) hin. Die drei Dimensionen sind in Tab. 1 getrennt für die Fragebögen FB1 (RK1, AH1, LZ1) FB2 (RK2, AH2, LZ2) angegeben. Zum weiteren Verständnis muß angemerkt werden, daß die Kennzeichung der epistemologischen Dimensionen mit den Zahlen 1 und 2 von nun an nicht mehr den Zeitpunkt der Verwendung des Fragebogens im Prä/-Postdesign markiert, sondern sich ausschließlich auf die Inhalte der beiden Fragebögen FB1 und FB2 bezieht. Die empirischen Häufigkeiten für die Beantwortungen der einzelnen Items, welche die Grundlage für die Berechnung der in Tab. 1 aufgeführten Kennwerte darstellen, finden sich in Anhang AII.

Variable	Mean	Std Dev	Minimum	Maximum
RK1	3.23	4.20	-6.00	10.00
AH1	4.90	3.44	-4.00	10.00
LZ1	2.10	3.12	-4.00	10.00
RK2	3.78	3.83	-7.00	10.00
AH2	3.43	3.37	-4.00	10.00
LZ2	4.50	3.32	-5.00	10.00

Tab. 1 : Kennwerte zu den drei epistemologischen Dimensionen der beiden verwendeten Fragebögen

---

1 Alle Berechnungen in der vorliegenden Studie sind mit dem Statistikprogramm SPSS 3.0 durchgeführt worden.

Als Ergebnis von Tab. 1 läßt sich festhalten, daß am stärksten die konstruktivistischen, holistischen und zirkularistischen Orientierungen innerhalb der Subjektiven Epistemologien vertreten werden. Diese Tendenz drückt sich zum einen im Mittelwert aus, der für beide Fragebögen auf allen drei epistemologischen Dimensionen einen deutlichen positiven Wert annimmt und somit auf die Pole des Konstruktivismus, Holismus und Zirkularismus hinweist. Zum anderen zeigt der Bereich der maximalen, bzw. minimal erreichten Werte für jede der drei Dimensionen eine ebenso eindeutige Verschiebung der durchschnittlichen epistemologischen Orientierungen in den Bereich des Konstruktivismus, Holismus und Zirkularismus an. Während für die drei letztgenannten Pole von einigen Versuchspersonen immer die Maximalwerte erreicht werden, liegen für deren Kontrastpole die Werte nur bei -7 (Realismus), -4 (Elementarismus) und -5 (Zirkularismus).

Zusammenfassend kann daher festgehalten werden, daß das gegenwärtige "Meinungsbild" zu epistemologischen Grundfragestellungen stark durch eine systemtheoretische Perspektive beeinflußt wird. Hiermit kann die Fragestellung F1 in einer ersten Annäherung als positiv beantwortet angesehen werden. Ebenso haben sich die beiden Fragebögen als Diagnoseinstrument zur Erfassung der Subjektiven Epistemologien bewährt, da die aus ihnen berechneten Kennwerte zur Charakterisierung der epistemologischen Orientierungen in einer konsistenten Beziehung zueinander stehen.

6.1.2. Forschungshypothese H1

In H1 wird die Hypothese aufgestellt, daß die Subjektiven Epistemologien der Versuchspersonen durch eine Intervention in der Gestalt einer dialogischen Reflexionsphase verändert werden können. Um diese Hypothese überprüfen zu können, mußten die drei Kennwerte zu den Subjektiven Epistemologien zwischen der Experimental- und Kontrollgruppe in der Vorher- und Nachherbefragung verglichen werden. Hierbei wurden die Differenzwerte für die drei epistemologischen Dimensionen aus der Vorher- und Nachhermessung in einer einfaktoriellen Varianzanalyse miteinander verglichen.

Bei dem Vergleich der Kennwertdifferenzen ergaben sich folgende Ergebnisse:

	df	F	p<
Dimension RK	1,38	2.1964	0.1466
Mittelwert Experimental-Gruppe: 0.050			
Mittelwert Kontroll-Gruppe : -1.400			
Dimension AH	1,38	0.1031	0.7500
Mittelwert Experimental-Gruppe: -1.600			
Mittelwert Kontroll-Gruppe: -1.400			
Dimension LZ	1,38	2.2632	0.1407
Mittelwert Experimental-Gruppe: -2.200			
Mittelwert Kontroll-Gruppe: -0.400			

Tab. 2 : Unterschiede der Kontroll- und Experimentalgruppe in bezug auf die Veränderungen der Subjektiven Epistemologien zwischen Vorher- und Nachhermessung

Die Ergebnisse der Varianzanalyse zeigen auf, daß keine signifikanten Veränderungen der Subjektiven Epistemologien zwischen Kontroll- und Experimentalgruppe zu beobachten sind. Bei einer genaueren Betrachtung der Mittelwerte läßt sich am ehesten für die Dimension LZ eine Tendenz auf einen Interventionseffekt ausmachen. Während ein negativer Differenzwert (-2.200) in der Experimentalgruppe anzeigt, daß der Kennwert für die epistemologische Dimension LZ im zweiten Fragebogen höher als im ersten ausgefallen ist, so läßt sich in der Kontrollgruppe zu dem gleichen Kennwert nur eine minimale Änderung (-0.400) auffinden. Der Unterschied dieser Veränderungen wird aber statistisch nicht signifikant. Bei einem parallelen Vergleich der Mittelwerte für die Dimensionen RK und AH zeigen sich keine ähnlichen auf einen Interventionseffekt hindeutenden Tendenzen. In bezug auf die Dimension RK kann dagegen eher von einem gegenteiligen Effekt ausgegangen werden. Diese Vermutung läßt sich aus einer Steigerung der Kennwerte (-1.400) für den Pol des Konstruktivismus in der Kontrollgruppe ableiten, während in der Experimentalgruppe sogar ein leichter Abfall der Konstruktivismus-Werte (0.050) in der Nachherbefragung zu beobachten ist. Dieser Unterschied erweist sich allerdings wiederum nicht als statistisch signifikant.

Ein möglicherweise bei der Bewertung der Intervention auftretender "ceiling-effect", der aufgrund der hohen Zentrierung auf den systemtheoretischen Polen vermutet

werden kann, ist durch eine Selektion der Stichprobe kontrolliert worden. Hierbei wurden jeweils in Kontroll- und Experimentalgruppe diejenigen fünf Versuchspersonen aus der Stichprobe herausgenommen, die bereits im Vortest vergleichsweise hohe Werte auf den epistemologischen Polen des Konstruktivismus, Holismus und Zirkularismus aufgewiesen hatten und bei denen dementsprechend nur noch wenig Raum für eine Veränderung in die Zielrichtung der Intervention vorhanden war. Auch nach dem Ausschluß dieser epistemologischen "Extremkandidaten" konnten innerhalb der verbleibenden Stichprobe von 30 Studenten keine Effekte in die gewünschte Richtung der Intervention festgestellt werden. Während sich bei dieser Vorgehensweise für die Dimensionen AH ($F = 0.4894$, $p = 0.49$) und LZ ($F = 1.3702$, $p = 0.26$) keine signifikanten Unterschiede zwischen Experimental- und Kontrollgruppe auffinden ließen, ergab sich für die Dimension RK ein signifikanter Unterschied ($F = 5.363$, $p = 0.028$), der jedoch in die gegenteilige Richtung weist. Dieser Unterschied muß daher im Sinne der Intervention als kontrainduziert bezeichnet werden, für den keine befriedigende theoretische Erklärung abgegeben werden kann.
Eine post hoc durchgeführte Analyse zur Überprüfung der Verteilungen der epistemologischen Zentrierungen innerhalb von Kontroll- und Experimentalgruppe ergab, daß alle drei epistemologischen Dimensionen etwa gleichstark vertreten sind. Hiermit kann eine systematische Verzerrung der Interventionseffekte durch eine potientelle Nichtvergleichbarkeit von Kontroll- und Experimentalgruppe ausgeschlossen werden.

Zusammenfassend muß der dialogischen Intervention ein meßbarer Effekt abgesprochen werden. Aus diesem Grunde muß die Nullhypothese in bezug auf die Forschungshypothese H1 beibehalten werden. Die Subjektiven Epistemologien scheinen eine kognitive Stabilität zu besitzen, die nicht durch einen reflektierenden Dialog durchbrochen werden kann.
Die Zurückweisung des Interventionseffektes zieht jedoch für den weiteren Verlauf der Untersuchung einen positiven Nebeneffekt nach sich. Da die Fragebogendaten aus der Vorher- und Nachhermessung nicht durch die Intervention systematisch verzerrt worden sind, kann für weitere Berechnungen sowohl auf das Datenmaterial der Kontrollgruppe, als auch der Experimentalgruppe zurückgegriffen werden. Hieraus ergibt sich der konkrete Vorteil, daß sich die Stichprobe für weitere Berechnungen nicht auf die 20 Versuchspersonen der Kontrollgruppe beschränkt, sondern angereichert durch die 20 Versuchspersonen der Experimentalgruppe, alle der ursprünglich 40 Versuchspersonen umfaßt. Diese Stichprobenerweiterung kann für den nun nachfolgenden Prozeß der Optimierung des Fragebogens ausgenutzt werden.

6.1.3. Optimierung des Itempools zur Erfassung der Subjektiven Epistemologien

Mit einer Optimierung der Fragebögen zu den Subjektiven Epistemologien soll vor allem das Ziel erreicht werden, den Pool der Items nach den beiden Gesichtspunkten der Reliabilität und Ökonomie zu selektieren. Innerhalb dieser Optimierung soll zum einen die Anzahl der Kennwerte für die Subjektiven Epistemologien von vormals sechs auf drei reduziert werden. Zum anderen soll ein einzelner, eigenständiger Fragebogen zur Erfassung von systemtheoretisch orientierten Subjektiven Epistemologien konstruiert werden, der für weitere Forschungen verwendet werden kann.
Hierzu sind die in den beiden Fragebögen verwendeten Items in einen gemeinsamen Itempool zusammengeführt worden. Dann ist eine Itemanalyse durchgeführt worden, in denen Items aussortiert worden sind, die sich in der studentischen Stichprobe der vorliegenden Untersuchung als wenig trennscharf oder unökonomisch herausgestellt haben.
Die Möglichkeit einer Zusammenführung der beiden Fragebögen ergibt sich aus deren großer inhaltlichen Parallelität, die bereits durch die Expertenvalidierung sichergestellt worden war. Diese theoretische Absicherung der inhaltlichen Übereinstimmung wird durch die empirischen Daten der vorliegenden Stichprobe bestätigt. Die Parallelität der beiden Fragebögen läßt sich statistisch durch eine Produkt-Moment-Korrelation zwischen den Kennwerten der beiden Epistemologie-Fragebögen überprüfen. Folgende Tabelle gibt hierüber eine Auskunft:

	RK2	AH2	LZ2
RK1	0.7109 **	0.5830 **	0.5860 **
AH1	0.5660 **	0.4090 *	0.3906 *
LZ1	0.4801 **	0.2278	0.4455 *

Tab. 3 : Interkorrelation der Kennwerte für die drei epistemologischen Dimensionen zwischen den beiden Fragebögen (* = signifikant auf 10% - Niveau, ** = signifikant auf 1% -Niveau)

Die oben aufgeführten Interkorrelationen lassen folgende zwei Schlußfolgerungen zu. Erstens kann von einer weitgehenden Parallelität der beiden Fragebögen in bezug auf die drei epistemologischen Dimensionen ausgegangen werden. Allerdings kann hierbei nur die Parallelität auf der Dimension RK als vollständig zufriedenstellend bezeichnet werden. Daher sind im Prozeß der Zusammenführung der beiden Fragebögen jene

Items aussortiert worden, die eine ähnlich hohe Korrelation für die Dimensionen AH und LZ verhinderten.

Als zweites Ergebnis kann aus Tab. 3 abgelesen werden, daß sich nicht nur zwischen den drei epistemologischen Dimensionen der zwei Fragebögen signifikante Korrelationen auffinden ließen, sondern ebenso zwischen den epistemologischen Dimensionen eines Fragebogens. Durch diese Korrelationen bestätigt sich die aus den theoretischen Überlegungen abgeleitete Hypothese, daß die drei epistemologischen Dimensionen inhaltlich nicht als vollständig voneinander unabhängig bezeichnet werden können. Aufgrund der hohen Korrelationen der Dimension RK mit den beiden Dimensionen AH und LZ läßt sich außerdem der theoretische Schluß ziehen, daß die Dimension RK zu recht als epistemologische Leitdimension bezeichnet werden kann. Die hohen Interkorrelationen der Leitdimension RK mit den beiden anderen Dimensionen AH und LZ weisen darauf hin, daß sich die in AH und LZ repräsentierten Inhalte mit denen in RK operationalisierten überschneiden.

Auf einer diagnostischen Ebene kann auf diese Weise von zwei "epistemologischen Syndromen" gesprochen werden, die sich, angelehnt an den Inhalt ihrer epistemologischen Leitdimension, zum einen als "konstruktivistische oder systemtheoretische Position" und zum anderen als "realistische Position" kennzeichnen lassen. Konkretisiert man diese beiden Syndrome, so ist von konstruktivistisch orientierten Versuchspersonen zu erwarten, daß sie ebenfalls eine Orientierung zu den Polen des Holismus und Zirkularismus besitzen. Analog kann von "realistischen" Versuchspersonen erwartet werden, daß sie eher zu den Polen des Elementarismus und Linearismus tendieren.

In der durchgeführten Itemanalyse sind bei der Zusammenführung der beiden Fragebögen folgende drei Kriterien berücksichtigt worden:

1) Trennschärfe der Items
2) Beitrag der einzelnen Items zum Gesamtscore der jeweiligen Dimension
3) Beibehaltung der internen Struktur der Dimensionen (hiermit ist die quantitative Verteilung der Items pro Dimension angesprochen, die einen kognitiven, emotionalen und normativen Aspekte erfassen)

Um der ersten Forderung nachzukommen, sind in einem ersten Schritt die Varianzen der Antworten für die jeweiligen Items untersucht worden (s. Anhang AIII). Hierbei sind nur diejenigen Items in den neuen Itempool übernommen worden, bei denen eine hohe Varianz in den Antworten vorhanden war. Im Anhang AIII sind die Items fett markiert worden worden, die für den neuen Itempool verwendet worden sind.

Zusätzlich wurden neben den Antwortvarianzen der einzelnen Items auch die jeweiligen Item-Gesamtscore-Korrelationen betrachtet. Durch die Auswahl der Items mit einer hohen Item-Gesamtscore-Korrelation sollte die interne Reliabilität der drei Skalen zu den epistemologischen Dimensionen gesteigert werden. Fast alle der in Anhang AIII fett markierten Items, die für den neuen Itempool ausgewählt wurden, stehen in einem korrelativen Zusammenhang mit dem Gesamtscore der Skala, der wenigstens auf dem 10% - Niveau signifikant wird (Ausnahmen: für RK: I22 = 0.2821, für LZ: I3 = 0.3292, I28 = 0.3115, I41 = 0.3476). Unter Berücksichtigung dieser formalen Merkmale ist ein Itempool zusammengestellt werden, der sich aus 12 Items pro epistemologischer Dimension zusammensetzte.

Als drittes Kriterium mußte die formale Struktur der einzelnen epistemologischen Dimensionen beachtet werden. Die quantitative Verteilung der primär kognitiv, emotional und normativ orienierten Items sollte sich so auf die einzelnen Dimensionen erstrecken, daß jeweils 8 Items kognitive Aspekte und jeweils 2 Items emotionale und normative Aspekte erfassen sollten. Unter Anwendung dieser drei Auswahlkriterien bleiben die im Anhang AIII fett markierten Items übrig. Tab. 4 auf den beiden nächsten Seiten gibt die Zuordnung der Items zu der jeweiligen Dimension wieder. In der zweiten Spalte von Tab.4 ist der Name des Items innerhalb der alten Fragebögen angegeben. (Die Zahlenwerte zwischen 33 und 62 beziehen sich hierbei auf den FB2). In der dritten Spalte ist der einstellungsorientierte Aspekt der Items aufgelistet. Als abschließende Beurteilung ist zu jeder der drei Skalen CRONBACH's ALPHA aufgeführt, der die interne Reliabilität der jeweiligen Skala ausdrückt.

Wie sich aus den CRONBACH's ALPHA-Werten ablesen läßt, kann den drei neu zusammengestellten Dimensionen zur Erfassung der epistemologischen Orientierungen eine zufriedenstellende interne Konsistenz bescheinigt werden. Der Dimension RK kann sogar im Vergleich zu anderen bekannten Einstellungsdimensionen aus Fragebogenerhebungen, eine hohe interne Konsistenz zugeschrieben werden. Die beiden anderen Dimensionen AH und LZ bewegen sich in einem akzeptablen Rahmen.

RELIABILITY ANALYSIS - SCALE (RK)

1.	I1	kognitiv
2.	I4	kognitiv
3.	I12	kognitiv
4.	I14	NORMATIV
5.	I17	kognitiv
6.	I19	kognitiv
7.	I22	*emotional*
8.	I29	NORMATIV
9.	I33	kognitiv
10.	I44	*emotional*
11.	I54	kognitiv
12.	I57	kognitiv

RELIABILITY COEFFICIENTS

N OF CASES = 40.0 N OF ITEMS = 12

ALPHA = .7705

RELIABILITY ANALYSIS - SCALE (AH)

1.	I2	kognitiv
2.	I16	*emotional*
3.	I23	NORMATIV
4.	I27	*emotional*
5.	I30	kognitiv
6.	I34	kognitiv
7.	I38	NORMATIV
8.	I40	kognitiv
9.	I43	kognitiv
10.	I45	kognitiv
11.	I52	kognitiv
12.	I62	kognitiv

RELIABILITY COEFFICIENTS

N OF CASES = 40.0 N OF ITEMS = 12

ALPHA = .6254

RELIABILITY ANALYSIS - SCALE (ZL)		
1.	I3	kognitiv
2.	I9	NORMATIV
3.	I15	kognitiv
4.	I18	kognitiv
5.	I24	*emotional*
6.	I28	kognitiv
7.	I41	NORMATIV
8.	I42	kognitiv
9.	I50	kognitiv
10.	I53	kognitiv
11.	I56	*emotional*
12.	I60	kognitiv

RELIABILITY COEFFICIENTS

N OF CASES = 40.0 N OF ITEMS = 12

ALPHA = .6010

Tab. 4 : Überblick der selektierten Items für die drei epistemologischen Dimensionen des optimierten Itempools

Aus den in Tabelle 4 aufgeführten Items ist der EPIS-Fragebogen konstruiert worden, der für weitere Forschungen in dem Bereich der Subjektiven Epistemologien eingesetzt werden kann. Der EPIS-Fragebogen ist in Anhang AIV aufgeführt.

Weiterhin kann durch die Auswahl der in Tabelle 4 aufgeführten Items eine Neubestimmung der Kennwerte stattfinden, die von jeder Versuchsperson auf den drei epistemologischen Dimensionen erzielt worden sind. Statt der ursprünglich 6 berechneten Kennwerte reichen nun 3 Kennwerte aus, um das epistemologische Profil der Probanden zu bestimmen.

Vergleicht man nun die Interkorrelationen der neuen Kennwerte für die drei epistemologischen Dimensionen (NRK, NAH, NLZ), so ergibt sich folgendes Bild:

	NRK	NAH	NLZ
NRK	1.0000	0.7127 **	0.6079**
NAH	-	1.0000	0.5381**
NLZ	-	-	1.0000

Tab. 5 : Interkorrelation der neuen Kennwerte für die drei epistemologischen Dimensionen (* = signifikant auf dem 10-%-Niveau, ** = signifikant auf dem 1-%-Niveau)

Die bereits bei der Analyse der beiden Ausgangsfragebögen auffälligen Korrelationen zwischen den drei epistemologischen Dimensionen innerhalb eines Fragebogens (vgl. Tab. 3), finden sich ebenfalls zwischen den neuen Kennwerten des optimierten Fragebogens wieder. Die gegenseitige Abhängigkeit der drei epistemologischen Dimensionen bleibt also auch im optimierten Fragebogen bestehen, ebenso wie die hieraus abgeleitete Kennzeichung von RK als Leitdimension ("konstruktivistisch-realistisches epistemologisches Syndrom").

6.1.4. Subgruppenspezifische Einflüsse auf die Subjektiven Epistemologien

Sieben Merkmale sind zur näheren Charakterisierung der einzelnen Versuchspersonen erfaßt worden: Alter, Geschlecht, Stand der Ausbildung, Studienrichtung, Vorerfahrung mit epistemologischen Fragestellungen, Vorerfahrung beim komplexen Problemlösen und politische Grundeinstellung (s. 4.4.). Bei der Stichprobenauswahl ist darauf geachtet worden, daß die beiden Merkmale Geschlecht und Studienrichtung systematisch durch gleichgroße Gruppen von Merkmalsträgern erfaßt worden sind, während die restlichen Merkmale eine zufällige Verteilung annehmen konnten.
Im folgenden soll nun überprüft werden, welche dieser Merkmale in einem systematischen Zusammenhang mit der Ausprägung von spezifischen epistemologischen Orientierungen stehen.

a) Geschlecht

Zur Überprüfung des Einflusses, den das Geschlecht auf die Ausprägung der Subjektiven Epistemologien ausübt, sind drei einfaktorielle Varianzanalysen gerechnet worden. In diesen stellt das Geschlecht jeweils die zweistufige unabhängige Variable dar und die drei epistemologischen Dimensionen jeweils die abhängige Variable. Innerhalb der vorliegenden Stichprobe muß davon ausgegangen werden, daß der Faktor Geschlecht in hohem Maße mit dem Faktor Studienrichtung konfundiert ist, da sich innerhalb der Gruppe der Natur- und IngenieurwissenschaftlerInnen sich bis auf eine Ausnahme keine Frauen befanden. Daher wurde die Personengruppe der Natur- und IngenieurwissenschaftlerInnen aus der Gesamtstichprobe herausgenommen. Anhand der übriggebliebenen Stichprobe von 30 Versuchspersonen, die sich durch eine annähernd gleichmäßige Verteilung der Merkmale Geschlecht und Studienrichtung auszeichnet, sind folgende drei Gruppenvergleiche gerechnet worden.

	df	F-Wert	p<
Dimension RK	1,28	0.559	0.4606
Mittelwert männlich:	5.45		
Mittelwert weiblich:	4.10		

	df	F-Wert	p<
Dimension AH	1,28	1.039	0.3167
Mittelwert männlich:	5.18		
Mittelwert weiblich:	3.52		

	df	F-Wert	p<
Dimension LZ	1,28	2.7747	0.107
Mittelwert männlich:	1.36		
Mittelwert weiblich:	3.78		

Tab. 6 : Einfluß auf Subjektive Epistemologien, Faktor: Geschlecht

Die Ergebnisse zeigen, daß sich innerhalb der reduzierten Stichprobe auf keiner der drei epistemologischen Dimensionen ein signifikanter Geschlechtseinfluß auffinden läßt. Es kann daher die These zurückgewiesen werden, daß Frauen eine andere epistemologische Grundhaltung vertreten als Männer. Sollten sich derartige Unterschiede jedoch auffinden lassen[2], so müssen diese vermutlich eher auf den Effekt einer spezifischen Studiensozialisation zurückgeführt werden (hierbei unterscheiden sich vor allem die Natur- von den Geisteswissenschaften), als durch einen auf biologische Unterschiede begründeten Geschlechtseffekt[3].

---

2 Nimmt man die NaturwissenschaftlerInnen mit in die untersuchte Stichprobe auf, so ergibt sich für die Dimension LZ ein signifikanter Unterschied (p< 0,0401) zwischen den Geschlechtern, wobei die Frauen eine stärkere Orientierung zu dem zirkulären Pol aufweisen.

3 Dieses Ergebnis kann als ein weiteres Indiz dafür verwendet werden, Geschlecht als ein Sozialisationsprodukt ("gender") aufzufassen, das sich nicht maßgeblich auf genetische Disposition ("sex") gründet.

b) Studienrichtung

Zur Überprüfung des Faktors Studienrichtung sind ebenfalls drei Gruppenvergleiche für die drei epistemologischen Dimensionen als jeweils abhängige Variable gerechnet worden. Die unabhängige Variable "Studienrichtung" lag dabei als vierstufiger Prädiktor vor. Die Varianzanalysen ergaben folgende Kennwerte:

	df	F-Wert	p<
Dimension RK	3,36	4.1562	0.0126
Mittelwert GeisteswissenschaftlerInnen :			4.7
Mittelwert Human- und Sozialwissens.:			4.4
Mittelwert PsychologInnen:			4.7
Mittelwert Natur- und Ingenieur wissens.:			- 2.3

	df	F-Wert	p<
Dimension AH	3,36	2.7003	0.0600
Mittelwert GeisteswissenschaftlerInnen:			3.9
Mittelwert Human- und Sozialwissens.:			3.2
Mittelwert PsychologInnen:			5.3
Mittelwert Natur- und Ingenieurwissens.:			- 0.3

	df	F-Wert	p<
Dimension LZ	3,36	2.5256	0.0729
Mittelwert GeisteswissenschaftlerInnen:			1.9
Mittelwert Human- und Sozialwissens.:			2.9
Mittelwert PsychologInnen:			3.9
Mittelwert Natur- und Ingenieurwissens.:			- 0.9

Tab. 7 : Einfluß auf Subjektive Epistemologien, Faktor: Studienrichtung

Es zeigt sich, daß der Faktor Studienrichtung auf alle der drei epistemologischen Dimensionen einen signifikanten Einfluß ausübt. Betrachtet man die jeweiligen Mittelwerte für die vier verschiedenen Studienrichtungen, so scheint die Gruppe der Natur- und IngenieurwissenschaftlerInnen jeweils eine Sonderstellung einzunehmen. Um diesen Eindruck statistisch zu überprüfen ist ein DUNCAN-Range-Test durchgeführt worden, der die vier Studienrichtungen auf signifikante Unterschiede abtestet.
Durch den DUNCAN-Range-Test konnte nachgewiesen werden, daß sich die Gruppe der Natur- und IngenieurwissenschaftlerInnen auf der Dimension RK auf dem 1-%-Niveau von den drei anderen Studienrichtungsgruppierungen unterscheidet. Für die Dimension AH kann ebenfalls eine Sonderstellung der Natur- und IngenieurwissenschaftlerInnen nachgewiesen werden. Diese unterscheiden sich nach dem DUNCAN-Range-Test von den GeisteswissenschaftlerInnen und den Human- und SozialwissenschaftlernInnen auf einem 10-%- und von den PsychologInnen auf einem 5-%-Signifikanzniveau. Auf der Dimension LZ finden sich ebenfalls signifikante Unterschiede der Natur- und IngenieurwissenschaftlerInnen zu den Human- und SozialwissenschaftlerInnen auf dem 10-%-Niveau und zu den PsychologInnen auf dem 5-%-Niveau.
Zusammenfassend läßt sich zu dem Faktor Studienrichtung festhalten, daß die Natur- und IngenieurswissenschaftlerInnen in bezug auf die drei epistemologischen Dimensionen immer eine Sonderstellung einnehmen. Sie erreichen auf allen drei Dimensionen einen Mittelwert, der sich systematisch in eine Richtung von den drei anderen Gruppen unterscheidet. Die Natur- und IngenieurwissenschaftlerInnen sind im Vergleich zu den drei anderen Gruppen eher als realistisch, elementaristisch und linearistisch zu bezeichnen. Die größte Kontrastgruppe zu den Natur- und IngenieurwissenschaftlerInnen stellen hier entgegen der Erwartung nicht die GeisteswissenschaftlerInnen, sondern die Gruppe der PsychologenInnen dar. Diese erreichen auf allen drei Dimensionen die höchsten Werte und sind, als Gruppe betrachtet, am ehesten als konstruktivistisch, holistisch und zirkularistisch zu bezeichnen.

c) Alter

Um den Einfluß des Alters auf die Subjektiven Epistemologien zu überprüfen ist für jede der drei epistemologischen Dimensionen eine Regressionsanalyse durchgeführt worden, wobei in der Regressionsgleichung das Alter als unabhängige Variable fungierte und die drei epistemologischen Dimensionen jeweils als abhängige Variablen.
Die Regressionsanalysen ergaben folgende Werte:

	df	F-Wert	p<
Dimension RK	1,38	0.02231	0.8821
Dimension AH	1,38	1.43166	0.2389
Dimension LZ	1,38	0.08121	0.7772

Tab. 8 : Einfluß auf Subjektive Epistemologien, Faktor: Alter

Aus den obigen Ergebnissen wird deutlich, daß kein Einfluß des Alters auf die Ausprägung der Subjektiven Epistemologien zu beobachten ist. Somit lassen sich keine Anhaltspunkte für die These finden, daß Subjektive Epistemologien durch den Faktor einer umfassenden allgemeinen Lebenserfahrung beeinflußt werden, die als psychologische Einflußgröße hinter dem biologischen Lebensalter vermutet werden kann.

Einschränkend muß zu einer Beurteilung des Faktors Lebensalter allerdings angemerkt werden, daß die Varianz des Lebensalters in der vorliegenden Stichprobe als vergleichsweise gering bezeichnet werden kann, da nur StudentInnen als Versuchspersonen zugelassen worden waren und sich diese alle in einem spezifischen Lebensabschnitt befanden (zwischen 20 und 32 Jahren). Kennzeichnend für diesen Lebensabschnitt ist wahrscheinlich weniger das Lebensalter, als der gegenwärtige Standort der einzelnen Studierenden in deren jeweiliger Studentensozialisation. Der nachfolgende Faktor "Stand der Ausbildung" versucht diesen Einflußfaktor zu erfassen.

d) Stand der Ausbildung

Um den Einfluß des Ausbildungsstandes auf die Subjektiven Epistemologien zu überprüfen, sind drei Gruppenvergleiche gerechnet worden, in denen wieder die Kennwerte der drei epistemologischen Dimensionen die abhängigen Variablen darstellten und der zweistufige Faktor Stand der Ausbildung als unabhängige Variable diente. Es ergaben sich für die Varianzanalysen folgende Ergebnisse:

	df	F-Wert	p<
Dimension RK	1,38	0.679	0.7958
Mittelwert nicht graduiert:		3.214	
Mittelwert graduiert:		2.692	

	df	F-Wert	p<
Dimension AH	1,38	0.8202	0.7958
Mittelwert nicht graduiert:	2.071		
Mittelwert graduiert:	3.538		

	df	F-Wert	p<
Dimension LZ	1,38	0.8202	0.9583
Mittelwert nicht graduiert:	2.000		
Mittelwert graduiert:	1.923		

Tab. 9 : Einfluß auf die Subjektiven Epistemologien, Faktor: Stand der Ausbildung

Aus den Ergebnissen der Varianzanalysen läßt sich eindeutig ablesen, daß keine Unterschiede in bezug auf die epistemologischen Orientierungen von Studienanfängern und im Studium weiter fortgeschrittener StudentInnen anzutreffen sind.

e) Vorerfahrungen mit epistemologischen Fragestellungen

Um den Einfluß von epistemologischem Vorwissen auf die konkrete Ausprägung der Subjektiven Epistemologien zu untersuchen, sind ebenfalls drei Varianzanalysen durchgeführt worden. In diesen stellten die Kennwerte für die drei epistemologischen Dimensionen jeweils die abhängige Variable dar, und die unabhängige Variable wurde als zweistufiger Faktor mit den Ausprägungen "mit epistemologischem Vorwissen/ ohne epistemologisches Vorwissen" erfaßt.

Für diesen Gruppenvergleich, in dem die beiden Zellen ungleich mit jeweils 27 Versuchspersonen für die Gruppe ohne epistemologisches Vorwissen und 13 Versuchspersonen für die Gruppe mit epistemologischem Vorwissen besetzt waren, ergaben sich folgende Kennwerte:

	df	F-Wert	p<
Dimension RK	1,38	1.5146	0.2260
Mittelwert "ohne epistem. Vorwissen":			2.074
Mittelwert "mit epistem. Vorwissen":			4.538

	df	F-Wert	p<
Dimension AH	1,38	2.5640	0.1176
Mittelwert "ohne epistem. Vorwissen":			2.185
Mittelwert "mit epistem. Vorwissen":			4.769

	df	F-Wert	p<
Dimension LZ	1,38	0.2613	0.6122
Mittelwert "ohne epistem. Vorwissen":			1.703
Mittelwert "mit epistem. Vorwissen":			2.461

Tab. 10 : Einfluß auf die Subjektiven Epistemologien, Faktor: Vorerfahrungen mit epistemologischen Fragestellungen

Ein erster Vergleich der Mittelwerte zeigt an, daß StudentInnen mit epistemologischem Vorwissen eher zu den Polen des Konstruktivismus, Holismus und Zirkularismus neigen als StudentInnen ohne epistemologisches Vorwissen. Diese Tendenz wird aber in den durchgeführten Varianzanalysen nicht signifikant. Aufgrund dieser Ergebnisse kann die Annahme zurückgewiesen werden, daß eine bloße Beschäftigung mit epistemologischen Fragestellungen ein erkenntnistheoretisches Problembewußtsein bei den Betroffenen entstehen läßt, das sich durch eine relativistische Verunsicherung oder eines nihilistischen Zweifels auszeichnet, dessen Inhalte den hier operationalisierten epistemologischen Positionen des Konstruktivismus, Holismus und Zirkularismus näher stehen würden als deren Gegenpolen. Da aber keine der sechs epistemologischen Grundpositionen systematisch von den erfahreneren "Epistemologen" vorgezogen werden, deutet dies darauf hin, daß jeweils beide Pole der drei epistemologischen Dimensionen von den Versuchspersonen als gleichermaßen plausibel innerhalb des erkenntnistheoretischen Diskurses beurteilt werden.

Zwei weitere Ergebnisse zu dem Faktor "Vorerfahrung mit epistemologischen Fragestellungen" sollen aufgrund der Auswertung der zwei zusätzlich im Fragebogen aufgenommenen Items I31 (Bekanntheitsgrad der im Fragebogen angesprochenen epistemologischen Thematiken) und I32 (Einschätzung des Nutzens von epistemologischen Überlegungen für das Problemlösen) berichtet werden.

In bezug auf I31 fällt auf, daß die Zuordnung der Versuchspersonen in die Gruppe der epistemologisch Vorerfahrenen, die aufgrund einer Selbstbeurteilung der Versuchspersonen und einer Fremdbeurteilung durch den Versuchsleiter am Anfang der Gesamtuntersuchung vorgenommen wurde, hier nur in einem schwachen Zusammenhang zu der Kenntnis der epistemologischen Inhalte steht, wie sie in I31 abgefragt wird. Die Korrelation zwischen einer zustimmenden Antwort in I31 (82,5 % der Probanden stimmten hier zu) und der Einschätzung einer Versuchsperson als Epistemologieerfahren beträgt 0.3196 und ist damit statistisch nicht signifikant. Interpretiert man diesen schwachen Zusammenhang unter Berücksichtigung der hohen Zustimmung zu I31, so kann vermutet werden, daß die im Fragebogen thematisierten epistemologischen Inhalte bereits ein so hohes Maß an allgemeiner Popularität erfahren haben, daß sie nicht nur in Kreisen epistemologisch Vorgebildeter thematisiert werden. Die hohe Zustimmung zu I31 kann als ein weiterer Beleg für die These angesehen werden, daß die Inhalte der in den Fragebögen operationalisierten systemtheoretischen Epistemologien bereits als Subjektive Epistemologien in die Sphäre alltäglichen Denkens und Handelns eingedrungen sind.

Für I32 (Einschätzung des Nutzens von epistemologischen Überlegungen für das Problemlösen) findet sich ebenfalls eine hohe Zustimmung (72,5 %), was als eine positive Nutzenzuschreibung von epistemologischen Überlegungen für das Problemlösen seitens der meisten Versuchspersonen hinweist. Weiterhin kann in bezug auf I32 festgestellt werden, daß diejenigen Versuchspersonen, welche als vorerfahren im Umgang mit epistemologischen Fragestellungen beurteilt werden, für sich selber den Nutzen erkenntnistheoretischer Fragestellungen auf ihre Fähigkeit zum komplexen Problemlösen für sich selber als positiv einschätzen. Der Zusammenhang zwischen einer positiven Antwort zu I32 (Einschätzung des Nutzens von epistemologischen Überlegungen fürs Problemlösen) und der Einschätzung einer Versuchsperson als epistemologieerfahren erweist sich auf dem 10-%-Niveau als statistisch signifikant.

f) Vorerfahrungen beim komplexen Problemlösen

Weiterhin sollte ein möglicher Effekt von Vorwissen im Umgang mit komplexen Problemen auf die Ausprägung von Subjektiven Epistemologien überprüft werden. Hierzu wurde die vorliegende Gesamtstichprobe in zwei Gruppen eingeteilt, wobei sich eine Gruppe durch das Merkmal "mit Vorerfahrungen beim komplexen Problemlösen" und die andere Gruppe durch das Merkmal "ohne Vorerfahrungen beim komplexen Problemlösen" charakterisieren läßt. Durch diese Zweiteilung der Gesamtstichprobe ergaben sich zwei quantitativ sehr unterschiedliche Gruppen. Während 34 Versuchspersonen bisher keine Erfahrungen im Umgang mit komplexen Problemen gemacht hatten, konnten 6 Versuchspersonen derartige Erfahrungen vorweisen. Aufgrund dieser ungleichen Zellenbesetzung konnte kein sinnvoller statistischer Vergleich der beiden Gruppenmittelwerte erfolgen. Trotzdem sollen die dort vorgefundenen Mittelwertstendenzen einer Interpretation unterzogen werden.

Bei einem Vergleich der in Tab. 11 aufgeführten Mittelwerte fällt auf, daß Versuchspersonen mit einem Vorwissen in bezug auf komplexe Probleme, höhere Werte für die Pole Konstruktivismus, Holismus und Zirkularismus erreichen. Für die beiden Pole Konstruktivismus und Holismus ist diese Tendenz sehr deutlich zu erkennen. Unter dem Vorbehalt, daß es sich hier um einen sehr ungleichgewichtigen Gruppenvergleich handelt, kann aus den obigen Daten gefolgert werden, daß Personen, die im Umgang mit komplexen Problemen trainiert sind, eine konstruktivistische und holistische epistemologische Position bevorzugen.

	Mittelwert "ohne Vorerfahrungen"	Mittelwert "mit Vorerfahrungen"
Dimension RK	2.323	6.000
Dimension AH	2.411	6.500
Dimension LZ	1.794	2.833

Tab. 11 : Vergleich der Mittelwerte zu den drei epistemologischen Dimensionen für die zwei Gruppen " Vorerfahrungen beim komplexen Problemlösen" und "ohne Vorerfahrungen beim komplexen Problemlösen"

g) Politische Grundeinstellung

Zur Erfassung der politischen Grundeinstellung waren ursprünglich fünf Kategorien vorgegeben, die das gesamte politische Spektrum von links-aktiven bis hin zu rechts-aktiven Positionen erfassen sollte. Die Selbsteinschätzung der Versuchspersonen ergab, daß keine der Versuchspersonen sich selbst als rechts-aktiv bezeichnete und nur 1 der 40 Versuchspersonen als rechts-gemäßigt. Auch die Position der Mitte wurde nur von 7 Versuchspersonen angegeben. In der studentischen Stichprobe herrschen damit erwartungsgemäß die links-gemäßigte mit 23 VertreterInnen und die links-aktive Position mit 9 VertreterInnen vor.

Um einen sinnvollen Gruppenvergleich durchführen zu können, sind daher die drei Kategorien Mitte, rechts-gemäßigt und rechts-aktiv zu einer einzigen neuen Kategorie zusammengefaßt worden, die somit das rechte Spektrum politischer Grundeinstellungen innerhalb einer studentischen Stichprobe repräsentiert. Auf diese Weise konnten drei Gruppen miteinander verglichen werden, wobei die drei Zellen mit 9 Versuchspersonen in der Kategorie links-aktiv, mit 23 Versuchspersonen in der Kategorie links-gemäßigt und mit 8 Versuchspersonen in der Kategorie Mitte/Rechts deutlich ungleich besetzt waren.

Es wurden drei Varianzanalysen mit den drei epistemologischen Dimensionen als abhängige Variable gerechnet, in denen die politische Grundeinstellung die unabhängige Variable als dreistufiger Faktor darstellte. Hierfür ergaben sich folgende Ergebnisse:

	df	F-Wert	p<
Dimension RK	2,37	7.2942	0.0021
Mittelwert links-aktiv:		4.888	
Mittelwert links-gemäßigt:		4.260	
Mittelwert Mitte und rechts:		- 3.375	

	df	F-Wert	p<
Dimension AH	2,37	1.0275	0.3679
Mittelwert links-aktiv:		3.111	
Mittelwert links-gemäßigt:		3.739	
Mittelwert Mitte und rechts:		0.875	

	df	F-Wert	p<
Dimension LZ	2,37	2.9891	0.0626
Mittelwert links-aktiv:		2.888	
Mittelwert links-gemäßigt:		2.695	
Mittelwert Mitte und rechts:		- 1.250	

Tab. 12 : Einfluß auf Subjektive Epistemologien, Faktor: Politische Grundeinstellung

Aus den oben aufgeführten Kennwerten läßt sich ablesen, daß die politische Grundeinstellung auf die Dimensionen RK und LZ einen signifikanten Einfluß ausübt. Hierbei erweisen sich die beiden politisch links-orientierten Gruppen als relativ ähnlich und heben sich von der politisch rechts-orientierten Gruppe auf den Dimensionen RK und LZ ab. Während die rechtsgesinnte Gruppe eher zu den Polen Realismus und Linearismus tendiert, orientiert sich die linksgesinnte Gruppe stärker an den Polen Konstruktivismus und Zirkularismus. In einem schwächeren Ausmaß läßt sich diese Polarisierung auch noch auf der Dimension AH wiederfinden, wobei Versuchspersonen mit linker politischer Weltanschauung stärker dem Pol des Holismus zuneigen, während die Anhänger einer rechten poltischen Weltanschauung eher am Pol des Elementarismus orientiert sind.

Um diese augenscheinlichen Tendenzen statistisch abzusichern, ist ein DUNCAN-Range-Test gerechnet worden. Das Ergebnis für die Dimension RK zeigt, daß sich die Gruppe mit der rechten politischen Grundeinstellung auf dem 1-%-Niveau von den anderen beiden linksorientierten Gruppen unterscheidet. Das gleiche Ergebnis findet sich für die Dimension LZ, auf der sich die rechtsorientierten Versuchspersonen auf dem 10-%-Signifikanzniveau von den politisch linksorientierten Versuchspersonen unterscheiden. Zwischen den beiden Gruppen der links-aktiven und der linksgemäßigten Versuchspersonen finden sich keine signifikanten Unterschiede.

Zusammenfassend kann die Vermutung als bestätigt angesehen werden, daß die politische Weltsicht mit der epistemologischen Weltsicht in einem Zusammenhang steht. Dies gilt im besonderen Maße für die in den Dimensionen RK und LZ erfaßten epistemologischen beliefs.

Der politisch eher rechts Orientierte bevorzugt hierbei eine realistische und linearistische Epistemologie, während der politisch eher links Orientierte sich stärker auf konstruktivistische und zirkularistische Epistemologien beruft. Eine Untersuchung des kausalen Zusammenhanges dieser beiden Einstellungsbereiche kann aufgrund der perspektivischen Beschränkungen der vorliegenden Untersuchung nicht weiter verfolgt werden.

6.1.5. Zusammenhänge zwischen den Dimensionen der Subjektiven Epistemologie und den in Persönlichkeitstests erhobenen Maßen

Nachdem die Daten der Hauptuntersuchung erhoben worden sind und der optimierte Fragebogen EPIS konstruiert wurde, konnte dieser EPIS-Fragebogen in einer anderen Stichprobe angewendet werden. Diese bestand aus 29 StudentInnen eines Psychologie-Seminars, welches im Sommersemster 1993 an der RUB zu dem Thema "Fragebögen zur Erfassung von Persönlichkeitsvariablen" stattgefunden hat. In diesem Seminar sind von den Teilnehmern neben dem EPIS-Fragebogen auch die Persönlichkeitstests des 16 PF (Der-16-Persönlichkeitsfaktoren-Test; SCHNEEWIND, SCHRÖDER & CATTEL, 1983), des FPI (Freiburger Persönlichkeitsinventar; FAHRENBERG, HAMPEL & SELG, 1978), des MPI (Maudsley-Personality-Inventar; EYSENCK , 1963) des STAI (State-Trait-Anxiety-Inventory; LAUX, GLANZMANN, SCHAFFNER & SPIELBERGER, 1981), des FLL (Fragebogen zu Lebenszielen und Lebenszufriedenheit; KRAAK & NORD-RÜDIGER, 1989), des FKK (Fragebogen zu Kompetenz- und Kontrollüberzeugungen; KRAMPEN, 1981), der EWL (Eigenschaftswörterliste; JANKE & DEBUS, 1978) und des MBTI (Myers-Briggs-Typenindikator; BRIGGS & BRIGGS-MYERS, 1991) durchgeführt worden. Alle Kennwerte dieser oben aufgeführten Tests miteinander korreliert worden.
Als einziger Zusammenhang zwischen den drei Dimensionen des EPIS-Fragebogens und den Kennwerten der aufgezählten Fragebögen erweist sich die positive Korrelation zwischen der RK-Dimension von EPIS und der JP-Dimension des MBTI auf dem 10%-Niveau als signifikant (0.509). In dem MBTI wird eine Erfassung von Persönlichkeitseigenschaften angestrebt, die sich auf die psychologische Typenlehre von C.G. JUNG stützt. Hierbei werden vier grundlegende Dimensionen unterschieden, die sich durch zwei gegenpolige Einstellungen beschreiben lassen. Auf einer dieser vier Dimensionen, nämlich der JP-Dimension, wird die Einstellung einer Person zu dem Verhältnis von erkennenden Subjekt zu seiner Außenwelt abgefragt. Der Pol J beschreibt hierbei die Präferenz, sich bei der Beschäftigung mit der Außenwelt auf Beurteilungsprozesse zu beziehen, während der Pol P eine gegenteilige Präferenz erfaßt, sich nämlich bei der Beschäftigung mit der Außenwelt an Wahrnehmungsprozessen zu orientieren. Auf einer theoretischen Ebene kann eine hohe inhaltliche Parallelität der JP-Dimension zu den auf der RK-Dimension des EPIS-Fragebogens erwar-

tet werden. Diese theoretische Vermutung konnte empirisch bestätigt werden. Eine konstruktivistische Orientierung in EPIS (K) fällt mit einer urteilenden Orientierung im MBTI (J) zusammen. Dieses Ergebnis kann als ein positiver Beitrag zur Absicherung der Dimension RK im Sinne einer Paralleltest-Reliabilität gedeutet werden.

Als weiteres Ergebnis kann aus dem Vergleich des EPIS-Fragebogens und den Persönlichkeitstests festgehalten werden, daß in EPIS Inhalte erfaßt werden, die sonst in keinem der oben aufgeführten Persönlichkeitstests operationalisiert werden. Auf einer diagnostischen Ebene kann somit die These zurückgewiesen werden, daß bestimmte Subjektive Epistemologien durch spezifische Persönlichkeitseigenschaften beeinflußt werden.

6.2. Ergebnisse aus den Bearbeitungen der beiden Kausalschemata DORI und ÖPNV

Der Fokus der Betrachtungen liegt im folgenden auf der Forschungshypothese H2. In H2 wird postuliert, daß durch die Leistungsmaße zum komplexen Problemlösen kognitive Fähigkeiten erfaßt werden, die nicht von dem Inhalt der jeweiligen komplexen Problemstellung beeinflußt werden. Wenn eine kognitive Kompetenz bestimmt werden soll, die einen Experten für komplexe Probleme auszeichnet, so muß diese kognitive Fähigkeit unabhängig von dem konkreten semantischen Kontext und damit kontextübergreifend diagnostiziert werden können. Eine derartige kognitive Kompetenz kann systematisch von jenen Denkleistungen unterschieden werden, die sich vollständig durch ein bereichsspezifisches Vorwissen erklären lassen, das von dem jeweiligen Problemlöser schon an früherer Stelle in dem betreffenden Problemfeld erworben werden konnte.

In der vorliegenden Untersuchung sind auf drei unterschiedlichen Analyseebenen Leistungsmaße entwickelt worden, die sich durch ihre Korngröße bei der Betrachtung der kognitiven Leistungen unterscheiden (vgl. Abschnitt 5.2.1. bis 5.2.3.). Auf der Mikroebene werden die kognitiven Leistungen in 28 Variablen erfaßt, auf der Zwischenebene in 10 Variablen und schließlich auf der Makroebene in 3 Variablen. Auf jeder dieser drei Ebenen kann ein Vergleich der kognitiven Leistungen erfolgen, die von den Versuchspersonen in den zwei semantisch unterschiedlichen Problemstellungen gezeigt worden sind.

An erster Stelle soll ein Vergleich der Leistungsmaße durchgeführt werden, die auf der Mikroebene erhoben worden sind. Hierbei sollen die Leistungen bei der Bearbeitung des Szenarios DORI mit denjenigen Leistungen verglichen werden, dic bei der Bearbeitung des Szenarios ÖPNV gezeigt worden sind. Dieser Vergleich wird durch eine Interkorrelation der 28 Variablen zur Erfassung der Problemlöseleistung bei DORI und zum ÖPNV durchgeführt. Die hieraus resultierende Interkorrelationsmatrix ist in Anhang CIII dargestellt. Aus ihr wird deutlich, für welchen Aufgabentyp sich in den Szenarien DORI und ÖPNV ähnliche Rangordnungen in den Problemlöseleistungen - unabhängig von deren absolutem Niveau - ergeben haben.

Es zeigt sich, daß die Problemlöseleistungen der Variablen aI (Vorzeichenrelationen ergänzen), aII (inhaltliche Wirksamkeit), aIII (Cluster), aIV (formale Kriterien), cI (Rolle des Kapitals), cII (Pfeilverbindungen), gI (Beobachterstatus), auf dem 1-%-Niveau miteinander korrelieren. Zusätzlich besteht ein korrelativer Zusammenhang zwischen den Variablen b (Unklarheiten), gIII (neue Wirkungen) und jII (formale Verbesserungsvorschläge), der auf dem 10-%-Niveau signifikant wird. Neben diesen parallelen Zusammenhängen der gleichnamigen Variablen im DORI- und ÖPNV-Szenario, fallen vier weitere hochsignifikante Korrelationen zwischen Variablen des DORI- und ÖPNV-Szenarios auf. Hierunter fällt die Korrelation der Variablen gIII (neue Wirkungen) aus dem DORI-Szenario mit den Variablen cV (Abbruchkriterium) und fIII (Abbruchkriterium) des ÖPNV-Szenarios. Dieser Zusammenhang kann inhaltlich so interpretiert werden, daß Versuchspersonen, die in Aufgabe g bei DORI viele neue Wirkungen einführen, bei der Aufgabe c und f beim ÖPNV-Szenario genau wissen, wann sie ihre Erweiterung des Schemas sinnvollerweise abbrechen müssen. Damit stellt der hier aufgedeckte Zusammenhang zwar kein direkt erwartetes, aber doch ein erklärbares Faktum dar. Auf die gleiche Weise kann die hohe Korrelation der Variablen eII (weitere Wirkungen) aus DORI mit der Variablen h1 (Angabe konkreter Wirkungen) beim ÖPNV erklärt werden, da in beiden Aufgaben eine ähnliche Leistung erbracht werden mußte. Diese bestand darin, Wirkungszusammenhänge zu benennen, die nicht direkt im Schema vorgegeben sind, sondern aus der im Schema vorgegebenen Information abgeleitet werden mußte. Für die hohe Korrelation zwischen der Variablen i (Reflexion der Nützlichkeit) aus DORI und der Variablen gI (Beobachterstatus) aus ÖPNV kann keine sinnvolle Interpretation geliefert werden, da in den beiden Aufgabenstellungen g) und i) aus einer theoretischen Perspektive ursprünglich deutlich unterscheidbare kognitive Operationen erfaßt werden sollten.

Eine genauere Analyse der Korrelationsmuster soll an dieser Stelle zurückgestellt werden und erst in bezug auf die später aufgeführten 10 Variablen der Zwischenebene wieder aufgenommen werden.

Zur Überprüfung der Hypothese einer parallelen Problemanforderung, wie sie für die beiden Szenarien DORI und ÖPNV in H2 postuliert wird, muß nicht nur die Korrelation der in den beiden Problemszenarien gezeigten Denkleistungen berücksichtigt werden, sondern ebenso das absolute Niveau dieser Leistungen. Sollten sich Niveaudifferenzen in den Problemlöseleistungen der Versuchspersonen bei der Bearbeitung der Szenarien DORI und ÖPNV auffinden lassen, so deuten diese Unterschiede auf einen Einfluß der jeweiligen semantischen Einkleidung der Problemstellung hin.
Um eventuell vorhandene Leistungsschwankungen innerhalb der Meßwerte der einzelnen Versuchspersonen aufdecken zu können, mußte für jede der 28 Variablen eine einfaktorielle Varianzanalyse unter Berücksichtigung von Meßwiederholungen (Prozedur MANOVA in SPSS) durchgeführt werden. Es handelt sich um eine abhängige Messung, weil von allen 40 Versuchspersonen beide Problemszenarien nacheinander bearbeitet worden sind (BORTZ, 1979, S.402ff.).
Als abhängige Variablen fungierten hierbei jeweils die auf der Mikroebene erfaßten 28 Leistungsmaße zur Erfassung des Problemlösens und die unabhängige Variable wird als zweistufiger Faktor durch die beiden unterschiedlichen Aufgabenbedingungen (DORI und ÖPNV) repräsentiert. Ein signifikanter Unterschied zwischen den individuellen Meßwerten der Versuchspersonen weist bei dieser inferenzstatistischen Überprüfung auf einen Treatmentfaktor "Inhalt des Szenarios" hin.

Die Ergebnisse dieser Vergleiche sind in der Tabelle 13 auf der nachfolgenden Seite aufgeführt. Aus den dort aufgeführten Werten wird deutlich, daß für einen Großteil der erhobenen Leistungsmaße die H0 beibehalten werden muß. D.h., es kann davon ausgegangen werden, daß in diesen Leistungsmaßen kognitive Operationen erfaßt werden, die als unabhängig von der inhaltlichen Ausgestaltung des Realitätsszenarios zu betrachten sind.
Bei 9 der insgesamt 28 operationalisierten Variablen lassen sich signifikante Unterschiede zwischen den beiden gezeigten Problemlöseleistungen aufzeigen. Hierbei konnten jedoch keine systematischen Tendenzen bei der genaueren Untersuchung der Mittelwerte dieser Variablen ausfindig gemacht werden. Bei 6 Variablen (aIV, dI, dII, eIII, gII und hI) wird beim ÖPNV-Szenario durchschnittlich eine bessere Leistung erbracht, während bei 3 Variablen (cI, cIII, eII) bessere Leistungen im DORI-Szenario zu beobachten sind. Aufgrund dieser unsystematischen Schwankungen zwischen den beiden Problemlöseleistungen kann daher insgesamt gefordert werden, daß weder das DORI noch das ÖPNV-Szenario auf einer absoluten Ebene als schwieriger oder als leichter bezeichnet werden kann.

Variable	df	F	p<	
aI	1,39	0.17	0.686	
aII	1,39	0.33	0.57	
aIII	1,39	0.03	0.86	
aIV	1,39	4.33	0.044	**
aV	1,39	0.44	0.509	
b	1,39	0.27	0.606	
cI	1,39	3.16	0.083	*
cII	1,39	0.47	0.498	
cIII	1,39	11.95	0.001	***
cIV	1,39	6.57	0.014	**
cV	1,39	0.66	0.421	
dI	1,39	4.56	0.037	**
dII	1,39	8.93	0.005	***
eI	1,39	2.32	0.135	
eII	1,39	22.86	0.000	***
eIII	1,39	6.65	0.14	
fI	1,39	1.26	0.269	
fII	1,39	1.26	0.269	
fIII	1,39	2.01	0.164	
gI	1,39	1.88	0.178	
gII	1,39	4.06	0.051	*
gIII	1,39	0.09	0.767	
gIV	1,39	0.00	1.00	
hI	1,39	4.94	0.032	**
hII	1,39	0.00	1.00	
i	1,39	0.00	1.00	
jI	1,39	0.58	0.453	
jII	1,39	0.01	0.924	

Tab. 13 : Einfluß auf Problemlöseleistung (Mikroebene), Faktor: Inhalt des Szenarios (*p< 0.10, **p< 0.05, ***p< 0.01)

Zwei weitere Ergebnisse lassen sich aus Tab. 12 ablesen. Erstens ergeben sich hohe intraindividuelle Schwankungen der Leistungswerte für jene Variablen, in denen die kognitive Fähigkeit erfaßt wird, kausale (Fern-)Wirkungen anzugeben, die nicht aus der explizit im Schema aufgeführten Information abgeleitet werden können (cIII = neue Verbindungen; cIV = indirekte Wirkungen; dII = weitere Wirkungen; eII = weitere Wirkungen; hI = Angabe konkreter Wirkungen). Eine mögliche Erklärung für diesen Sachverhalt stellt die Annahme dar, daß die Denkleistungen, die in den zuletzt aufgeführten Variablen erfaßt worden sind, im hohen Maße durch das jeweilige Vorwissen der Versuchsperson beeinflußt werden. Diese Erklärung erscheint plausibel, weil für eine Hochrechnung zukünftiger Wirkungsfolgen eine große Menge an bereichsspezifischem Wissen vorliegen muß. Somit kann der begründete Verdacht formuliert werden, daß in den Variablen cIII, cIV, dII, eII und hI kognitive Leistungen erfaßt werden, die sich auf ein bereichsspezifisches Wissen gründen.

Als zweites Ergebnis der obigen Berechnungen soll festgehalten werden, daß sich nur in dem Aufgabenkomplex "d" bei allen Teilaufgaben (dI und dII) eine starke und durchgehende Schwankung der intraindividuellen Leistungen beobachten läßt, was auf eine eindeutige Kontextabhängigkeit dieser Aufgabenstellung "d" von der jeweiligen inhaltlichen Ausgestaltung des komplexen Realitätsszenarios hinweist.
Weitere signifikante Unterschiede in den Variablen aIV (formale Kriterien), cI (Rolle des Kapitals) und gII (Lokalisation) lassen sich aus einer theoretischen Perspektive nicht vollständig auf die unterschiedlichen Semantiken der Problemstellungen zurückführen, da in ihnen abstraktere kognitive Operationen erfaßt werden. Eine - wenn auch spekulative - Erklärung erscheint an dieser Stelle plausibel, um aufzuzeigen, warum die Anwendung dieser Operationen möglicherweise doch vom jeweiligen Problemkontext beeinflußt wird. An der Variablen aIV soll diese Erklärung beispielhaft konkretisiert werden. In ihr wird nach der Angabe formaler Kriterien zur Einteilung der im Schema aufgeführten Variablen gefragt, was als eine vollständig kontextfreie Form der Aufgabenstellung betrachtet werden kann. Allerdings mußten diese formalen Kriterien immer auch an einem konkreten und plausiblen Beispiel aus der Menge der im Schema vorgegebenen Variablen konkretisiert werden, um als positive Leistung im Sinne der Aufgabenstellung akzeptiert zu werden. So besteht möglicherweise in der Konkretisierung der formalen Kriterien innerhalb des Schemas eine Schwierigkeit, die mit einem größeren Vorwissen für die jeweilige Problemstellung leichter überwunden werden kann.

Eine weitere Untersuchung der Forschungshypothese H2 soll nun anhand der 10 Variablen durchgeführt werden, die auf der Zwischenebene erfaßt worden sind. Hierfür ist ebenfalls eine Interkorrelationsmatrix berechnet worden, in welcher die Leistungsmaße für die Bearbeitung des Szenario DORI mit den entprechenden Leistungsmaßen aus der Bearbeitung des Szenarios ÖPNV korreliert wurden. Die Interkorrelationsmatrix ist in Anhang CIV wiedergegeben.
Aus dieser Interkorrelationsmatrix läßt sich entnehmen, daß sich für die Variablen A (Gesamtorientierung im Schema) und C (Verständnis der zentralen Variablen) ein korrelativer Zusammenhang bestimmen läßt, der auf dem 1-%-Niveau signifikant wird. Dasselbe gilt für die Variablen B (Unklarheiten) und G (Beobachterstatus) auf dem 10-%-Niveau.
Bei einem Vergleich der signifikanten Zusammenhänge der Variablen auf der Zwischenebene fällt auf, daß in ihnen korrelative Zusammenhänge auf der Mikroebene wiedergespiegelt werden (dort stellten sich die Zusammenhänge zwischen den Variablen aI, aII, aIII, aIV, cI, cII und gI als hoch signifikant heraus).

Als Zwischenfazit für den Prozeß der Zusammenfassung der 28 Variablen der Mikroebene zu den 10 Variablen der Zwischenebene läßt sich festhalten, daß in ihm keine wesentlichen Informationen verlorengegangen sind.
Als nicht erwartete Auffälligkeit soll auf die hohe Korrelation zwischen den Variablen C (Verständnis der zentralen Variablen) beim Szenario DORI und der Variablen H (Beobachterstatus konkret) beim Szenario ÖPNV hingewiesen werden. Eine eindeutige Interpretation kann für diesen Zusammenhang nicht angeführt werden. Eine mögliche Erklärung könnte jedoch darin bestehen, daß in beiden Aufgaben die kognitive Leistung erfordert wird, neue Wirkungszusammenhänge in das Schema einzuführen.
Eine inferenzstatistische Überprüfung des Treatmentfaktors "Inhalt der Szenarios" kann an dieser Stelle nicht mehr durchgeführt werden, weil durch den Prozeß der Variablenzusammenführung von der Mikro- zur Zwischenebene, z-Standardisierungen durchgeführt worden sind, welche die für eine varianzanalytische Überprüfung notwendigen Mittelwerte der jeweiligen Variablengruppen auf 0 gesetzt haben. Die entscheidenden Aussagen sind zum Faktor "Inhalt der Szenarios" bereits auf der Mikroebene getroffen worden.

Im folgenden soll ein möglicher Reihenfolgeeffekt überprüft werden, der sich aus der abhängigen Bearbeitung der beiden Problemszenarien ergeben könnte. Dieser Reihenfolgeeffekt könnte einerseits auf Lernprozesse zurückgeführt werden, die eine positiven Transfer auf die Problemlöseleistungen ausüben, andererseits aber auch auf Ermüdungserscheinungen, welche die Problemlöseleistungen im negativen Sinne beeinträchtigen könnten. Um derartige Reihenfolgeeffekte kontrollieren zu können, sind die Mittelwerte der Leistungen der Versuchspersonen, die zuerst das DORI-Szenario und danach das ÖPNV-Szenario bearbeitet haben, mit den Leistungen derjenigen Versuchspersonen verglichen worden, welche die Szenarien in umgekehrter Reihenfolge bearbeitet haben.
In der folgenden Tabelle sind die Mittelwerte für die zehn Variablen der Zwischenebene angegeben, wobei noch eine zusätzliche Differenzierung nach dem Kriterium der Bearbeitungsreihenfolge für die beiden Szenarien vorgenommen wird. Die Gesamtstichprobe teilt sich in zwei gleich große Gruppen mit jeweils 20 Versuchspersonen auf, wobei in der einen Gruppe die Szenarien in der Reihenfolge DORI -> ÖPNV und in der anderen Gruppe in der Reihenfolge ÖPNV -> DORI bearbeitet werden mußten.

Variable	Bedingung	Leistung in DORI	Leistung in ÖPNV
A	Reihenfolge DORI-> ÖPNV	20.58	19.70
	Reihenfolge ÖPNV-> DORI	16.95	17.90
B	Reihenfolge DORI-> ÖPNV	1.20	1.40
	Reihenfolge ÖPNV-> DORI	1.05	1.05
C	Reihenfolge DORI-> ÖPNV	1.30	1.11
	Reihenfolge ÖPNV-> DORI	1.17	1.01
D	Reihenfolge DORI-> ÖPNV	1.02	1.52
	Reihenfolge ÖPNV-> DORI	0.99	1.52
E	Reihenfolge DORI-> ÖPNV	2.01	2.01
	Reihenfolge ÖPNV-> DORI	2.02	2.04
F	Reihenfolge DORI-> ÖPNV	1.57	1.39
	Reihenfolge ÖPNV-> DORI	1.33	1.18
G	Reihenfolge DORI-> ÖPNV	1.92	2.22
	Reihenfolge ÖPNV-> DORI	2.50	2.13
H	Reihenfolge DORI-> ÖPNV	1.72	2.31
	Reihenfolge ÖPNV-> DORI	1.87	2.10
I	Reihenfolge DORI-> ÖPNV	1.95	1.65
	Reihenfolge ÖPNV-> DORI	1.60	1.90

J	Reihenfolge DORI-> ÖPNV	15.80	18.10
	Reihenfolge ÖPNV-> DORI	22.55	18.10

Tab. 14 : Problemlöseleistung auf der Zwischenebene, Faktor: Zeitpunkt der Bearbeitung von DORI und ÖPNV

Als Ergebnis eines deskriptiven Vergleiches aller in Tab. 14 aufgeführten Mittelwerte kann festgehalten werden, daß sich weder für die Reihenfolge DORI->ÖPNV noch für die Reihenfolge ÖPNV->DORI eine systematische Leistungssteigerung oder -minderung beobachten läßt. In der Reihenfolge DORI->ÖPNV läßt sich für 5 Variablen (B, D, G, H, J) eine Leistungssteigerung feststellen und für 4 Variablen (A, C, F, I) eine verminderte Leistung (in E ergeben sich keine Veränderungen). In der Reihenfolge ÖPNV->DORI ergibt sich für 4 Variablen (C, F, G, J) eine Leistungssteigerung und ebenfalls für 4 Variablen (A, D, H, J) eine Leistungsverminderung (in B und E ergeben sich keine Veränderungen).

Weiter können bei einer Betrachtung der Richtungen der Mittelwertsveränderungen vier Gruppen von Variablen unterschieden werden. Die erste Gruppe, zu der sich die beiden Variablen D (Bestimmung von Fernwirkungen) und H (Beobachterstatus konkret) zuordnen lassen, zeichnet sich dadurch aus, daß in der zweiten Problembearbeitung unabhängig vom Inhalt des Szenarios eine bessere Leistung erbracht wird. In der zweiten Gruppe, welche die Variablen C (Verständnis der zentralen Variablen) und F (Erweiterungen) umfaßt, sind jene Variablen erfaßt, die bei der zweiten Problembearbeitung unabhängig vom Inhalt des Szenarios schlechter bearbeitet wurden. Die Variablen B (Unklarheiten) und E (Nebenwirkungen) stellen die dritte Gruppe dar, in der keine nennenswerten Unterschiede in der Problemlöseleistung zwischen den beiden Zeitpunkten auszumachen sind. Am auffälligsten erweisen sich die Variablen A (Gesamtorientierung im Schema), G (Beobachterstatus abstrakt), I (Nützlichkeit) und J (Verbesserungsvorschläge) als Mitglieder der vierten Gruppe, die sich durch einen Interaktionseffekt zwischen dem Inhalt des Szenarios und dem Zeitpunkt der Problembearbeitung auszeichnet.

Es kann an dieser Stelle nur auf diesen Unterschied hingewiesen werden. Für eine differenzierte Erklärung der in den vier Gruppen vorhandenen, bzw. in einer Gruppe nicht vorhandenen Transfereffekte reicht das Datenmaterial in der vorliegenden Studie nicht aus.

Als entscheidendes Ergebnis dieses Mittelwertvergleiches soll festgehalten werden, daß kein genereller Reihenfolgeeffekt bei der Bearbeitung der beiden Szenarien zu beobachten ist. Es existiert kein systematischer Zusammenhang zwischen Problemlöseleistungen, wie sie in den 10 Variablen der Zwischenebene operationalisiert worden sind und den beiden Zeitpunkten ihrer Erhebung. Dieses Ergebnis soll besonders in bezug auf die Variablen B, G, I und J betont werden, da in ihnen relativ abstrakte kognitive Inhalte erfaßt werden. In bezug auf diese Inhalte kann die Vermutung geäußert werden, daß sie nur einmal und zwar bei der ersten Befragung von den Versuchspersonen verbalisiert werden, weil sich diese in ihren Aussagen bei der zweiten Befragung nicht einfach nur wiederholen wollten. Bei einem derartigen Antwortverhalten seitens der Versuchspersonen hätten die Variablen B, G, I und J immer zum Zeitpunkt der zweiten Erhebung einen niedrigeren Wert annehmen müssen. Da sich diese Vermutung aber empirisch nicht bestätigt, kann ein derartiger Störeffekt für wiederholte Messungen ausgeschlossen werden.

Ein weiterer Schritt in der Beantwortung von H2, stellt die Berechnung der Interkorrelationen für die Leistungsmaße der Makroebene dar. Hierbei ergibt sich folgende Korrelationsmatrix:

	SYSTEM 2	BEOBACH2	REFLEX2
SYSTEM1	.6153 **	.4742 **	.0178
BEOBACH1	.2038	.4712 *	.0638
REFLEX1	-.0119	.2878	-.0098

Tab. 15: Interkorrelation der drei Kennwerte zur Beurteilung der Problemlöseleistung für die Szenarien DORI (1) und ÖPNV (2) (*p< 0.10, **p< 0.01)

Aus Tab. 15 wird deutlich, daß mit der Variable SYSTEM (Systemwissen) ein Leistungsmaß entwickelt worden ist, das weitgehend unabhängig von dem konkreten Inhalt der Problemstellung eine Rangordnung für die Güte von komplexen Problemlösungen erfassen kann. Eine ähnliche, jedoch schwächere Tendenz läßt sich für die Variable BEOBACH (Beobachterperspektive) feststellen. Die Reliabilität für die Variable REFLEX (Reflexionsindex) kann hingegen als annähernd Null bezeichnet werden.

Insgesamt lassen sich auf der Makroebene diejenigen Tendenzen wieder beobachten, die bereits auf der Mikro und Zwischenebene ausgemacht werden konnten. Die hohe Reliabilität der Variablen A (Gesamtorientierung im Schema) und C (Verständnis der zentralen Variablen) der Zwischenebene finden sich in der zusammengefaßten Variablen SYSTEM der Makroebene wieder.

Der Einfluß der Variablen D (Bestimmung von Fernwirkungen) auf der Zwischenebene, bzw. dI (direkte Wirkungen) und dII (weitere Wirkungen) auf der Mikrobene, welche in ihrer Beschreibung der Rangordnungen zur Problemlösegüte zwischen den beiden Problembereichen stärker schwanken, geht allerdings durch den Prozeß der Aggregierung zur SYSTEM-Variablen verloren. Aus diesem Grunde sollte die Variable D der Zwischenebene in den weiteren Betrachtungen immer auch als eine einzelne, eigenständige Variable - getrennt von den drei Variablen der Makroebene - betrachtet werden.
Die bereits auf der Zwischenebene beobachtete geringere Reliabilität der Variablen G (Beobachterstatus abstrakt) findet sich ebenfalls auf der Makroebene in der Variablen BEOBACH wieder. Innerhalb der makroaggregierten Variablen REFLEX geht der Einfluß der in ihrer Meßgenauigkeit vom jeweiligen Problemkontext unabhängigen Variablen B (Unklarheiten) verloren. Dieser Effekt war allerdings für die Variable B auf der Zwischenebene nicht sehr stark ausgeprägt, so daß eine Ausmittelung derselben durch den Prozeß der Variablenzusammenführung nicht überrascht.

Insgesamt läßt sich für den Prozeß der Aggregierung der Variablen von der Zwischenebene zur Makroebene wiederum festhalten, daß keine wesentlichen Informationen verlorengegangen sind (die Ausnahme bildet hier die Variable D der Zwischenebene).

Bevor nun zu einer abschließenden Beantwortung der Forschungshypothese H2 übergegangen werden kann, sollen die Einschätzungen der Versuchspersonen über die Vergleichbarkeit und die Unterschiede zwischen den beiden Problemstellungen DORI und ÖPNV als zusätzliche Informationsquelle zur Beantwortung von H2 genutzt werden. Die Einschätzungen der Versuchspersonen zu der Frage nach der Vergleichbarkeit der Problemstellungen sind allerdings nicht systematisch erfragt worden, so daß sich nur ein ungefähres Bild über die Sichtweise der Versuchspersonen zu diesem Punkt erstellen läßt.
Die Beurteilung der beiden Szenarien ist von den Versuchspersonen anhand der Kriterien der Einfachkeit, Bedeutsamkeit und Attraktivivät durchgeführt worden. Die meisten der Versuchspersonen schätzten hierbei das DORI-Szenario als das kompliziertere und damit als das schwieriger zu bearbeitende ein. Als Begründung für diese Einschätzung wurde häufig angegeben, daß die Entwicklungshilfe-Problematik mit einer Vielzahl von anderen Problemen, bzw. komplexen Sachverhalten verknüpft wäre (z.B. Weltwirtschaftsordnung), so daß keine eindeutige Lösungsperspektive für das DORI-Szenario entwickelt werden kann. Im Vergleich zur DORI-Problematik sei es im Problemfeld des ÖPNV wesentlich einfacher, eine klare Zieldefinition zu formu-

lieren, was die Bearbeitung des ÖPNV-Kausalschemas wesentlich erleichtere. Die größere Einfachheit des ÖPNV-Szenarios wurde dadurch begründet, daß in diesem mehr direkte Eingriffsvariablen zur Verfügung ständen und daß es besser vorstrukturiert wirke.

Insgesamt lassen sich die Einschätzungen der Versuchspersonen auf die Aussage reduzieren, daß es sich bei dem DORI- im Vergleich zum ÖPNV-Problem um eine offenere Form der Problemstellung handelt. In dem ÖPNV-Szenario seien dagegen bereits alle zentralen Faktoren erfaßt worden, womit es einen weitgehend in sich abgeschlossen Eindruck macht und somit keiner entscheidenden Perspektivenerweiterungen mehr bedarf. Anders stellt sich dieser Sachverhalt für das DORI-Szenario dar. Dieses wird häufiger als unvollständig und ergänzungsbedürftig erfahren, wobei die notwendigen Ergänzungen wieder zu ganz neuen und komplexen Problematiken führen. Außerdem scheint die Entwicklungshilfe-Problematik auch in einem viel stärkeren Maße durch weltanschauliche Ansichten beeinflußt zu sein. Viele der Versuchspersonen lehnten den Entwicklungshilfe-Ansatz der westlichen Industriegesellschaft auch in einer mehr oder weniger offenen Form ab. Die ÖPNV-Problematik scheint weniger durch weltanschauliche Elemente bestimmt zu werden (dies gilt wenigstens für eine studentische Population). Die Summe dieser Faktoren läßt bei den Versuchspersonen den Eindruck entstehen, daß das ÖPNV-Szenario leichter zu bearbeiten sei.

Vergleicht man an dieser Stelle die jeweiligen Mittelwerte der Leistungen, die beim komplexen Problemlösen in den beiden Szenarien mit den subjektiven Einschätzungen des Schwierigkeitsgrades der Versuchspersonen, so fällt auf, daß die subjektiv postulierte größere Einfachheit des ÖPNV-Szenarios sich nicht auf der Leistungsebene wiederfinden läßt. Von den 28 Variablen der Mikroebene, welche die Denkleistungen beim komplexen Problemlösen erfassen sollten, sind 14 im ÖPNV-Szenario, 11 im DORI-Szenario und 3 in beiden Szenarien gleich gut bearbeitet worden. Von den 28 Variablen können bei 9 Variablen signifikante Unterschiede in der Güte der Bearbeitung aufgefunden werden. Hiervon sind 6 Variablen [aIV (formale Kriterien), dI (direkte Wirkungen), dII (weitere Wirkungen), eIII (direkte Wirkungen), gII (Lokalisation), hI (Angabe konkreter Wirkungen)] im ÖPNV-Szenario besser bearbeitet worden. Die 3 Variablen cI (Rolle des Kapitals), cIII (neue Verbindungen) und eII (weitere Wirkungen) werden im DORI-Szenario besser bearbeitet. Als bemerkenswerte Auffälligkeit soll an dieser Stelle angeführt werden, daß sich bessere Leistungen im DORI-Szenario in dem Aufgabenkomplex "c" (Variablen cI und cIII) häufen, während im ÖPNV-Szenario diese gehäuft in dem gesamten Aufgabenkomplex "d" (Variablen dI und dII) auftreten. Weitere auffälligen und signifikanten Unterschiede in der Problembearbeitung zwischen den beiden Szenarien lassen sich nicht beobachten.

Insgesamt kann eine Diskrepanz zwischen den Einschätzungen der Versuchspersonen und deren konkreten Denkleistungen in den beiden Szenarien festgehalten werden.
Die Bedeutsamkeit der jeweils im Kausalschema erfaßten Problematik wurde von Versuchspersonen weitgehend übereinstimmend für das DORI-Szenario höher eingeschätzt, da es bei DORI im konkreten Sinne um Menschenleben ging.
Inwieweit sich die Einschätzungen der Versuchspersonen über die Einfachheit und Bedeutsamkeit auf die Beurteilung der Attraktivität der einzelnen Szenarios auswirkt, läßt sich nicht eindeutig beantworten. Ein Großteil der Versuchspersonen schätzt die Attraktivität des DORI-Szenarios niedriger ein, weil es sich um eine offenere Form der Problemstellung handelt. Hierfür konnten nur kognitive Lösungsstrategien entwickelt werden, die als vorläufig und unzureichend angesehen wurden und damit einen unangenehmen Zustand der Unzufriedenheit bei den Versuchspersonen induzierten. Andere Versuchspersonen fanden gerade diese Offenheit des DORI-Problems attraktiver, weil es einen größeren Spielraum für eigene Überlegungen anbot. Andere Versuchspersonen schätzen wiederum das DORI-Szenario als attraktiver ein, weil es aufgrund seiner größeren Bedeutsamkeit zu einer stärkeren Auseinandersetzung motivierte. Durch eine höhere persönliche Betroffenheit beurteilten dagegen andere Versuchspersonen die ÖPNV-Problematik auf einer motivationalen Ebene als anregender ein.

Zusammenfassend und aufgrund der unsystematischen Erhebung mit einigen Vorbehalten versehen, können auf einer heuristischen Ebene folgende Punkte für die weitere Beurteilung von H2 festgehalten werden: Im DORI-Szenario wird eine Problematik repräsentiert, die im Vergleich zum ÖPNV ein höheres Maß an kognitiver Offenheit und damit Unbestimmtheit in sich trägt, und was diese letztendlich für ideologische Argumentationen stärker anfällig macht. Ein derartiger Problemtyp wird von den meisten Versuchspersonen als komplizierter und schwieriger eingeschätzt.
Es lassen sich jedoch keine eindeutigen Rückschlüsse von der Offenheit und dem Schwierigkeitsgrad einer Problemstellung auf die Einschätzung ihrer Attraktivität ableiten. Weiterhin stimmt die subjektive Einschätzung des Schwierigkeitsgrades der beiden Szenarien DORI und ÖPNV seitens der Versuchspersonen nicht mit den konkreten Problemlöseleistungen überein, die von den Versuchspersonen bei der Bearbeitung der beiden Kausalschemata gezeigt worden sind.

An dieser Stelle kann nun eine abschließende Beantwortung der Forschungshypothese H2 erfolgen. Als zentrales Ergebnis bleibt hierzu festzuhalten, daß die erhobenen Problemlösemaße danach differenziert werden müssen, wie groß die Stabilität der in ihnen operationalisierten Denkleistungen über die zwei verschiedenen Problemfelder eingeschätzt werden kann. Die in der SYSTEM-Variablen erfaßten kognitiven Leistungen zeichnen sich hierbei durch eine hohe Stabilität in beiden verwendeten Problemszenarien aus. Versuchspersonen mit einem hohen Systemwissen im DORI-Szenario werden mit großer Wahrscheinlichkeit auch ein hohes Systemwissen im ÖPNV-Szenario erlangen. Aus diesem Grunde sind die im Systemwissen zusammengefaßten kognitiven Kompetenzen weitgehend von der semantischen Einkleidung der Problemstellung unabhängig. Konkret sind in der SYSTEM-Variablen Leistungen zusammengefaßt, die es der Versuchsperson ermöglichen, sich in einem komplexen Sachverhalt zu orientieren und hierbei die wesentlichen Punkte zu erfassen. Die Variablen A (Gesamtorientierung im Schema) und C (Verständnis der zentralen Variablen) der Zwischenebene weisen die größte Unabhängigkeit von dem jeweiligen Inhalt der Problemstellung auf. Stärker an den jeweiligen Inhalt der Problemstellung ist dagegen die Fähigkeit gebunden, weitreichende Konsequenzen aus einer abstrakten Vorgabe von Kausalrelationen zu prognostizieren, wie diese in der Variablen D (Bestimmung von Fernwirkungen) der Zwischenebene operationalisiert worden ist. Diese Tendenz läßt sich ebenso für die Variablen cIII (neue Verbindungen), cIV (indirekte Wirkungen) und eII (weitere Wirkungen) der Mikroebene beobachten.

Die kognitive Fähigkeit, einen Perspektivwechsel innerhalb eines Problemfeldes durchzuführen, das in einem Kausalschema repräsentiert ist, scheint ebenfalls bis zu einem gewissen Grad von dem konkreten Inhalt der Problemstellung unabhängig zu sein. Die signifikanten Korrelationen der Variablen BEOBACH (Beobachterperspektive) auf der Makroebene und der Variablen gI (Beobachterstatus abstrakt) auf der Mikroebene können vor dem Hintergrund nichtsignifikanter Differenzen auf der Mikroebene (Variable gI in Tab. 13) als ein Beleg für diese Interpretation angesehen werden. Reflexive Denkleistungen, die als Fähigkeiten operationalisiert worden sind, vorgegebene Informationen zu hinterfragen und eingefahrene Denkgewohnheiten zu verlassen, sind nicht als unabhängig vom jeweiligen Probleminhalt anzusehen. Für die Variablen REFLEX (Reflexionsindex) auf der Mikroebene und die Variablen I (Nützlichkeit) und J (Verbesserungsvorschläge) auf der Zwischenebene finden sich fast keine korrelativen Zusammenhänge mehr, wenn es darum geht, die Rangordnungen der Problemlösungen zum DORI- und zum ÖPNV-Szenario miteinander zu vergleichen. Gleichzeitig sind für die entsprechenden Variablen keine signifikanten Differenzen auf der Mikroebene anzutreffen. Nur die Fähigkeit zur "Verbalisierung von Unklarheiten" weist im Bereich der Reflexionsvariablen (Variable B auf Mikro- und Zwischenebene) einen schwachen korrelativen Zusammenhang zwischen den beiden Problembearbeitungen auf.

Aufgrund dieser Ergebnisse sollten die drei Kennwerte SYSTEM, BEOBACH und REFLEX zur Charakterisierung der Güte der Denkleistungen beim komplexen Problemlösen nicht für die beiden Szenarien DORI und ÖPNV zusammengefaßt werden, da sonst in ihnen jeweils spezifisch erfaßte Informationen verlorengehen würden. Bei der nachfolgenden Untersuchung der subgruppenspezifischen Einflüsse auf die Denkleistungen beim komplexen Problemlösen sollen daher die SYSTEM-, BEOBACH- und REFLEX-Kennwerte jeweils getrennt für das DORI- und ÖPNV-Szenario aufgeführt werden.

6.3. Subgruppenspezifische Einflüsse auf die Leistungen beim komplexen Problemlösen

Im folgenden soll überprüft werden, welche der 6 erfaßten Merkmale (Geschlecht, Studienrichtung, Alter, Stand der Ausbildung, Vorerfahrung mit epistemologischen Fragestellungen und Vorerfahrung beim komplexen Problemlösen) in einem systematischen Zusammenhang mit den gezeigten Problemlöseleistungen stehen[4]. Als Problemlösemaß wird hier auf die drei Variablen der Makroebene (SYSTEM, BEOBACH und REFLEX) zurückgegriffen, die noch weiter danach differenziert werden, in welchem Kausalschema sie erhoben worden sind (DORI = 1, ÖPNV = 2).

a) Geschlecht

Aufgrund der Konfundierung der Merkmale Geschlecht und Studienrichtung wird im folgenden wiederum auf eine reduzierte Stichprobe von 30 Versuchspersonen zurückgegriffen, aus der die Gruppe der 10 Natur- und IngenieurswissenschaftlerInnen herausgenommen worden sind (vgl. S. 106). Es sind sechs einfaktorielle Varianzanalysen durchgeführt worden, in denen die sechs Problemlösemaße jeweils die abhängige Variable und das Geschlecht die unabhängige Variable darstellt.

---

4 Das siebte Merkmal der politischen Einstellung soll an dieser Stelle nicht in die Betrachtungen miteinbezogen werden, weil sich auf einer theoretischen Ebene kein sinnvoller Zusammenhang zwischen politischen Grundeinstellungen und der Fähigkeit zum komplexen Problemlösen postulieren läßt.

Variable	df	F-Wert	p<
SYSTEM 1	1,28	0.2462	0.6226
SYSTEM 2	1,28	2.2466	0.1451
BEOBACH 1	1,28	0.0299	0.8639
BEOBACH 2	1,28	0.4763	0.4958
REFLEX 1	1,28	2.5687	0.1202
REFLEX 2	1,28	1.2798	0.2675

Tab. 16 : Einfluß auf Problemlöseleistung, Faktor: Geschlecht

Anhand der obigen Berechnungen kann ein Geschlechtseffekt bei der Lösung von komplexen Problemen ausgeschlossen werden.

b) Studienrichtung

Zur Überprüfung des Faktors Studienrichtung sind sechs Varianzanalysen gerechnet worden, in welchen der Faktor Studienrichtung als vierstufige unabhängige Variablen und die sechs Problemlösemaße jeweils als abhängige Variable verwendet worden sind.

Variable	df	F-Wert	p<
SYSTEM 1	3,36	1.2245	0.3149
SYSTEM 2	3,36	1.8930	0.1482
BEOBACH 1	3,36	0.2525	0.8590
BEOBACH 2	3,36	0.1017	0.9585
REFLEX 1	3,36	2.6550	0.0631
REFLEX 2	3,36	1.1412	0.3456

Tab. 17 : Einfluß auf Problemlöseleistung, Faktor: Studienrichtung

Der Faktor Studienrichtung zeigt nur für die REFLEX1-Variable einen schwachen signifikanten Einfluß. Um diesen Einfluß genauer spezifizieren zu können, werden die

Mittelwerte der vier Studienrichtungen miteinander verglichen und auf signifikante Unterschiede durch den DUNCAN-Range-Test überprüft. Die GeisteswissenschaftlerInnen unterscheiden sich hierbei in ihrem Mittelwert (x = 0.3337) sowohl von den SozialwissenschaftlerInnen (x = -0.2393), als auch von den Natur- und IngenieurwissenschaftlerInnen (x = -0.1768), auf dem 10-%-Signifikanzniveau. Die Richtung der Mittelwertunterschiede zeigt an, daß die GeisteswissenschaftlerInnen das höchste Reflexionsniveau bei der Bearbeitung der DORI-Problematik aufweisen, während die SozialwissenschaftlerInnen bei DORI das geringste Reflexionsmaß zeigen, gefolgt von den Natur- und IngenieurswissenschaftlerInnen.

Ein DUNCAN-Range-Test ist ebenfalls für eine genauere Analyse der Einflüsse auf die Variable SYSTEM2 gewählt worden, da dort der Faktor Studienrichtung nur knapp seinen signifikanten Einfluß auf die SYSTEM2-Variable verfehlt. Hierbei läßt sich ein Unterschied zwischen der Gruppe der GeisteswissenschaftlerInnen (x = -0.2581) und den PsychologInnen (x = 0.2604) aufdecken, der auf dem 10-%-Niveau signifikant wird. Die PsychologInnen erreichen hierbei insgesamt höhere Mittelwerte als die GeisteswissenschaftlerInnen.

Zusammenfassend läßt sich zu dem Einflußfaktor Studienrichtung auf die Problemlöseleistungen sagen, daß er in keinem eindeutigen Zusammenhang zu den drei Leistungsmaßen des Problemlösens auf der Makroebene steht. Für das komplexe Problemlösen besitzt der Prädiktor "Studienrichtung" also nur eine geringe Erklärungskraft, verglichen mit seinem Einfluß auf die Ausbildung der Subjektiven Epistemologie (vgl. S. 119-120).
Am auffälligsten erweist sich bei dem Vergleich der vier Studienrichtungen die Gruppe der GeisteswissenschaftlerInnen, bei der insgesamt ein höherer Reflexionsindex bei einem gleichzeitig geringeren konkreten Systemwissen zu beobachten ist. Dieses Ergebnis kann als eine empirische Bestätigung des Stereotyps aufgefaßt werden, der häufig in bezug auf die geisteswissenschaftliche Arbeitsweise anzutreffen ist.

c) Alter

Der Einfluß des Alters auf die Problemlöseleistung ist durch ein regressionsanalytisches Vorgehen überprüft worden. Es sind sechs Regressionsgleichungen berechnet worden, in denen das Alter als unabhängige und die sechs Problemlösemaße als abhängige Variablen fungierten. Es ergaben sich folgende Ergebnisse:

Variable	df	F-Wert	p<
SYSTEM 1	1,38	0.1172	0.7339
SYSTEM 2	1,38	0.1592	0.6921
BEOBACH 1	1,38	3.7295	0.0609
BEOBACH 2	1,38	1.3018	0.2610
REFLEX 1	1,38	0.3135	0.5788
REFLEX 2	1,38	0.4205	0.5106

Tab. 18 : Einfluß auf Problemlöseleistung, Faktor: Alter

Anhand der durchgeführten Regressionsanalysen kann der Schluß gezogen werden, daß das Lebensalter nur auf die Beobachtervariablen für das DORI-Szenario einen signifikanten Einfluß ausübt. Eine ähnliche, allerdings nicht signifikante Tendenz, läßt sich für die Beobachtervariable im ÖPNV auffinden[5]. Aufgrund dieser Tendenzen kann der Schluß gezogen werden, daß sich ein höheres Lebensalter, das stellvertretend für eine größere Lebenserfahrung steht, positiv auf das Einnehmen und Wechseln von Beobachterperspektiven auswirkt. Es kann hier die Vermutung aufgestellt werden, daß das Einnehmen und Wechseln einer Beobachterperspektive ein bestimmtes Maß an kognitiver Distanz zu der konkret vorgegebenen Situation erfordert, die durch eine größere Summe an Lebenserfahrung von den betreffenden Personen leichter aufgebaut werden kann. Weiterhin kann vermutet werden, daß der in der vorliegenden Stichprobe aufgefundene Alterseffekt sich in denjenigen Stichproben umso deutlicher zeigen wird, die sich durch eine größere Varianz des Merkmals Lebensalter auszeichnen.

d) Stand der Ausbildung

Um den Einfluß des Ausbildungsstandes auf die Problemlöseleistungen zu überprüfen, sind sechs Varianzanalysen gerechnet worden, in denen der Stand der Ausbildung als zweistufiger Prädiktor die unabhängige Variable darstellte und die sechs Problemlösevariablen jeweils die abhängigen Variablen.

5 Eine Kovarianzanalyse mit dem Prädiktor Alter und der Kovariaten "Stand der Ausbildung" zeigt an, daß diese Kovariate einen zusätzlichen signifikanten Einfluß auf die BEOBACH-Variablen ausübt (BEOBACH für DORI p< =0,108; BEOBACH für ÖPNV p< =0,063).

Variable	df	F-Wert	p<
SYSTEM 1	1,38	4.4092	0.0424
SYSTEM 2	1,38	2.3379	0.1345
BEOBACH 1	1,38	4.1643	0.0483
BEOBACH 2	1,38	4.6862	0.0368
REFLEX 1	1,38	0.0842	0.7732
REFLEX 2	1,38	0.4592	0.5021

Tab. 19 : Einfluß auf Problemlöseleistung, Faktor: Stand der Ausbildung

Es zeigt sich, daß der Stand der Ausbildung sowohl auf die beiden Beobachter-Variablen, als auch mit Einschränkungen auf die beiden Systemwissen-Variablen einen Einfluß ausübt (der Einfluß auf SYSTEM2 ist zwar nicht signifikant, kann aber doch als eindeutige Tendenz aufgefaßt werden). Bei einer Betrachtung der Mittelwerte bleibt insgesamt festzuhalten, daß graduierte StudentInnen höhere Werte in den Problemlösemaßen aufweisen. Es ergaben sich hierbei folgende Mittelwerte:

SYSTEM 1:	nicht-graduiert	x= - 0.2665,	graduiert	x= 0.1435
SYSTEM 2:	nicht-graduiert	x= - 0.1868,	graduiert	x= 0.1006
BEOBACH 1:	nicht-graduiert	x= - 0.3231,	graduiert	x= 0.1740
BEOBACH 2:	nicht-graduiert	x= - 0.3518,	graduiert	x= 0.1895

Diese Ergebnisse können so interpretiert werden, daß in der wissenschaftlichen Ausbildung kognitive Strategien vermittelt und eingeübt werden, die bei der Bearbeitung von komplexen Problematiken von Nutzen sind. So bestätigt sich indirekt die im theoretischen Rahmen dieser Arbeit vertretene These, daß es sich beim wissenschaftlichen Arbeiten um eine spezifische Form des komplexen Problemlösens handelt. Der Einfluß dieser wissenschaftlichen Problemlösestrategien ist aber nur in den Bereichen des Erwerbs von konkretem Systemwissen und in der Einnahme eines Beobachterstandpunktes empirisch nachweisbar. Eine Förderung der Fähigkeit zur Reflexion kann innerhalb der Operationalisierung der vorliegenden Arbeit nicht nachgewiesen werden.
Vergleicht man daher abschließend die beiden Prädikatoren "Stand der Ausbildung" und "Alter", welche beide einen erfahrungsabhängigen Anteil an der Erklärung von komplexen Problemlöseleistungen erfassen sollen, so besitzt der Faktor "Stand der Ausbildung" ein bedeutend höheres Maß an Erklärungskraft für die gezeigten Problemlöseleistungen. Die Fähigkeit zu komplexen Problemlösungen scheint daher stärker durch eine Ausbildung in der wissenschaftlichen Methodik als durch eine allge-

meine Lebenserfahrung positiv beeinflußt zu werden. Insgesamt stützen sich aber die Ergebnisse zu diesen beiden Faktoren gegenseitig.

e) Vorerfahrung mit epistemologischen Fragestellungen

Der Einfluß des zweistufigen Prädiktors "Vorerfahrung mit epistemolgischen Fragestellungen" wird durch sechs Varianzanalysen überprüft, wobei wieder die sechs Problemlösemaße der Makroebene als abhängige Variablen fungieren.

Variable	df	F-Wert	p<
SYSTEM 1	1,38	1.9964	0.1658
SYSTEM 2	1,38	0.1389	0.7114
BEOBACH 1	1,38	7.1895	0.0108
BEOBACH 2	1,38	3.9784	0.0533
REFLEX 1	1,38	4.9528	0.0321
REFLEX 2	1,38	0.0033	0.9544

Tab. 20 : Einfluß auf Problemlöseleistung, Faktor: Vorerfahrung mit epistemologischen Fragestellungen

Aus den obigen Werten kann abgeleitet werden, daß Vorerfahrungen mit epistemologischen Fragestellungen auf die beiden Problemlösevariablen BEOBACH und auf die REFLEX-Variable im DORI-Szenario einen signifikanten Einfluß ausüben. Betrachtet man zusätzlich die Mittelwerte

BEOBACH 1: ohne Vorerfahrung x= - 0.2088, mit Vorerfahrungx= 0.4336
BEOBACH 2: ohne Vorerfahrung x= - 0.1665, mit Vorerfahrungx= 0.3457
REFLEX 1: ohne Vorerfahrung x= - 0.1258, mit Vorerfahrungx= 0.2613,

so kann man folgern, daß die Beschäftigung mit epistemologischen Fragestellungen die Einnahme eines Beobachterstandpunktes erleichtert und die Reflexion bei einer offeneren Form der Problemstellung, wie sie in dem DORI-Szenario operationalisiert worden ist, fördert. Wichtig erscheint in diesem Zusammenhang, daß eine Beschäftigung mit epistemologischen Fragestellungen bei den Betreffenden keine Festlegung auf spezifische epistemologische Orientierungen nahelegt (vgl. S. 123/124). So kann die Wirkung einer Beschäftigung mit der Erkenntnistheorie auf das komplexe Problemlösen nur als ein positiver, aber unspezifischer Effekt beschrieben werden, der nicht an den Erwerb von spezifischen beliefs gebunden ist, wie sie von bestimmten epistemologischen Positionen vertreten werden.

Einen Nutzen für das komplexe Problemlösen weist ein Großteil der Versuchspersonen der Beschäftigung mit Erkenntnistheorie zu. Dieser Nutzen ist in dem zeitlich zuerst vorgelegten Fragebogen abgefragt worden (I31). Hier gehen 72.5 % der Versuchspersonen davon aus, daß epistemologische Überlegungen für das Lösen von komplexen Problemen nützlich sind. Innerhalb dieser Einschätzung gibt es keine signifikanten Unterschiede zwischen den hier untersuchten vier Studienrichtungen. Allerdings sinkt die positive Einschätzung dieses Nutzens, welcher nach der Bearbeitung des ersten Kausalschemas im zweiten Fragebogen wiederholt erfragt wurde, auf 42.5 % der Versuchspersonen herab. Weiterhin ist auch kein systematischer Zusammenhang zwischen den Personen feststellbar, die ihren Glauben an den Nutzen vor der ersten Problembearbeitung auch noch nach dieser bestätigt finden, da eine positive Antwort zu I32 (Einschätzung des Nutzens) nur relativ schwach mit einer ebenfalls positiven Antwort zu I63 (Erfahrung eines Nutzens beim Problemlösen) korreliert ($r=0.3030$). Trotzdem geben in dem abschließenden Item des zweiten Fragebogens 87.5 % der Versuchspersonen an, daß sie sich auch weiterhin oder in Zukunft mit erkenntnistheoretischen Fragestellungen beschäftigen wollen (I64).

f) Vorerfahrung beim komplexen Problemlösen

Der Einfluß des Faktors "Vorerfahrung beim komplexen Problemlösen" konnte nicht mit einer varianzanalytischen Vorgehensweise getestet werden, da beide Vergleichsgruppen sehr unterschiedlich mit Versuchspersonen besetzt waren. Als Alternative hierzu wurde eine Auflistung der Mittelwerte vorgenommen, aus der Tendenzen für die Beeinflussung der sechs Problemlösevariablen durch die Vorerfahrungen beim komplexen Problemlösen abgeleitet werden können.
Aus den auf der nächsten Seite aufgeführten Mittelwerten in Tab. 21 kann die eindeutige Tendenz abgeleitet werden, daß sich Versuchspersonen mit Vorerfahrungen im Umgang mit komplexen Problemen als insgesamt erfolgreicher erweisen, als Versuchspersonen ohne derartige Vorerfahrungen. Besonders deutlich wird diese Tendenz in den beiden Variablen zum Systemwissen und in der REFLEX-Variablen, die im ÖPNV-Szenario erhoben worden ist. Dieses Ergebnis kann als ein Beitrag zu einer nachträglichen Validierung der in dieser Arbeit entwickelten und verwendeten Maße zur Erfassung der Leistungen beim komplexen Problemlösen angesehen werden. Folgende Argumentationsfolge unterstützt diesen Gedanken der Validierung.

Variable	ohne Vorerfahrung	mit Vorerfahrung
SYSTEM 1	- 0.0769	0.4355
SYSTEM 2	- 0.1115	0.6320
BEOBACH 1	- 0.0428	0.2426
BEOBACH 2	- 0.0668	0.3783
REFLEX 1	- 0.0124	0.0705
REFLEX 2	- 0.1052	0.5961

Tab. 21 : Mittelwerte für die Leistungen beim Problemlösen unterschieden für die Gruppen der Versuchspersonen "mit Erfahrungen beim komplexen Problemlösen" und "ohne Erfahrungen beim komplexen Problemlösen"

Die Vorerfahrung im Umgang mit komplexen Problemen gründet sich bei den Versuchspersonen der untersuchten Stichprobe auf die Teilnahme an einem Training zum Umgang mit komplexen Problemen. Da sich dieses Training bereits in seiner Evaluation als erfolgreich herausgestellt hat (vgl. FELSCHER-SUHR, 1993), scheinen diejenigen Versuchspersonen, welche an diesem Training teilgenommen haben, ihre dort erworbenen Fähigkeiten auch bei der in dieser Arbeit vorgenommenen Operationalisierung des komplexen Problemlösens anwenden zu können. Eine Anwendung dieser Fähigkeiten läßt sie in der vorliegenden Studie im Vergleich, zu den Versuchspersonen ohne derartige Vorerfahrungen, als bessere Problemlöser erscheinen. Dieser Sachverhalt weist insgesamt darauf hin, daß durch die verwendeten Problemlösevariablen auch tatsächlich eine valide Fähigkeit gemessen wird, die einen Experten für komplexes Problemlösen auszeichnet.

6.4. Der Zusammenhang zwischen den Subjektiven Epistemologien und den Leistungen beim komplexen Problemlösen

Mit der Untersuchung des Zusammenhanges zwischen den epistemologischen Orientierungen der Versuchspersonen und ihren bei der Bearbeitung der Kausalschemata gezeigten Problemlöseleistungen wird nun zur Kernfragestellung der vorliegenden Arbeit übergegangen (vgl. H3). Für eine gruppenstatistische Überprüfung der in H3 postulierten Zusammenhänge wurden jeweils die drei Kennwerte, welche aus den Fragebögen zu den Subjektiven Epistemologien abgeleitet worden waren (RK, AH, LZ), mit den sechs Kennwerten korreliert, die für die Leistungen bei der Bearbeitung der beiden Kausalschemata auf der Makroebene (jeweils drei Kennwerte pro Szenario) bestimmt worden waren (SYSTEM1, SYSTEM2, BEOBACH1, BEOBACH2, REFLEX1, REFLEX2, wobei der Index 1 hier das DORI-Szenario und der Index 2 das ÖPNV-Szenario bezeichnet). Auf diese Weise ergibt sich folgende Interkorrelationsmatrix:

	RK	AH	LZ
SYSTEM 1	.0527	.0702	-.2885
SYSTEM 2	.0127	-.0425	-.3259
BEOBACH 1	-.0016	.2313	.0600
BEOBACH 2	.1444	.0922	.0989
REFLEX 1	.0235	.2723	-.0915
REFLEX 2	.1067	.1295	-.0322

Tab. 22 : Zusammenhang zwischen Subjektiven Epistemologien und den Leistungen in den beiden Kausalschemata auf der Makroebene (*$p < 0.10$, ** $p < 0.01$)

Aus den obigen Korrelationskoeffizienten kann eindeutig abgelesen werden, daß die aufgeführten Variablen untereinander weder in einem positiven noch in einem negativen signifikanten Zusammenhang stehen. Hiermit muß H3 zurückgewiesen werden. Es konnte kein eindeutiger Zusammenhang zwischen den Subjektiven Epistemologien und den Leistungen beim komplexen Problemlösen aufgedeckt werden.

Untersucht man das vorliegende Korrelationsmuster auf feinere Tendenzen an Zusammenhängen, so kann man - allerdings unter großem Vorbehalt - zu der Aussage gelangen, daß ein hoher Wert auf der epistemologischen Dimension LZ in einem negativen Zusammenhang mit der Menge und Güte an Systemwissen steht, welches bei der Bearbeitung eines Szenarios angewendet wurde und hier in den beiden SYSTEM-Variablen operationalisiert worden ist. Dieser Sachverhalt deutet darauf hin, daß eine stark durch reflexiv-zirkuläre Elemente gekennzeichnete Epistemologie eher hinderlich dabei ist, ein komplexes Variablengefüge in seinen Zusammenhängen zu erfassen. Diese vorsichtige Interpretation scheint trotz fehlender Signifikanz angemessen, da die beiden höchsten Korrelationen in der Matrix gerade diesen Zusammenhang ansprechen und sich dieser negative Einfluß einer zirkularistischen Orientierung auf die Problemlöseleistung, unabhängig von der konkreten Semantik der komplexen Problemstellung, auffinden läßt.

Die erläuterte Vermutung läßt sich noch weiter spezifizieren und absichern, wenn man die Korrelationen der Problemlösemaße der Zwischenebene mit den drei epistemologischen Dimensionen näher betrachtet, die in Tab. 23 aufgeführt sind.

Als einzige Korrelationen zwischen den aufgeführten Variablen werden die Zusammenhänge zwischen der epistemologischen Dimension LZ und den beiden Problemlösemaßen D1 und D2 (Bestimmung von Fernwirkungen, jeweils für das DORI- und das ÖPNV-Szenario) signifikant. Hierbei handelt es sich ebenfalls um negative korrelative Zusammenhänge. Die Variable D ist bei der Aggregierung der Problemlösevariablen von der Zwischen- zur Makroebene in die Variable SYSTEM mit eingeflossen und vermutlich ein Grund für die bereits oben angesprochene negative Korrelation zwischen den beiden SYSTEM-Variablen und der epistemologischen Dimension LZ. Die dort vorgenommene Interpretation im Sinne eines negativen Einflusses von zirkularistischen Epistemologien auf das Systemwissen kann an dieser Stelle weiter spezifiziert werden. Unter den Variablen, welche die Anwendung von Systemwissen beschreiben, wird die Variable D (Bestimmung von Fernwirkungen) am stärksten negativ durch eine zirkularistische epistemologische Orientierung beeinflußt.

	RK	AH	LZ
A1	.1576	.1932	-.0975
B1	.0486	.0833	.1962
C1	-.1058	-.0653	-.0661
D1	-.0692	-.0737	-.3840*
E1	.1264	.0093	-.1920
F1	-.0497	.0631	-.1857
G1	.0111	.2477	.0959
H1	-.0300	.0111	-.0711
I1	.0717	.1253	-.0890
J1	-.0460	.2448	-.1492
A2	.1038	.1236	-.0715
B2	-.1576	-.0430	.0540
C2	-.1238	-.1403	-.0900
D2	-.1518	-.1221	-.4080 *
E2	.2957	.0752	-.1089
F2	.0607	-.0589	-.1795
G2	.2187	.1463	.1760
H2	-.1305	-.0990	-.1505
I2	-.0254	-.0737	-.0883
J2	.1888	.2096	-.0472

Tab. 23 : Zusammenhang der Subjektiven Epistemologien und den Leistungen bei der Bearbeitung der beiden Kausalschemata auf der Zwischenebene (*$p < 0.10$, **$p < 0.01$)

In einer weitergehenden Interpretation dieses Sachverhaltes kann vermutet werden, daß Versuchspersonen mit einer sehr starken reflexiv-zirkulären Haltung keine Aufmerksamkeit darauf verwenden, einzelne konkrete Fernwirkungen aus den Schemata abzuleiten, sondern die dort dargestellten Situationen global beurteilen.
Allerdings findet sich diese Haltung einer global-reflektierenden Beurteilung nicht in den Variablen I (Nützlichkeit) und J (Verbesserungsvorschläge) auf der Zwischenebene oder in dem Reflexionsindex der Makroebene wieder, die eigentlich derartige Anteile erfassen sollten.

So kann abschließend auf einer gruppenstatistischen Ebene als vorläufiges Ergebnis festgehalten werden, daß, wenn man die vorliegenden Korrelationen in Tab. 22 und Tab. 23 auf die Forschungshypothese H3 anwendet und in einem kausalen Sinne interpretiert, eine Kenntnis der epistemologischen Grundorientierungen einer Person insgesamt keine Rückschlüsse auf die Güte ihrer Problemlösungen bei komplexen Problematiken zuläßt.

Zusätzlich zu der Überprüfung des Zusammenhanges zwischen den Subjektiven Epistemologien und dem komplexen Problemlösen auf Grundlage derjenigen Maßzahlen, welche aus dem Datensatz der gesamten Stichprobe der 40 Versuchspersonen berechnet worden waren, soll die Hypothese H3 auch an kleineren Subgruppen der Gesamtstichprobe überprüft werden, die anhand von auffälligen Merkmalen zum einen beim komplexen Problemlösen und zum anderen bei den Subjektiven Epistemologien gebildet worden sind. Diese differenziertere Vorgehensweise ist gewählt worden, um möglicherweise vorhandene Zusammenhänge zwischen den Subjektiven Epistemologien und dem komplexen Problemlösen sichtbar zu machen, die bei einer gruppenstatistischen Analyse der gesamten Stichprobe eventuell ausgemittelt worden sind. Dieses Vorgehen erscheint umso mehr von Interesse, da in den bisherigen Betrachtungen der Gesamtstichprobe keine signifikanten Zusammenhänge zwischen den Subjektiven Subjektiven Epistemologien und dem Problemlösen nachgewiesen werden konnten.
Um eine differenziertere Betrachtung der Maßzahlen zu den Subjektiven Epistemologien und zum komplexen Problemlösen zu ermöglichen, wurde anhand der bisher ermittelten Maßzahlen für jede Versuchsperson ein individuelles Profil ihrer epistemologischen Orientierungen und ihrer zweimaligen Leistungen beim Problemlösen angefertigt[6]. Diese 40 Profile sind im Anhang D aufgeführt.

---

6 Sowohl die Werte für das Problemlösen, als auch für die Subjektiven Epistemologien sind einer z-Transformation unterzogen worden, so daß auf der Abszisse der Profile in D die Standardabweichungen für die jeweiligen Meßwerte angegeben sind.

Aufgrund dieser diagnostischen Aufbereitung der individuellen Maßzahlen zu epistemologischen Profilen einerseits, und zu Profilen für die Problemlöseleistung andererseits, können nun Einzelpersonen spezifischen Subgruppen zugeordnet werden. Anhand von drei Merkmalen erschien es hierbei sinnvoll, Subgruppen zu definieren. Das erste Merkmal bezieht sich auf die Güte der Problemlösung. Hierbei können besonders gute und besonders schlechte Problemlöser unterschieden werden (vgl. im Anhang DI Vpn 12 als besonders gute und Vpn 33 als besonders schlechte Versuchsperson). Als zweites, ebenfalls am Problemlösen orientiertes Merkmal, wurde die Konsistenz zwischen den beiden gezeigten Problemlöseleistungen verwendet. Konsistente Versuchspersonen zeichnen sich durch parallele Leistungsmaße in beiden Problemlöseszenarien aus (vgl. Vpn 16). Inkonsistente zeigen große Schwankungen in den drei Leistungsmaßen für die Bearbeitung der beiden Kausalschemata (vgl. Vpn 13). Das dritte Merkmal zur Bestimmung von Subgruppen orientiert sich an dem epistemologischen Profil. Hier werden drei Gruppen von Versuchspersonen unterschieden. Zum einen können zwei epistemologische Reintypen differenziert werden, wobei der eine Reintyp zu dem bereits an anderer Stelle beschriebenen konstruktivistisch-epistemolgischen Syndrom (hier als KHZ bezeichnet) und der andere Reintyp zu dem realistisch-epistemologischen Syndrom (hier RAL) tendiert (vgl. S.113). Als dritte Gruppe hierzu können jene Versuchspersonen bestimmt werden, welche eine auffällig neutrale Orientierung zwischen den jeweiligen epistemologischen Polen einnehmen und demnach hier als unzentriert bezeichnet werden.

Die jeweiligen Subgruppen sind nun so zusammengestellt worden, daß diejenigen Versuchspersonen, bei welchen eines der oben genannten Merkmale im besonderen Maße ausgeprägt war, zu einer Gruppe zusammmengefaßt worden sind. Die Anzahl der Versuchspersonen pro Gruppe ergab sich aus der Anzahl von Versuchspersonen, denen eindeutig eines der obigen Merkmale zugeordnet werden konnte und war damit nicht im vorhinein festgelegt. Es wurde bei diesem Selektionsprozeß zusätzlich darauf geachtet, daß in Gruppen mit zwei kontrastierenden Merkmalen (z.B. gute und schlechte Problemlöser) eine gleich große Anzahl von Versuchspersonen pro Extremgruppe aufgenommen wurden.

In der folgenden Tabelle wird der korrelative Zusammenhang zwischen Epistemologie und Problemlösen bei besonders guten Problemlösern und bei besonders schlechten Problemlösern dargestellt.

	gute Problemlöser (N=6)			schlechte Problemlöser (N=6)		
	RK	AH	LZ	RK	AH	LZ
SYSTEM1	-.326	.168	-.146	.470	.538	.572
SYSTEM2	-.294	.069	.696	-.098	-.213	-.291
BEOBACH1	-.232	.646	-.216	-.662	-.255	-.256
BEOBACH2	-.557	-.253	-.000	.387	.073	.612
REFLEX1	.487	.849	-.356	.302	-.283	.0489
REFLEX2	-.532	-.141	-.019	-.317	.192	-.674

Tab. 24 : Zusammenhang zwischen der epistemologischen Orientierung und den Problemlöseleistungen für die beiden Subgruppen der besonders guten und der besonders schlechten Problemlöser (*p< 0.01, **p< 0.001)

Aus den hier aufgeführten Korrelationen wird deutlich, daß sich innerhalb der beiden Extremgruppen der besonders guten und besonders schlechten Problemlöser keine Hinweise für signifikante Zusammenhänge zwischen epistemologischer Orientierung und Problemlöseleistung aufdecken lassen.

Die besonders konsistenten und die besonders inkonsistenten Problemlöser werden in der nachstehenden Tabelle auf eventuell vorhandene Zusammenhänge zwischen Epistemologie und Problemlösen untersucht.

	konsistente Problemlöser (N=7)			inkonsistente Probleml. (N=7)		
	RK	AH	LZ	RK	AH	LZ
SYSTEM1	.074	.008	-.533	.282	.642	-.350
SYSTEM2	-.158	-.401	-.736	.808	.429	.077
BEOBACH1	.053	.548	.288	.479	.745	.404
BEOBACH2	.199	.490	.185	.525	.300	-.137
REFLEX1	.075	.070	.540	.127	.036	-.405
REFLEX2	.017	-.373	-.164	-.251	.213	-.193

Tab. 25 : Zusammenhang zwischen der epistemologischen Orientierung und den Problemlöseleistungen für die beiden Subgruppen der besonders konsistenten und der besonders inkonsistenten Problemlöser (*p< 0.01, **p< 0.001)

Auch in den beiden oben in Tab. 25 dargestellten Subgruppen lassen sich keine direkten signifikanten Zusammenhänge zwischen den drei epistemologischen Orientierungen und den Problemlöseleistungen auffinden. Ebenso lassen sich innerhalb des gesamten Korrelationsmusters keine Tendenzen auffinden, die auf derartige Zusammenhänge hinweisen könnten.

Im letzten Vergleich lassen sich die drei Subgruppen durch Auffälligkeiten im epistemologischen Profil charakterisieren. Die Zusammenhänge von eindeutig zentrierten und im hohen Maße unzentrierten Epistemologien zu den Leistungen beim Problemlösen zeigt die folgende Korrelationsmatrix auf.

	Reintyp KHZ (N=7)			Reintyp RAL (N=7)		
	RK	AH	LZ	RK	AH	LZ
SYSTEM1	-.432	-.353	-.013	.878*	.386	-.204
SYSTEM2	-.816	.031	-.426	.167	.095	-.602
BEOBACH1	-.231	.173	-.470	-.592	-.026	.105
BEOBACH2	-.423	-.171	-.156	-.404	.213	.511
REFLEX1	-.123	.624	-.361	-.660	.042	.062
REFLEX2	.075	.166	-.465	-.002	-.100	-.157

	unzentrierte Epistemologie (N=8)		
	NRK	AH	LZ
SYSTEM1	-.096	-.292	.366
SYSTEM2	.302	-.235	.442
BEOBACH1	-.723	-.710	.481
BEOBACH2	-.142	-.435	.320
REFLEX1	.073	-.065	-.371
REFLEX2	.215	.372	.101

Tab. 26 : Zusammenhang zwischen der epistemologischen Orientierung und den Problemlöseleistungen für die drei Subgruppen: Reintyp KHZ, Reintyp RAL, unzentrierte Position (*p< 0.01, **p< 0.001)

In den obigen Werten findet sich nur eine signifikante Korrelation, die für die Versuchspersonen des epistemologischen RAL-Reintyps auf einen positiven Zusammenhang zwischen der Problemlöseleistung im DORI-Szenario und einer konstruktivistischen Epistemologie hinweist. Da sich dieses Ergebnis aber nicht bei der parallelen Bearbeitung des ÖPNV-Szenarios findet und somit für sich alleine steht und außerdem auf einer inhaltlichen Ebene nur schwer nachzuvollziehen ist, soll es an dieser Stelle als eine zufällig signifikant gewordene Korrelation angesehen werden, die vermutlich durch die große Anzahl der gerechneten Korrelationen bei einem gleichzeitig sehr geringen Stichprobenumfang erklärt werden kann. So muß auch an dieser Stelle die Annahme eines Zusammenhang zwischen spezifischen epistemologischen Profilen und den Leistungen beim komplexen Problemlösen für nicht haltbar erklärt werden.

Als Fazit dieser differenzierteren Überprüfung von H3 an den oben beschriebenen sieben Subgruppen bleibt insgesamt festzuhalten, daß hier, wie bei der Betrachtung der Gesamtstichprobe, ebenfalls keine Zusammenhänge zwischen epistemologischen Orientierungen und Problemlöseleistungen aufgedeckt werden konnten.
Eine Einordnung dieser Ergebnisse in den Gesamtkontext der vorliegenden Arbeit soll im folgenden Diskussionsteil vorgenommen werden.

7. Diskussion der empirischen Ergebnisse

Im folgenden Kapitel sollen die im vorhergehenden Kapitel dargestellten empirischen Ergebnisse in einen theoretischen Gesamtzusammenhang gestellt werden und hieran anschließend soll ihre Relevanz für zukünftige Forschungen eingeschätzt werden. Vier theoretische Fragestellungen lassen sich hierbei aus dem Gesamtkontext der vorliegenden Untersuchung ableiten:

1) Welche psychologische Existenz kann dem theoretischen Konstrukt der Subjektiven Epistemologien zugeschrieben werden?

2) Welche psychologische Wirksamkeit besitzen die Subjektiven Epistemologien für den Prozeß des komplexen Problemlösens (H3)?

3) Welchen Einfluß auf die Systemcharakteristik einer komplexen Problemstellung hat deren semantische Einkleidung (H2)?

4) Welcher gegenseitige Nutzen läßt sich aus der Verknüpfung von philosophischen und psychologischen Fragestellungen ableiten?

ad 1)

Ein eindeutiges Ergebnis stellt innerhalb der vorliegenden Studie der Nachweis der Existenz von Subjektiven Epistemologien dar. Hierbei konnte ein spezifischer Ausschnitt der konkreten Inhalte von Subjektiven Epistemologien näher bestimmt werden. Es zeigt sich, daß innerhalb einer studentischen Stichprobe systemtheoretisch und relativistisch orientierte Epistemologien anzutreffen sind. Vier voneinander unabhängige Indizien sprechen für dieses Ergebnis.

Zum einen sind dem Großteil der Versuchspersonen (82,5%) die im Fragebogen thematisierten epistemologischen Fragestellungen bekannt, was auf eine Verankerung dieser beliefs in einem wissenschaftlichen Diskurs hinweist, an dem bereits StudentInnen in ihrem Status als wissenschaftliche Novizen partizipieren können. Zum zweiten konnte die Validität der Subjektiven Epistemologien durch eine Betrachtung von verschiedenen Subgruppen der studentischen Population nachgewiesen werden. Hierbei zeigte sich, daß vor allem der Faktor "Studienrichtung" einen bedeutsamen Einfluß auf die Inhalte der Subjektiven Epistemologien ausübt. Erwartungsgemäß präferieren Natur- und IngenieurwissenschaftlerInnen seltener als die anderen drei untersuchten

Gruppen der GeisteswissenschaftlerInnen, der SozialwissenschaftlerInnen und der PsychologInnen eine systemtheoretische Epistemologie, welche durch ihre konstruktivistischen, holistischen und zirkularistischen Anteile charakterisiert wird. Auf diese Weise konnten plausible externe Variablen (zusätzlich zur "Studienrichtung" noch "Stand der Ausbildung" und "politische Grundeinstellung") ausfindig gemacht werden, mit denen unterschiedliche epistemologische Orientierungen erklärt werden können. Als drittes Indiz kann angeführt werden, daß ein epistemologisches Vorwissen nicht automatisch auch zu einer Bevorzugung von bestimmten epistemologischen Positionen führt. Aus dieser Perspektive erscheint es sinnvoll, wie in der Operationalisierung der vorliegenden Arbeit geschehen, die Struktur der Subjektiven Epistemologien durch Dimensionen zu erfassen, die durch zwei gleichberechtigte Pole gekennzeichnet sind. Für eine entwicklungspsychologische Ebene der Betrachtung bedeutet dies, daß keine Hinweise für eine Weiterentwicklung des epistemologischen Denkens aufgefunden werden konnten, die durch bestimmte epistemologische Inhalte charakterisiert werden könnte. Das vierte Indiz für die psychologische Existenz von Subjektiven Epistemologien liefert die aufgezeigte Stabilität der epistemologischen Orientierungen. Diese Stabilität wurde vor allem dadurch offensichtlich, daß die epistemologischen Orientierungen durch eine gezielte, dialogisch-reflexive Intervention nicht beeinflußt werden konnten. In bezug auf die Genese von Subjektiven Epistemologien hat sich hiermit die theoretische Vermutung bestätigt, daß Subjektive Epistemologien als das Produkt eines langen Sozialisationsprozesses betrachtet werden müssen, der im Gesellschaftssystem Wissenschaft kultiviert wird. Die Inhalte von Subjektiven Epistemologien gehen daher vermutlich weit über das hinaus, was aus einer allgemeinpsychologisch orientierten Perspektive der Entwicklungspsychologie beschrieben werden kann. Subjektive Epistemologien können daher als sozial vermittelte Zugangsweisen zu einer mehr oder minder erkennbaren Realität aufgefaßt werden, die mit anderen kulturellen belief-Strukturen, wie z.B. dem Menschen- und /oder dem Gesellschaftsbild, verwoben sind. Da sich aber die Fragestellung der vorliegenden Untersuchung nicht auf den Prozeß der Genese von Subjektiven Epistemologien, sondern auf deren konkrete Inhalte gerichtet hat, kann hierzu als zusammenfassendes Fazit festgehalten werden, daß der Nachweis einer psychologischen Existenz für die drei epistemologischen Dimensionen RK, AH und LZ der Subjektiven Epistemologien erbracht worden ist. Die hierfür entwickelten Meßinstrumente zur Erfassung der Subjektiven Epistemologien haben sich als zufriedenstellend reliabel erwiesen und können in Gestalt des EPIS-Fragebogens für weitere Forschungen verwendet werden.

ad 2)

Nachdem die psychologische Existenz spezifischer Inhalte von Subjektiven Epistemologien als gesichert angesehen werden kann, stellt sich als nächstes die Frage nach deren psychologischer Funktion. Auf einer allgemeinen Ebene kann dem epistemologischen belief-system sicherlich eine identitätsstiftende Funktion zugeschrieben werden, die den jeweiligen Alltags-Epistemologen auf seine Erkenntnismöglichkeiten der physikalischen Außenwelt und sozialen Mitwelt hin orientiert. Aufgrund dieser Funktion kann den epistemologischen beliefs eine Nähe zu kosmologischen beliefs zugeschrieben werden. Im wissenschaftlichen Diskurs dienen epistemologische Einstellungen dazu, unterschiedliche Denkschulen oder Denkstile[1] voneinander abzugrenzen (z.B. die Positivisten gegen die Konstruktivisten), wobei dieser Abgrenzungsprozeß meistens in enger Verbindung mit den Forschungsinhalten einer wissenschaftlichen Disziplin steht (z.B. die NaturwissenschaftlerInnen oder die SozialwissenschaftlerInnen). Der einzelne Forscher kann sich aufgrund seiner Subjektiven Epistemologie zu anderen Forschern mit ähnlichen epistemologischen beliefs hin orientieren und auf diese Weise eine Stabilisierung des eigenen belief systems und damit seines eigenen Selbstverständnisses als Wissenschaftler sicherstellen.

Im Zentrum des Interesses der vorliegenden Untersuchung lag aber nicht die identitätsstiftende Funktion von Subjektiven Epistemologien, sondern eine Analyse ihres potientiellen Einflusses auf die beim komplexen Problemlösen erforderlichen kognitiven Kompetenzen. Die empirischen Ergebnisse zu dieser Fragestellung sind eindeutig. Es konnten keinerlei signifikante Zusammenhänge zwischen den Subjektiven Epistemologien und dem komplexen Problemlösen aufgedeckt werden. Einzige Ausnahme bildet hier der negative Zusammenhang zwischen einer zirkularistisch-epistemologischen Orientierung und der Variablen "Bestimmung von Fernwirkungen", der in dem Analyseraster der Zwischenebene auffällig wurde. Zusätzlich kann das vorgefundene Korrelationsmuster noch dahingehend interpretiert werden, daß es einen negativen Zusammenhang zwischen einer zirkularistischen Epistemologie und der Güte des Systemwissens anzeigt. Als abschließendes Urteil gilt, daß Subjektive Epistemologien keinen meßbaren positiven Einfluß auf das komplexe Problemlösen ausüben, ja sogar in bestimmten Bereichen (zirkularistische Haltung auf das Systemwissen) einen kontraproduktiven Effekt erzielen.

---

1 Schon lange vor KUHN hat bereits im Jahre 1935 Ludwig FLECK (1980) in seinem Denkstil-Konzept die soziale Dimension von Erkenntisprozessen beschrieben.

Dieser mangelnde Zusammenhang soll im folgenden anhand der Operationalisierungen der Subjektiven Epistemologien und des komplexen Problemlösens noch einmal näher reflektiert werden.

Auf der Seite der Subjektiven Epistemologien kann sich möglichwerweise die Stichprobenauswahl als ungünstiger Faktor erwiesen haben. Es hätte neben der studentischen Stichprobe auch ein Personenkreis auf seine Subjektiven Epistemologien hin untersucht werden können, der nicht mit wissenschaftlichen Fragestellungen vertraut ist. Die epistemologischen Orientierungen dieser Personen hätten vermutlich in einem größeren Kontrast zu den epistemologischen beliefs der studentischen Stichprobe gestanden. Ein größerer Anteil von geringer ausdifferenzierten Subjektiven Epistemologien hätte eventuell den Zusammenhang zwischen epistemologischer Orientierung und Problemlöseleistung verstärkt. Ein derartiges Ergebnis würde aber eher auf einen Zusammenhang zwischen dem Differenzierungsgrad von Subjektiven Epistemologien und Problemlöseleistungen hinweisen, als auf einen Zusammenhang zwischen systemtheoretischen Orientierungen und Problemlösekompetenz[2].
Insgesamt erscheinen aber im Bereich der Operationalisierung der Subjektiven Epistemologien weniger kritische Vorentscheidungen mit eingeflossen zu sein, die den fehlenden Zusammenhang zwischen Epistemologie und Problemlösen verursachen könnten, als dies für den Fall der Operationalisierung des komplexen Problemlösens vermutet wird. Auf die Implikationen dieser Operationalisierung soll im folgenden die Aufmerksamkeit gerichtet werden.

Innerhalb der Operationalisierung des komplexen Problemlösens ist besonders darauf Wert gelegt worden, daß die Versuchspersonen ohne einen expliziten Handlungsdruck agieren, bzw. nachdenken konnten. Daher wurde kein dynamisches Element in die Aufgabenstellung mit aufgenommen. Zusätzlich waren einfache Anforderungen innerhalb der Systemcharakteristik gewählt worden, was sich in einer vergleichsweise geringen Anzahl von Variablen und Variablenzusammenhängen in den beiden verwendeten Problemstellungen niederschlägt. Außerdem wurde als ein weiteres erleichterndes Element bereits eine Problemrepräsentation vorgegeben, und es konnte ein ausreichendes Vorwissen zu der konkreten Problemstellung bei den Versuchspersonen vorausgesetzt werden. Alle diese Faktoren sollten einen Problemlöseprozeß induzieren, in welchem den Versuchspersonen ein sehr tiefes Verständnis der Problemstellung ermöglicht werden sollte und in welchem Freiräume für eine globale

2 Innerhalb der studentischen Stichprobe der vorliegenden Untersuchung finden sich eher Hinweise darauf, daß selbst der Ausdifferenzierungsgrad von Subjektiven Epistemologien in keinem systematischen Verhältnis zu den gezeigten Problemlöseleistungen steht (s. S.122-124).

Bewertung der in den Problemstellungen thematisierten Inhalte aus der Sicht der Versuchspersonen vorhanden sein sollten. Der Schwerpunkt der Erfassung der kognitiven Kompetenzen im Umgang mit komplexen Problemen lag daher in der vorliegenden Arbeit auf reflexiven Kompetenzen, wie sie zuammenfassend in den beiden Variablen zur Beobachterperspektive (BEOBACH) und zum Reflexionsindex (REFLEX) erhoben worden sind. Zusätzlich zu diesen reflexiven Anteilen sind noch analytische Fähigkeiten im Umgang mit komplexen Problemen innerhalb der aggregierten Variablen SYSTEM und ihrer Einzelkomponenten erfaßt worden. Eine Handlungsebene konnte in der vorliegenden Operationalisierung, wie in fast allen bisherigen Untersuchungen zum komplexen Problemlösen, nicht erfaßt werden. Doch trotz dieser Betonung von reflexiven kognitiven Kompetenzen in der Operationalisierung des komplexen Problemlösens lassen sich letztendlich keine Zusammenhänge zwischen diesen reflexiven Kompetenzen und den eigentlich im reflexiven Kontext entstandenen Subjektiven Epistemologien nachweisen. Dies gilt ebenso für die analytischen Fähigkeiten (SYSTEM-Variable), wobei dieser fehlende Zusammenhang aber als weniger unerwartet bezeichnet werden kann.

Aus diesen Ergebnissen lassen sich zwei grundlegend verschiedene Erklärungen für das Zusammenwirken von Subjektiven Epistemologien und den Fähigkeiten beim komplexen Problemlösen ableiten. Zum einen könnte den Subjektiven Epistemologien jeder Effekt auf das Problemlösen abgesprochen werden, da sie sich noch nicht einmal in dem für sie günstigsten Fall einer reflexiv-orientierten Aufgabenstellung als wirksam erweisen. Sie würden damit den Status eines kognitiven Epiphänomens erhalten, das zwar im Kontext kognitiver Problemlösung entstanden ist, aber mittlerweile auf diesen Prozeß keine Rückwirkung mehr auszuüben vermag und somit noch am ehesten eine globale weltanschauliche Funktion erfüllt. Die empirischen Ergebnisse der vorliegenden Studie legen diese Erklärung nahe. Bedeutsam erscheint an dieser Stelle, daß für den Prozeß der Ausbildung von Subjektiven Epistemologien nicht eindeutig bestimmt werden kann, welchen Anteil eigene, konkrete Erfahrungen im Umgang mit komplexen Problemen beim Aufbau dieser kognitiven belief-Strukturen ausmachen oder ob diese auf einer rein kommunikativen Ebene zustandegekommen sind. Sollten diese tatsächlich das Produkt eines reinen Meinungsaustausches und nicht auch Gegenstand der eigenen konkreten Problemlöseerfahrung sein, so erscheint ihr Status als Epiphänomen mehr als einsichtig.

Es bietet sich aber jeodch noch eine zweite Alternativerklärung für den fehlenden Zusammenhang zwischen den Subjektiven Epistemologien und den Problemlöseleistungen an. Es wäre denkbar, daß die Subjektiven Epistemologien gerade nicht in solchen Situationen den Prozeß des komplexen Problemlösens beeinflussen, in welchen den Problemlösern ein großer Raum für reflexive Gedankengänge bleibt und sie insgesamt keinen allzu großen Anforderungen der Aufgabensituation (z.B. Zeitstreß) oder der Systemcharakteristik (z.B. sehr vielen Variablen) ausgesetzt sind. Es könnte gerade der entgegengesetzte Fall eintreten, daß die Subjektiven Epistemologien das konkrete Problemlöseverhalten beeinflussen, wenn sich die Versuchspersonen in einer Problemlösesituation befinden, in welcher sie kognitiv massiv überlastet sind. Da aber trotzdem in derartigen "Überlast-Situationen" gehandelt werden muß und daher nicht ein nahezu beliebiger Zeitraum für weitere Informationssammlungen und Reflexionen zur Verfügung steht, müssen die Problemlöser auf Faustregeln zurückgreifen, in denen Strategien bereitgestellt werden, welche darauf abzielen, die Komplexität der vorgefundenen Situation zu reduzieren. Innerhalb der Subjektiven Epistemologien könnte ein Wissen formuliert sein, welches den Inhalt dieser strategischen Faustregeln auszeichnet. Aber auch innerhalb dieses Erklärungsansatzes bleibt die übergeordnete Frage unklar, ob dieses epistemologische Faustregelwissen nur dann wirksam werden kann, wenn es von jedem Problemlöser durch viele eigenständige Erfahrungen beim komplexen Problemlösen aufgebaut worden ist, oder ob dieses Wissen auch dann handlungswirksam werden kann, wenn es auf einer rein kommunikativen Ebene vermittelt worden ist.

Innerhalb der vorliegenden Arbeit kann weder eine eindeutige Entscheidung zu Gunsten der Epiphänomen- noch zu Gunsten der Faustregel-Hypothese gefällt werden. Es kann jedoch ein Indiz aus den vorliegenden Daten aufgegriffen werden, welches stärker im Sinne der Faustregel-Hypothese interpretiert werden kann. Es hat sich anhand der subgruppenspezifischen Betrachtung der Leistungen beim komplexen Problemlösen gezeigt, daß Versuchspersonen mit Vorerfahrungen in epistemologischen Fragestellungen in den beiden BEOBACH-Variablen und in der REFLEX-Variablen zum DORI-Szenario höhere Werte aufwiesen. Dies deutet darauf hin, daß eine Beschäftigung mit Epistemologie einen positiven Effekt auf das komplexe Problemlösen ausübt, ohne daß dieser Nutzen an spezifische epistemologische beliefs gebunden ist. Vermutlich werden durch epistemologische Überlegungen metakognitive Prozesse angeregt, die sich stärker durch prozessurale, als durch deklarative Inhalte charakterisieren lassen. In diesem Sinne könnte die kognitive Fähigkeit zum Perspektivenwechsel, wie sie in der BEOBACH-Variablen operationalisiert worden ist, eher als eine prozedurale Faustregel im Sinne von "Mache dir deine eigene Perspektive klar" aufgefaßt werden, denn als ein deklarativer belief mit dem Inhalt "Alles Wissen ist perspektivenabhängig".

Letztendlich müssen aber solche Erklärungen beim derzeitigen Wissensstand als Spekulation bezeichnet werden. Die beiden Erklärungsansätze zur Wirksamkeit, bzw. Nichtwirksamkeit von Subjektiven Epistemologien in Gestalt der Faustregel- und der Epiphänomen-Hypothese könnten aber in weiteren Experimenten genauer überprüft werden. Es wäre möglich, den Zusammenhang zwischen epistemologischen Orientierungen und komplexem Problemlösen in zwei unterschiedlichen Aufgabenanforderungen bei gleicher Systemcharakterisitik miteinander zu vergleichen. Eine der beiden Problemsituationen müßte durch einen größeren Aufgabendruck (z.B. Zeitstreß) gekennzeichnet sein, während die andere Situation, die in der vorliegenden Untersuchung gewählte, eine verhältnismäßig unstressige Aufgabensituation beibehalten würde. In der Problemanforderung mit höherem Streßfaktor könnte dann durch einen möglicherweise vorgefundenen Zusammenhang zwischen den Subjektiven Epistemologien der Versuchspersonen und ihren Problemlöseleistungen ein Nachweis für die Faustregel-Hypothese erbracht werden. Würde sich an dieser Stelle wieder kein derartiger Zusammenhang auffinden lassen, so müßte dies als eine Bestätigung der bereits in dieser Untersuchung herausgestellten Epiphänomen-Hypothese interpretiert werden. Zusätzlich bleibt weiterhin die enorm wichtige Forschungsfrage offen, auf welche Weise die Subjektiven Epistemologien gebildet werden. Gesichert erscheint nur, daß Subjektive Epistemologien nicht durch einen einmaligen kommunikativen Reflexionsprozeß verändert werden können. Offen bleibt, ob diese gewissermaßen durch eigene Erfahrung am Gegenstand der Problemstellung selber entwickelt werden müssen oder ob sie weitestgehend einem abstrakten Diskurs entnommen werden. Sollte sich der Prozeß der Ausbildung von Subjektiven Epistemologien anhand konkreter Problembearbeitungen von Versuchspersonen beobachten lassen, was sicherlich nur in einer Langzeitstudie bewerkstelligt werden könnte, so wäre vermutlich ein wichtiges Kriterium für kognitives Expertentum erklärbar, und den Subjektiven Epistemologien müßte ein anderer Status als nur derjenige einer identitätsstiftenden Instanz zugewiesen werden. Ein derartiger Nachweis steht aber weiterhin, nicht zuletzt aufgrund seiner extrem schwierigen Operationalisierung, aus.

ad 3)

Aus der Analyse derjenigen Problemlöseleistungen, welche bei der Bearbeitung der beiden formal fast identischen, aber semantisch unterschiedlichen Problemszenarien von den Versuchspersonen erbracht worden sind, können Aussagen über die Vergleichbarkeit von komplexen Problemsituationen abgeleitet werden, welche sich in dem Systemcharakteristikum der semantischen Einkleidung unterscheiden.

Betrachtet man die drei in der vorliegenden Untersuchung erhobenen Problemlösemaße des Systemwissens (SYSTEM), der Beobachterperspektive (BEOBACH) und des Reflexionsindex (REFLEX), so ist aus einer theoretischen Perspektive zu erwarten, daß die Anwendung eines konkreten Systemwissens in höherem Maße von der semantischen Einkleidung des Problems abhängig ist, als das in den beiden anderen Maßen BEOBACH und REFLEX erfaßte Wissen, weil ersteres stärker von einem bereits vorhandenen Vorwissen abhängig ist. Die empirischen Ergebnisse der vorliegenden Untersuchung zeigen aber genau den gegenteiligen Sachverhalt an. Vor allem die Leistungen im Reflexionsindex sind in hohem Maße von der semantischen Einkleidung der Aufgabenstellung abhängig, während die BEOBACH-Maße eine schwache, und die SYSTEM-Maße sogar eine große Stabilität über die beiden Problemlöseprozesse aufweisen. Für diesen empirischen Befund können zwei theoretische Erklärungen angegeben werden, wobei die erste an dem theoretischen Status von Reflexionsprozessen ansetzt und die zweite an der Operationalisierung der Reflexionsprozesse in dieser Arbeit.

Reflexion sollte aufgrund der obigen Ergebnisse nicht als eine kontextunabhängige, metakognitive Fähigkeit betrachtet werden. Sie muß vielmehr als durch die spezifischen Inhalte der jeweiligen Problemstellung induziert und beeinflußt angesehen werden. Die Reflexion kann an dieser Stelle auch nicht aus der Güte des erworbenen Systemwissens abgeleitet werden, was als Hinweis darauf gedeutet werden könnte, daß immer, wenn eine Problemsituation hinreichend analysiert worden ist, bei der Versuchsperson reflexive Denkprozesse einsetzen würden. Doch auch der für diese Interpretation notwendige Zusammenhang zwischen Systemwissen und Reflexionsindex erweist sich als nicht signifikant (s. Tab. 14). So können nur spezifische Inhalte der jeweiligen Problemsituation als Auslöser von reflexiven Denkprozessen angesehen werden, die im belief-system des jeweiligen Problemlösers aufgrund von individuellen Vorerfahrungen verankert sind. Diese Vorerfahrungen können eigene Einsichten im Umgang mit ähnlichen Problemlöseprozeduren beinhalten oder auch allgemeinere weltanschauliche Ansichten. Gemäß dieser Interpretation sind Reflexionsprozesse dann auf einer allgemeinpsychologischen kognitiven Ebene nicht mehr zufriedenstellend zu erfassen, da sie das Ergebnis idiosynkratischer Wissens- und Bewertungsstrukturen darstellen würden, die für jeden Problemlöser nur im Einzelfall rekonstruiert werden könnten.

Diese pessimistische Interpretation soll durch die zweite, stärker methodisch orientierte Erklärung für die fehlende Stabilität der gezeigten Reflexionen, in ihrer Aussage etwas abgeschwächt werden. Innerhalb der vorliegenden Untersuchung ist die Refle-

xionsfähigkeit dahingehend operationalisiert worden, daß vor allem konkrete Aussagen, die sich stark an den Inhalten des jeweilige Problemszenarios orientierten, als positiv und effektiv bewertet wurden. Auf diese Weise werden zwar problemrelevante und stärker lösungsorientierte Reflexionsanteile berücksichtigt, aber andererseits nicht der gesamte Bereich möglicher Reflexionen erfaßt. Stärker weltanschaulich geprägte Reflexionen und selbstreflexive Anteile konnten auch in dieser Arbeit nicht hinreichend analysiert werden, da sie einfach schwerer zu erfassen und vor allem in einem quantitativen Sinne auch schwerer auszuwerten sind. Zusätzlich hierzu gehen bei jeder Analyse des reflexiven Denkens Teile dieser reflexiven Inhalte bereits dadurch verloren, daß sie im Prozeß des lauten Denkens nicht von den Versuchspersonen artikuliert werden, da jene diese reflexiven Inhalte als nicht richtig durchdacht und damit nicht als mitteilenswert beurteilen. So ist es möglich, daß durch die Operationalisierung der vorliegenden Untersuchung nur ein stark an dem jeweiligen Probleminhalt orientiertes reflexives Denken erfaßt worden ist, bei dem es dann nicht verwundern kann, wenn es nicht als problemübergreifendes Phänomen nachgewiesen werden kann.
So bleibt auch für die zukünftige Forschung die offene Frage bestehen, ob es sich bei dem reflexiven Denken um ein kognitives Phänomen handelt, das auf einer allgemeinpsychologischen Ebene durch eine hinreichende Summe von Merkmalen charakterisiert werden kann, oder ob es sich hierbei lediglich um eine Persönlichkeitseigenschaft im Sinne eines kognitiven Stiles handelt, in dem ganz unterschiedliche psychologische Faktoren (z.B. Art des Selbstkonzeptes oder der motivationalen Einstellungen) zusammenwirken. Einer genaueren Kennzeichnung der Unterscheidung zwischen aufgabenirrelevanten und aufgabenrelevanten Reflexionen kann hier ein besonderer Stellenwert zugewiesen werden.

Im folgenden soll die überraschend hohe Stabilität für die Werte des Systemwissens während der Bearbeitung der beiden Problemszenarien diskutiert werden. Auf einer theoretischen Ebene war davon auszugehen, daß gerade die Quantität und die Exaktheit des erworbenen Systemwissens in hohem Maße durch ein bereits vorhandenes Vorwissen beeinflußt wird. Eine mögliche Erklärung für diese Diskrepanz besteht in der Vermutung, daß sowohl für das DORI- als auch für das ÖPNV-Szenario bei allen Versuchspersonen ein ausreichend großes Vorwissen zur Verfügung stand. Dieser Sachverhalt stellte bekanntlich ein Kriterium für die Auswahl der zu bearbeitenden Problemstellungen innerhalb der vorliegenden Untersuchung dar. Mit einem genügend großen Vorwissen ausgestattet, konnten die Versuchspersonen alle basalen Fragestellungen zum Systemwissen beantworten. Eine nähere Betrachtung der aggregierten Variable SYSTEM anhand ihrer Einzelkomponenten, wie sie in den Variablen der Mikroebene erfaßt worden sind, zeigt an, daß bestimmte Bereiche des Systemwissens größere Schwankungen aufweisen. Hierbei handelt es sich hauptsächlich um Variablen, die sich auf die Angabe von Fernwirkungen beziehen (cIII, cIV, dI, dII, eII, hI). Diese Wissensinhalte umfassen komplexere Zusammenhänge zu dem jeweiligen Problemszenario und konnten nicht aus dem vorliegenden Kausalschema direkt abgelesen werden. Fehlt dieses komplexere Vorwissen für eines der beiden Problemszenarien, so könnte sich diese Differenz auch in den Meßwerten der betreffenden Problemlösevariablen in Form von eindeutigen Schwankungen niederschlagen.

Festzuhalten bleibt an dieser Stelle, daß sich die oben angesprochenen Schwankungen nur auf diejenigen Leistungen beziehen, die bei einer Versuchsperson für die beiden Problemszenarien beobachtet werden konnten. Zwischen den einzelnen Versuchspersonen existieren zum Teil gravierende Unterschiede in den Problemlöseleistungen. Aus diesem Grunde kann ein allgemeiner ceiling-Effekt für das komplexe Problemlösen ausgeschlossen werden, der sich aufgrund von insgesamt zu niedrigen kognitiven Anforderungen an die Problemlösekompetenzen der Versuchspersonen einstellt. Sollte es in einer Studie allerdings darum gehen, eine differenzierte Analyse des Erwerbs von Systemwissen durchzuführen, so sollten hierbei Problemstellungen verwendet werden, in denen die Versuchspersonen wenig oder idealerweise gar kein Vorwissen mit einbringen können[3].

Auffällig bei der Bearbeitung der beiden Problemszenarien ist außerdem der empirische Befund, daß keine positiven Transfereffekte für die nacheinander erfolgende Bearbeitung der beiden Aufgaben zum komplexen Problemlösen nachgewiesen werden konnten. Hierzu kann an dieser Stelle in Einklang mit den Ergebnissen von STROHSCHNEIDER (1990, S.276) gefolgert werden, daß sich ein konkretes und potentiell abrufbares Vorwissen in seinem Einfluß auf die Problembearbeitung stärker auswirkt, als ein abstraktes Vorwissen über Systemzusammenhänge, welche an anderer Stelle und zu anderen Problematiken erworben worden sind. Geht man von der Richtigkeit dieser Interpretation aus, so bleibt insgesamt die Frage offen, auf welche Weise sich ein allgemeines Expertentum für komplexe Probleme herausbilden kann.

Ein letzter Hinweis bezieht sich auf die Diskrepanz zwischen der Wahrnehmung des Schwierigkeitsgrades der beiden Szenarien seitens der Versuchspersonen und den von

---

3 In der Arbeit von STROHSCHNEIDER (1990) werden die Wissenserwerbsprozesse miteinander verglichen, welche zum einen im Umgang mit einem semantikfreien komplexen System (VEKTOR) und zum anderen beim Umgang mit einem semantisch eingekleideten komplexen Problem (MORO) beobachtet werden konnten.

ihnen gezeigten Leistungen bei der Bearbeitung dieser Szenarien. Während sich in den Leistungsmaßen keine systematischen Unterschiede auffinden lassen, was im Sinne eines annähernd gleichen Schwierigkeitsgrades der beiden Szenarien gedeutet werden soll, schätzen die meisten Versuchspersonen das DORI-Szenario als die offenere und damit schwierigere Form der Problemstellung ein. Es zeigt sich an dieser Stelle, daß die semantische Einkleidung der Problemstellung auf die subjektive Beurteilung des Schwierigkeitsgrades seitens der Versuchspersonen einen erkennbaren Effekt ausübt. Daher besteht Grund zu der Annahme, auch wenn dies in der vorliegenden Untersuchung nicht nachgewiesen werden konnte, daß sich diese subjektiven Einschätzungen ebenfalls in den meßbaren Problemlöseleistungen niederschlagen, wenn sie sich auf die motivationale Einstellung der Versuchspersonen gegenüber der Aufgabenstellung auswirken würden. Ein Problem, welches als schwieriger, eventuell sogar als unlösbar empfunden wird, kann bei vielen Problemlösern eine motivationale Einstellung der Hoffnungslosigkeit hervorrufen und damit den Erfolg der Problemlösung deutlich negativ beeinflussen[4].

Insgesamt kann aus den obigen Überlegungen der Schluß gezogen werden, daß die semantische Einkleidung ein wesentlicher Faktor der Systemcharakteristik einer komplexen Problemstellung darstellt. Auch wenn sich die Semantik einer Problemstellung anscheinend stärker auf die subjektive Problemrepräsentation des Problemlösers auswirkt, so findet sich dieser Einfluß auch in den meßbaren Leistungen beim komplexen Problemlösen wieder. Diese Unterschiede lassen sich auch innerhalb der Leistungsmaße für die Erfassung reflexiver Denkinhalte auffinden, von denen eigentlich eine größere Kontextunabhängigkeit erwartet worden war. Die Kontextabhängigkeit tritt unso deutlicher bei jenen reflexiven Denkakten auf, die auf eine Lösung der Problemstellung abzielen und hierbei stärker auf die konkreten Inhalte der vorliegenden Problemsituation Bezug nehmen.

ad 4)

Zum Abschluß soll der in dieser Arbeit unternommene Versuch bewertet werden, Überlegungen aus den Bereichen der Denkpsychologie und der philosophischen Erkenntnistheorie füreinander nutzbar zu machen. Hierbei sollen zuerst die möglichen Konsequenzen und Anregungen aus den Ergebnissen der vorliegenden Arbeit für den Bereich der Philosophie angesprochen werden.

4 Eins bedeutende Rolle hierfür kann in dem emotionalen Zustand des "Kompetenzempfindens" vermutet werden, der sich auf das Maß einer selbstzugeschriebenen Kompetenz gründet (DÖRNER, 1992, S.20ff).

Die überzeugendsten Argumente für das systemtheoretische Programm stammen sicherlich aus der wissenschaftlichen Praxis der akademischen Einzeldisziplinen. Dort gelang es, durch die Anwendung des neuen begrifflichen Rahmens der Systemtheorie Problematiken zu analysieren, die zu früheren Zeitpunkten aufgrund ihrer Komplexität nicht mit einem meßbaren Erfolg hätten bearbeitet werden können. Da sich in unterschiedlichen wissenschaftlichen Disziplinen systemähnliche Grundmuster bei der Beschreibung von Phänomenen auffinden ließen, hat man versucht, diese in der Sprache einer allgemeinen Systemtheorie zu formulieren[5]. Bisher ist m.E. noch nicht eindeutig entschieden, ob diese Verallgemeinerung einer systemtheoretischen Begrifflichkeit überhaupt sinnvoll ist und daher mit einem effektiven Nutzen auf eine solche Vielzahl von Phänomenen unterschiedlicher Gegenstandsbereiche angewendet werden kann[6]. Aus der Perspektive der vorliegenden Arbeit kann zwar eindeutig bestätigt werden, daß die systemtheoretische Begrifflichkeit mittlerweile in den allgemeinen Sprachschatz eines nicht-professionellen epistemologischen Diskurses aufgenommen worden ist, aber die Effektivität dieses begrifflichen Analyserasters konnte für Denkprozesse mit Beteiligung einer reflexiven Instanz im Umgang mit komplexen Problemen nicht nachgewiesen werden. Einschränkend zur mangelnden Effektivität der systemtheoretischen Perspektive muß allerdings angemerkt werden, daß diese in den Subjektiven Epistemologien auch nur in einem vagen und unexakten Maße wiedergegeben wird[7]. Ob allerdings auch die exakteste Orientierung an einer idealen systemtheoretischen Denknorm, deren Ausarbeitung das genuine Thema einer systemtheoretischen Erkenntnistheorie wäre, innerhalb der Subjektiven Epistemologien einen Nutzen für das Problemlösen bringen würde, soll an dieser Stelle angezweifelt werden. Auch das perfekte Beherrschen der Denkprinzipien und Instrumente der Systemtheorie kann einen Problemlöser nicht zu einem Allround-Experten für komplexe Probleme machen.

Offen bleibt die Frage, ob Denkprozesse, in denen reflexive Elemente enthalten sind - die das epistemologische Denksubjekt also gewissermaßen mit berücksichtigen - über-

---

5 Der bisher umfassendste Ansatz findet sich hierzu in der von HAKEN (1983) formulierten Theorie der Synergetik.

6 Einen kritischen Standpunkt zu der Frage nach der Verallgemeinbarkeit von systemtheoretischen Konzepten innerhalb der Naturwissenschaften vertritt beispielsweise MÜLLER-HEROLD (1992, S.103).

7 Obwohl gleichzeitig wieder einschränkend angeführt werden muß, daß ein derartig hohes Maß an Differenzierung für die Erfassung von epistemologischen Orientierungen in vergleichbaren Studien, die zu positiven Ergebnissen über den Zusammenhang von epistemologischen Orientierungen und kognitiven Fähigkeiten gelangen, bisher nicht erreicht worden ist.

haupt prinzipiell mit einer systemtheoretischen Perspektive beschrieben werden können.
Die Systemtheorie hilft, die Komplexität der Außenwelt zu reduzieren, die Komplexität der Innenwelt aber kann sie nicht erfassen. Aus einer erkenntnistheoretischen Perspektive erscheint es daher zur Lösung dieses Problems sinnvoll, zwei Formen systemischer Theoriebildung zu unterscheiden. Als erster Typus könnte eine analytisch ausgerichtete Systemtheorie bestimmt werden, deren Stärke darin besteht, komplexe Vielteilchensysteme zu beschreiben[8]. Hiervon könnte eine reflexive Systemtheorie unterschieden werden, die versucht, Selbstbeobachtung innerhalb von Erkenntnisprozessen zu thematisieren und damit letztendlich eine Etablierung von kognitiven Prozessen der Perspektivenveränderung und Perspektivenerweiterung innerhalb von Problemlöseprozeduren erleichtern würde[9].

Auf einer wissenschaftstheoretischen Betrachtungsebene bleibt aus den Ergebnissen der vorliegenden Untersuchungen erwähnenswert, daß unterschiedliche Studienrichtungen auch zu unterschiedlichen Schwerpunkten in den Subjektiven Epistemologien der Studenten führen. Es kann davon ausgegangen werden, daß der Faktor der fachspezifischen Studiensozialisation den größten Einfluß auf das wissenschaftliche Problemlöseverhalten ausübt. Dies stellt keine überraschende Einsicht dar, die aber umso stärker in Abgrenzung zu naturalistischen Ansätzen betont werden muß, in denen versucht wird, das menschliche Denken und ebenso das wissenschaftliche Denken auf kontextfreie, rein geistige Prozeduren zu reduzieren[10]. Kognition muß immer auch als ein soziales Phänomen begriffen werden, das nicht losgelöst von Symbolen betrachtet werden kann, denen erst durch menschliche Kommunikation eine Bedeutung verliehen wird.

Weiter lassen sich aus den vorliegenden Ergebnissen auch Konsequenzen für die pädagogische Vermittlung von epistemologischem Wissen andeuten. Eine generelle Beschäftigung mit epistemologischen Fragestellungen scheint das Problembewußtsein für die Beobachterabhängigkeit von Wissensinhalten zu fördern. Daher lohnt sich alleine

---

8 Als Vertreter dieses Typs von Systemtheorie könnte wieder das Synergetik-Konzept von HAKEN angeführt werden, das bisher auf viele unterschiedliche Phänomenbereiche angewendet worden ist (vgl. die große Anzahl von Bänden in der "SPRINGER-Serie in Synergetics").

9 Als Repräsentanten dieses Typus könnten das Autpoiese-Konzept in der Anwendung von LUHMANN (1984) und die von Heinz von FOERSTER (1985) formulierte "second order cybernetic" bezeichnet werden.

10 Mit dieser Kritik ist vor allem das Forschungsprogramm der Künstlichen Intelligenz angesprochen, welches sich durch seine formalistisch-kontextfreie Perspektive auszeichnet. Auch die neuen, auf dem Modell des neuronalen Netzwerkes basierenden konnektionistischen Architekturen der KI können sich dieser Kritik nicht entziehen.

schon für die Schaffung eines derartigen Problembewußtseins eine Vermittlung von epistemologischen Inhalten. Hierbei erscheint es vermutlich weniger wichtig, bestimmte epistemologische Inhalte in einem Curriculum festzuschreiben, als eher ein breites Spektrum an verschiedenen epistemologischen Positionen zu vermitteln, um die Entwicklung eines derartigen epistemologischen Problembewußtseins zu fördern, das sich positiv auf Problemlöseprozesse auswirkt, ohne hierbei an spezifische epistemologische Einstellungen gebunden zu sein.
Außerdem ist zu erwarten, daß die Handlungsrelevanz von epistemologischen beliefs umso stärker ausgeprägt ist, je eigenständiger sie in einem konkreten Phänomenbereich entwickelt werden konnte. Epistemologische beliefs sollten daher nicht nur auf einer diskursiven Ebene, sondern gerade im konkreten Problemkontext thematisiert werden. Aufgrund dieser Einsicht erscheint es daher sinnvoller, innerhalb der einzelnen akademischen Disziplinen und den damit verbundenen Fragestellungen einen erkenntnistheoretischen Begleitdiskurs zu institutionalisieren, als die Erkenntistheorie wiederum selber als eine spezialisierte Einzeldisziplin zu betrachten, die ihren einzigen legitimierten Ort innerhalb der Philosophie einzunehmen hat. Im letzteren Fall geht der problemlösungsrelevante Impetus der Erkenntnistheorie verloren, wobei dieser Form der Erkenntnistheorie dann das Schicksal droht, in ihrer Funktion auf die alleinige Pflege von identitätsstiftenden Projektionsflächen wissenschaftlicher Denktraditionen reduziert zu werden.

Aber nicht nur die philosophisch-orientierte Diskussion erkenntnistheoretischer Fragestellungen konnte an einigen Punkten durch die psychologischen Aspekte der vorliegenden Arbeit bereichert werden, sondern auch die psychologische Forschung erhielt einige Anregungen durch die in dieser Untersuchung eingebrachten philosophischen Aspekte.
Ein entscheidender Nutzen für die Psychologie stellt in diesem Sinne die Entwicklung eines Meßinstrumentes (EPIS-Fragebogen) dar, durch welches sehr abstrakte kognitive beliefs erfaßt werden können, welche bisher eigentlich nur im philosophischen Diskurs zum Gegenstand wissenschaftlicher Betrachtungen werden konnten. Sicherlich kann durch aufwendigere methodische Verfahren die Struktur von Subjektiven Epistemologien noch exakter erfaßt und analysiert werden (so z.B. durch die SLT-Technik), aber im Rahmen der Untersuchung des Einflusses von epistemologischen Orientierungen auf andere kognitive Prozesse stellt der EPIS-Fragebogen ein ausreichend reliables und damit ökonomisches Verfahren zur Diagnose von systemtheoretisch beeinflußten, epistemologischen belief-Strukturen dar.

Weiterhin sollte sich das psychologische Programm zur Erforschung des menschlichen Denkens und Handelns als offen für alle diejenigen Anregungen erweisen, welche den Einfluß von Bewertungsprozessen eben auf dieses Denken und Handeln thematisieren. Bewertungsprozesse müssen hierbei als essentielle Bestandteile des menschlichen Denkens aufgefaßt werden, deren Bedeutung vermutlich mit dem aufsteigenden Grad an der Reflexivität dieses Denkens zunimmt. Diese Bewertungsprozesse lassen sich in ihrem Resultat wenigstens ansatzweise in der Analyse von belief-Strukturen sichtbar machen. Innerhalb der philosophischen Diskussion finden sich nun eine Vielzahl von dort explizit herausgearbeiteten Bewertungsdimensionen menschlicher Existenz wieder, die sich ihrerseits durch ein hohes Maß an Verallgemeinerbarkeit auszeichnen. Sie können jederzeit als Ausgangsbasis für die Formulierung von psychologischen Kategorien zur empirischen Erfassung von belief-Strukturen verwendet werden. Dies gilt für erkenntnistheoretische Kategorien in bezug auf das menschliche Denken ebenso wie für ethische Kategorien in bezug auf das menschliche Urteilen und für anthropologische Kategorien in bezug auf das menschliche Wollen. Erst wenn alle diese in belief-Strukturen inkorporierten Bewertungsprozesse berücksichtigt worden sind, wird das menschliche Denken und Handeln einmal als hinreichend transparent erscheinen können. Die Psychologie sollte diesen Erkenntnisschatz ihrer historischen Vorläuferdisziplin Philosophie zu schätzen wissen. Daß eine praktische Umsetzung dieser Erkenntnisse in psychologische Forschung möglich ist, hat die vorliegende Arbeit hoffentlich deutlich machen können. Die Funktion der Philosophie insgesamt erschöpft sich hiermit natürlich nicht darin, als alleiniger Stichwortgeber für die empirisch ausgerichtete, psychologische Forschung zu fungieren, sondern sie hat unter anderem noch die sehr wesentliche Funktion, gerade diese Psychologie auch in ihre immanenten Schranken zu verweisen - aber dies steht auf einem anderen Blatt.

Ausblick

Abschließend sollen drei konkrete Fragestellungen formuliert werden, die sich nach Meinung des Autors an die Ergebnisse der vorliegenden Untersuchung anschließen und in zukünftigen Forschungsarbeiten weiter verfolgt werden könnten:

1) Es muß überprüft werden, ob Subjektive Epistemologien, entprechend der hier formulierten Faustregel-Hypothese, in Problemlösesituationen einen nachweisbaren Einfluß auf das Problemlöseverhalten ausüben, in welchen die Versuchspersonen entweder durch die Aufgabenmerkmale (z.B. Streß) oder durch die Systemmerkmale

(z.B. Intransparenz) massiv in ihrer kognitiven Verarbeitungsfähigkeit überlastet werden.

2) Es muß ein Analyseschema entwickelt werden, in welchem die unterschiedlichen Operationen des reflexiven Denkens differenziert und in einen systematischen Zusammenhang gestellt werden könnten.

3) Es sollten wissenschaftspsychologische Studien durchgeführt werden, in denen der systematische Zusammenhang zwischen den kognitiven belief-Strukturen einer spezifischen Forschergruppe (Denkstile) und den von dieser Forschergruppe eingeschlagenen Pfaden der Problemlösung analysiert werden kann.

Anderson, J.R. (1983). The architecture of cognition. Cambridge Mass.: Harvard University Press

Anderson, J.R. (1990). Cognitive psychology and its implications. New York: Freeman

Andresen, N. & Schmid, U. (1993). Zur Invarianz von Problemlösestilen über verschiedene Bereiche. Zeitschrift für experimentelle und angewandte Psychologie, 1, S.1-17

Arnold, W. & Eysenck, H.J. & Meili, R. (1987). Lexikon der Psychologie. Freiburg: Herder

Basseches, M.A. (1984a). Dialectical thinking and adult development. Norwood: Ablex

Basseches, M.A. (1984b). Dialectical thinking as a metasystematic form of cognitive organization. In M.L. Commons & F. Richards & C. Armon (eds.), Beyond formal operations. S.216-238. New York: Praeger

Bertalanffy, L. von (1968). General system theory. Foundations, development, applications. Harmondsworth: Penguin books

Bertalanffy, L. von (1972). Vorläufer und Begründer der Systemtheorie. In R. Kurzrock (Hrsg.), Systemtheorie. Forschung und Information, Band 12, S.17-28. Berlin: Colloquium Verlag

Briggs, K & Briggs-Myers, I. (1991). Myers-Briggs Typeninventar (MBTI). Weinheim: Beltz

Brügge, P. (1993a). Ausbreitung und Mißbrauch der Chaostheorie. (I). SPIEGEL 39, S.156-164

Brügge, P. (1993b). Ausbreitung und Mißbrauch der Chaostheorie. (II). SPIEGEL 40, S.232-241

Brügge, P. (1993c). Ausbreitung und Mißbrauch der Chaostheorie. (III). SPIEGEL 41, 240-252

Chi, M.T.H. & Glaser, R. & Rees, E. (1982). Expertise in physical problem solving. In R. Sternberg (ed.), Advances in the psychology of human intelligence. S.7-75. Hillsdale: Erlbaum

Commons, M. & Richards, F. & Armon, C. (1984). Beyond formal operations. New York: Praeger

Dörner, D. (1976). Problemlösen und Informationsverarbeitung. Stuttgart: Kohlhammer

Dörner, D. & Kreuzig, H.W. & Reither, F. Stäudel, T. (1983). Lohhausen. Vom Umgang mit Unbestimmtheit und Komplexität. Bern: Huber

Dörner, D. (1989). Die Logik des Mißlingens. Reinbek: Rowohlt

Dörner, D. & Preußler, W. (1990). Die Kontrolle eines einfachen dynamischen Systems. Sprache & Kognition 9, 4, S.205-217

Dörner, D. (1992). Wissen, Emotion und Handlungsregulation oder die Vernunft der Gefühle. Bamberg: Lehrstuhl für Psychologie II

Dörner, D. & Pfeifer, E. (1992). Strategisches Denken, Strategische Fehler, Streß und Intelligenz. Sprache & Kognition 11, 2, S.75-90

Dreyfus, H.L. & Dreyfus, St.E. (1988). Künstliche Intelligenz. Reinbek: Rowohlt

Dunbar, K. & Klahr, D. (1989). Development differences in scientific discovery processes. In D. Klahr & K. Kotousky (eds.), Complex information processing. S.109-143. Hillsdale: Erlbaum

Eysenck, H.J. (1963). Maudsley Personality Inventory (MMPI). Bern: Huber

Fahrenberg, J. & Selg, H. & Hampel, R. (1978). Freiburger Persönlichkeitsinventar (FPI). Göttingen: Hogrefe

Feher, M. (1988). Epistemology naturalized vs. epistemology socialized. In I. Hronszky & M. Feher (eds.), Scientific knowledge socialized. S.75-96. Dordrecht: Kluwer

Felscher-Suhr, U. (1993). Evaluation eines Trainingsprogrammes zum Umgang mit komplexen Problemen. Bochum: Unveröffentlichte Diplomarbeit, Fakultät für Psychologie

Fischer, P.M. (1982). Inhaltsanalytische Auswertung von Verbaldaten. In G. Huber & H. Mandl (Hrsg.), Verbale Daten. S.179-196. Beltz: PVU

Fleck, L. (1980). Entstehung einer wissenschaftlichen Tatsache. Frankfurt: Suhrkamp

Foerster, H. von (1985). Sicht und Einsicht. Braunschweig: Vieweg

Funke, J. (1986). Komplexes Problemlösen - Bestandsaufnahmen und Perspektiven. Heidelberg: Springer

Funke, J. (1990). Systemmerkmale als Determinanten des Umgangs mit dynamischen Systemen. Sprache und Kognition 9, 3, S.143-154

Funke, J. (1992). Wissen über dynamische Systeme. Heidelberg: Springer

GEO Wissen (1990). Chaos und Kreativität. Hamburg: Gruner + Jahr

Gibson, B. (1985). The convergence of Kuhn and cognitive psychology. New ideas in psychology, 2, 3, S.211-221

Groeben, N. & Scheele, B. (1977). Argument für eine Theorie des reflexiven Subjekts. In M. Stadler (Hrsg.), Psychologie und Gesellschaft. Darmstadt: Dr. Steinkopff Verlag

Groeben, N. (1986). Handeln, Tun, Verhalten als Einheiten einer verstehend-erklärenden Psychologie: wissenschaftstheoretischer Überblick und Programmentwurf zur Integration von Hermeneutik und Empirismus. Tübingen: Francke

Groeben, N. & Wahl, D. & Schlee, J. & Scheele, B. (1988). Forschungsprogramm Subjektive Theorien: Eine Einführung in die Psychologie des reflexiven Subjekts. Tübingen: A.Francke

Haken, H. (1983). Synergetik: Eine Einführung. Berlin: Springer

Haken, H. (1991). Erfolgsgeheimnisse der Natur. Frankfurt: Ullstein

Heineken, E. & Arnold, H.J & Koop, A. & Soltysiak, R. (1992). Strategien des Denkens bei der Regelung eines einfachen dynamischen Systems unter verschiedenen Totzeitbedingungen. Sprache & Kognition 11, 3, S.136-148

Hejl, P.M. (1989). Self-regulation in social systems: Explaining the process of research. LUMIS-Schriften 21, Siegen: Universität-Gesamthochschule

Herrmann, T. (1982). Über begriffliche Schwächen kognitivistischer Kognitionstheorien: Begriffsinflation und Akteur-System-Kontamination. Sprache & Kognition 1, S.3-14

Höger, R. (1991). Problemstrukturierung mit Hilfe von Wirknetzen. Bochum: Unveröffentlichtes Manuskript, Fakultät für Psychologie

Hörmann, H.J. & Thomas, M. (1989). Zum Zusammenhang zwischen Intelligenz und komplexen Problemlösen. Sprache & Kognition 8, S.23-31

Holton, G. (1984). Themata. Zur Ideengeschichte der Physik. Braunschweig: Vieweg

Huber, G.L. (1989). Qualität versus Quantität in der Inhaltsanalyse. In W. Bos & Ch. Tarnai (Hrsg.), Angewandte Inhaltsanalyse in empirischer Pädagogik und Psychologie. Münster: Waxman Wissenschaft

Hughes, P. & Brecht, G. (1978). Die Scheinwelt des Paradoxes. Braunschweig: Vieweg

Husserl, E. (1975). Logische Untersuchungen (Band I) -Prolegomena zu einer reinen Logik. (Husserliana, Gesammelte Werke, Band XVIII). Den Haag: Martinus Nijhoff

Janke, W. & Debus (1978). Die Eigenschaftswörterliste (EWL). Göttingen: Hogrefe

Kahnemann, D. & Tversky, A. (1979). A prospect theory: An analysis of decisions under risk. Econometrica 47, S.263-291

Kant, I. (1968). Kritik der reinen Vernunft. (Werkausgabe Band III). In W. Weischedel (Hrsg.), Frankfurt: Suhrkamp

Kelly, G.A. (1955). The Psychology of personal construct. (Vol.I,II). New York: Norton

King, P. & Kitchener, K. & Davisin, M. & Parker, C. & Wood, P. (1983). The justification of beliefs in young adults. Human development, 26, S.106-116

Kitchener, K. (1983). Cognition, metacognition, and epistemic cognition. Human development 26, S.222-232

Klahr, D. & Dunbar, K. (1988). Dual space search during scientific reasoning. Cognitive science, 12, S.1-48

Klahr, D. & Fay, A. & Dunbar, K. (1993). Heuristics for scientific experimentation: A developmental study. Cognitive psychology 25, S.111-146

Klix, F. (1971). Information und Verhalten. Bern: Huber

Kluwe, R. (1981). Metakognition. Bericht des 32. Kongreß der Deutschen Gesellschaft für Psychologie 1980. S.246-258. Göttingen: Hogrefe

Kluwe, R. (1991). Zum Problem der Wissensvoraussetzung für Prozeß- und Systemsteuerung. Zeitschrift für Psychologie, Supplement-Band 11, S.311-324

König, G. (1977). Das Problem einer modellhaften Orientierung über das Feld "Wissenschaftstheorie" - Modelle der allgemeinen Wissenschaftstheorie. In Landesinstitut für schulpädagogische Bildung (Hrsg.), Wissenschaftstheorie in der Lehrerfortbidung I - Grundlagen. S.63-148. Düsseldorf: Landesinstitut für schulpädagogische Bildung

Krampen, G. (1981). IPC-Fragebogen zu Kontrollüberzeugungen. Göttingen: Hogrefe

Kraak, B. & Nord-Rüdiger, D. (1989). Fragebogen zu Lebenszielen und Lebenszufriedenheit (FLL). Göttingen: Hogrefe

Kreibich, R. (1986). Wissenschaftsgesellschaft. Von Galilei zur High-Tech-Revolution. Frankfurt: Suhrkamp

Krohn, W. & Küppers, G. (1987). Selbstorganisation - Zur Genese und Entwicklung einer wissenschaftlichen Revolution. In S.J.Schmidt (Hrsg.), Der Diskurs des Radikalen Konstruktivismus, S.441-465. Frankfurt: Suhrkamp

Krohn, W. & Küppers, G. (1989). Die Selbstorganisation der Wissenschaft. Frankfurt: Suhrkamp

Krohn, W. & Küppers, G. (1990). Selbstorganisation - Aspekte einer wissenschaftlichen Revolution. Braunschweig: Vieweg

Krüll, M. (1990). Das rekursive Denken im Radikalen Konstruktivismus und im Feminismus. In M. Krüll (Hrsg.), Wege aus der männlichen Wissenschaft. S.97-114. Pfaffenweiler: Centaurus

Kruglanski, A. & Baldwin, M. & Shelagh, M. (1985). Die Theorie der Laienepistemologie. In D. Frey & M. Irle, (Hrsg.), Theorien der Sozialpsychologie. Band III: Motivations- und Informationsverarbeitungstheorien, S.293-315. Bern: Huber

Kruse, P. (1988). Stabilität - Instabilität - Multistabilität. Selbstorganisation und Selbstreferentialität in kognitiven Systemen. Delfin, 6, 3, S.35-57

Kuhn, T.S. (1976). Die Struktur wissenschaftlicher Revolutionen. Frankfurt: Suhrkamp

Kuhn, T.S. (1978). Logik oder Psychologie der Forschung? In Thomas S. Kuhn. Die Entstehung des Neuen. S.357-388, Frankfurt: Suhrkamp

Kulkarni, D. & Simon, H.A. (1988). The process of scientific discovery: The strategy of experimentation. Cognitive science 12, S.139-175

Langley, P. & Simon, H.A. & Bradshaw, G. & Zytkow, J. (1987). Scientific discovery: Computational explorations of the creative process. Cambridge: MIT Press

Laux, L. & Glanzmann, P. , Schaffner, P. & Spielberger, C. (1981). State-Trait-Angstinventar (STAI). Weinheim: Beltz

Linn, M. & Siegel, H. (1984). Postformal reasoning: A philosophical model. In M. Commons & F. Richards & C. Armon (eds.), Beyond formal operations. S.239-257. New York: Praeger

Lüer, G. & Spada, H. (1990). Denken und Problemlösen. In H. Spada (Hrsg.), Allgemeine Psychologie. S.189-280. Bern: Huber

Luhmann, N. (1984). Soziale Systeme. Frankfurt: Suhrkamp

Luhmann, N. (1988). Erkenntnis als Konstruktion. In G.J. Lischka (Hrsg.), Autor & Bentelli.

Mandl, H. & Huber, G. (1978). Kognitive Komplexität. Göttingen: Hogrefe

Mandl, H. & Spada, H. (1988). Wissenspsychologie: Einführung. In H. Mandl & H. Spada (Hrsg.), Wissenspsychologie. 1-16. München-Weinheim: PVU

Matthäus, W. & Blöbaum, A. & Hunecke, M. & Matthäus, St. (1991). Stellungnahmen zu Umweltfragen. Ruhr-Universität Bochum, Fakultät für Psychologie: Unveröffentl. Studie

Maturana, H.R. (1982). Erkennen: Dic Organisation und Verkörperung von Wirklichkeit. Braunschweig: Vieweg

Mayring, P. (1990). Einführung in die qualitative Sozialforschung: Eine Anleitung zum qualitativem Denken. München: PVU

McCarthy, J. (1956). The inversion of functions defined by turing machines. In D.E. Shannon & J. McCarhty (eds.), Automata studies. Annals of mathematical studies 34, S.177-181. Princeton, New Yersey

McCauley, R. (1988). Epistemology in the age of cognitive science? Philosophical psychology, 1, 2, S.143-152

McGuire, W.J. (1985). Attitudes and attitude change. In G. Lindzey & E. Aronson (eds.), Handbook of social psychology. third edition, volume II, 233-346. New York: Random House

Mitroff, I. & Sagasti, F. (1973). Epistemology as general systems theory: an approach to the design of complex decision-making experiments. Philosophy of the social sciences 3, S.117-134

Mocek, R. (1990). Selbstorganisation. In W.Sandkühler (Hrsg.), Enzyklopädie zur Philosophie und Wissenschaft. Band 4, S.251-254

Montada, L. (1987). Die geistige Entwicklung aus der Sicht Jean Piagets. In R. Oerter & L. Montada (Hrsg.), Entwicklungspsychologie. S.413-462. München: PVU

Müller-Herold, U. (1992). Selbstordnungsvorgänge in der Späten Präbiotik. In W. Krohn & W. Küppers (Hrsg.), Emergenz: Die Enstehung von Ordnung, Organisation und Bedeutung. S. 89-103. Frankfurt: Suhrkamp

Newell, A. & Simon, H.A. (1972). Human problem solving. Englewood Cliffs: Prentice Hall

Neurath, O. (1932). Protokollsätze. Erkenntnis 11, S.204-214

Piaget, J. (1973). Einführung in die genetische Epistemologie. Frankfurt: Suhrkamp

Piaget, J. (1974). Biologie und Erkenntnis. Frankfurt: Fischer

Popper, K. (1935). Logik der Forschung. Tübingen: Mohr

Popper, K. (1972). Zur Logik der Sozialwissenschaften. In T. Adorno (Hrsg.), Der Positivismusstreit in der deutschen Soziologie. S.103-124. Darmstadt: Luchterhand

Portele, G. (1981). Entfremdung bei Wissenschaftlern. Frankfurt: Campus.

Putz-Osterloh, W. (1981). Problemlöseleistung und Testintelligenz. Bern: Huber

Putz-Osterloh, W. & Lüer. G. (1981). Über die Vorhersagbarkeit komplexer Problemlöseleistungen durch Ergebnisse in einem Intelligenztest. Zeitschrift für experimentelle und angewandte Psychologie 28, S.309-334

Putz-Osterloh, W. (1983). Über Determinanten komplexer Problemlöseleistungen und Möglichkeiten zu ihrer Erfassung. Sprache & Kognition 2, S.100-116

Putz-Osterloh, W. (1985). Selbstreflexion, Testintelligenz und interindividuelle Unterschiede bei der Bewältigung komplexer Probleme. Sprache & Kognition 4, S.203-216

Putz-Osterloh, W. (1987). Gibt es Experten für komplexe Probleme? Zeitschrift für Psychologie, 195, S.63-84

Putz-Osterloh, W. (1991). Wissenserwerb und -anwendung bei der Steuerung eines realitätsnahen und eines realitätsfernen Systems. Zeitschrift für Psychologie, Supplement-Band 11, S.341-351

Quine, W.V. (1975). Naturalisierte Epistemologie. In W.V. Quine (Hrsg.), Ontologische Relativität und andere Schriften. S.97-126, Stuttgart: Reclam

Quine, W.V. (1980). Wort und Gegenstand. Stuttgart: Reclam

Reichert, U. & Dörner, D. (1987). Heurismen beim Umgang mit einem einfachen dynamischen System. Sprache & Kognition 7, 1, S.12-24

Reither, F. (1979). Über die Selbstreflexionen beim Problemlösen. Universität Gießen: Unveröffentlichte Dissertation

Reither, F. (1985). Wertorientierung in komplexen Entscheidungssituationen. Sprache & Kognition 1, S.21-27

Royce, J.R. & Mos, L.P. & Kearsley, G.P. (1975). Manual for the psycho-epistemological profile. Edmonton, Alberta: University Alberta

Ryan, M. (1984a). Monitoring text comprehension: Individual differences in epistemological standards. Journal of educational psychology, 76, 2, S.248-258

Ryan, M. (1984b). Conceptions of prose coherence: individual differences in epistemological standards. Journal of educational psychology, 76, 6, S.1226-1238

Sarris, V. (1992). Methodologische Grundlagen der Experimentalpsychologie. Band II, München: Reinhardt

Scheele, B. & Groeben, N. (1984). Die Heidelberger-Struktur-Lege-Technik (SLT): Eine Dialog-Konsens-Methode zur Erhebung subjektiver Theorien mittlerer Reichweite. Weinheim: Beltz

Schischkoff, G. (1982). Philosophisches Wörterbuch. (21.Auflage). Stuttgart: Kröner

Schneewind, K. & Schröder, G. & Cattell, R.B. (1983). Der 16-Persönlichkeits-Faktoren-Test. Bern: Huber

Schoenfeld, A. (1983). Beyond purely cognition: Belief systems, social cognitions and metacognitions as driving forces in intellectual performance. Cognitive science 7, S.329-363

Schoenfeld, A. (1985). Mathematical problem solving. Orlando: Academic Press

Schoppek, W. (1991). Spiel und Wirklichkeit - Reliabilität und Validität von Verhaltensmustern in komplexen Situationen. Sprache & Kognition 10, 1, S.15-27

Schwartz, N. & Wilkinson, W. (1988). The relationship between epistemological orientation and cognitive abilities. Educational and psychological research, 8, 2, S.129-139

Seiffert, H. & Radnitzky, G. (1989). Handlexikon zur Wissenschaftstheorie. München: Ehrenwirth

Simon, H.A. (1973). Does scientific discovery have a logic? Philosophy of science, 40, S.471-480

Simon, H.A. (1977). Models of discovery. Dordrecht: Reidel

Simon, H.A. (1989). The scientist as problem solver. In D. Klahr & K. Kotovsky (eds.), Complex information processing. S.375-398. Hillsdale: Erlbaum

Sinnott, J. D. (1984). Postformal reasoning: The relativistic stage. In M. Commons & F. Richards & C. Armon, (eds.), Beyond formal operations. S.298-325. New York: Praeger

Sommer, J. (1987). Dialogische Forschungsmethoden - Eine Einführung in die dialogische Phänomenologie, Hermeneutik und Dialektik. München: PVU

Spada, H. & Opwis, K. (1985). Ökologisches Handeln im Konflikt: Die Allmende-Klemme. In P. Day & U. Fuhrer & U. Laucken (Hrsg.), Umwelt und Handeln - Ökologische Anforderungen und Handeln im Alltag. Festschrift zum 60.Geburstag von Gerhard Kaminski. S.63-85. Tübingen: Attempto

Stadler, M. & Kruse P. (1992). Zur Emergenz psychischer Qualitäten. Das psychophysische Problem im Lichte der Selbstorganisationstheorie. In W. Krohn & G. Küppers (Hrsg.), Emergenz: Die Entstehung von Ordnung, Organisation und Bedeutung. S.134-160. Frankfurt: Suhrkamp

Strohschneider, St. (1986). Zur Stabilität und Validität von Handeln in komplexen Realitätsbereichen. Sprache & Kognition 5, 1, S.42-48

Strohschneider, St. (1990). Wissenserwerb und Handlungsregulation. Wiesbaden: Deutscher Universitäts Verlag

Strohschneider, St. & Schaub, H. (1991). Können Manager wirklich so gut managen? Über die Effekte unterschiedlichen heuristischen Wissens beim Umgang mit komplexen Problemen. Zeitschrift für Psychologie, Supplement-Band 11, S.325-340

Süß, H.M. & Oberauer, K. & Kersting, M. (1993). Intellektuelle Fähigkeiten und die Steuerung komplexer Systeme. Sprache & Kognition 12, 2, S.83-97

Teplov, B.M. (1961). Problemy individual'nych Ra2ziicij. Moskau

Teubner, G. (1987). Hyperzyklus in Recht und Organisation. Zum Verhältnis von Selbstbeobachtung, Selbstkonstitution und Autopoiese. In H. Haferkamp & M. Schmid (Hrsg.), Sinn, Kommunikation und soziale Differenzierung. S.89-128 Frankfurt: Suhrkamp

Thurstone, L. (1938). Primary mental abilities. Chicago: University Press.

Tschacher, W. (1990). Interaktion in selbstorganisierenden Systemen. Heidelberg: Asanger

Unger, R. (1985). Epistemological consistency and its scientific implications. American psychologist, 40, S.1413-1414

Unger, R. & Draper, R. & Pendergrass, M. (1986). Personal epistemology and personal experience. Journal of the social issues, 42, 2, S.67-77

Vollmer, G. (1992). Gelöste, ungelöste und unlösbare Probleme. Göttingen: Vandenhoeck & Ruprecht

Wallner, F. & Kratky, K. (1990). Grundprinzipien der Selbstorganisation. Darmstadt: Wissenschaftliche Buchgesellschaft

Wenzel, V. & Schulze, A. (1993). Kontextualisierung und Kontextgeneralisierung im wissenschaftlichen Diskurs. In W. Bonß & R. Hohlfeld & R. Kollek (Hrsg.), Wissenschaft als Kontext: Kontexte der Wissenschaft. S.41-52. Hamburg: Junius

Wottawa, H. (1980). Grundriß der Testtheorie. München: Juventa

Anhang A

Fragebögen zu den Subjektiven Epistemologien

AI: Orginalfragebögen zu den Subjektiven Epistemologien (FB1 und FB2)

AII: Häufigkeiten der Antworten in bezug auf die nach den einzelnen Dimensionen sortierten Items

AIII: Varianzen der einzelnen Itembeantwortungen

AIV: EPIS-Fragebogen

AI: Orginalfragebögen zu den Subjektiven Epistemologien (FB1 und FB2)

FB1

Thesen zu erkenntnistheoretischen Fragestellungen:

Bitte kreuze je nach Zustimmung oder Ablehnung ein "+" oder "-" an, wobei ein "+" bedeuten soll "Ich bin einverstanden" oder einfach "Stimmt" und ein "-" signalisieren soll "Ich bin nicht einverstanden" oder einfach "Stimmt nicht". Du solltest Dich bemühen, auf jeden Fall eine Entscheidung zwischen diesen beiden Möglichkeiten zu treffen.
Es gibt noch eine dritte Möglichkeit "0", die allerdings nur dann gewählt werden sollte, wenn Du überhaupt keine Ahnung davon hast, was mit dem Inhalt der jeweiligen These eigentlich gemeint sein könnte.

1) [0] Für mich gibt es keine Gründe die Existenz des Tisches, an dem ich jetzt sitze, in Frage zu stellen. [+] [-]

2) [0] Auch komplexe Systeme mit einer Eigendynamik lassen sich aus ihren Komponenten und deren Relationen vollständig erklären. [+] [-]

3) [0] Wer eine Sprache erforschen will, kann dies nur mit einer Metasprache erreichen. [+] [-]

4) [0] Der Mensch hat aus prinzipiellen erkenntnistheoretischen Gründen keine Möglichkeit die Außenwelt direkt zu erkennen. [+] [-]

5) [0] Leute, die ständig auf das Einhalten von formallogischer Regeln bestehen, sind für mich zwanghafte Formalisten. [+] [-]

6) [0] Man/Frau darf nicht permanent komplexe Sachverhalte auf einfache Regeln vereinfachen, nur um irgendeine Erklärung in der Hand zu haben. [+] [-]

7) [0] Wenn ich mir vorstelle, daß auch die Wissenschaft keine absolut gesicherten Erkenntnisse hervorbringt, verliere ich den Boden unter den Füßen. [+] [-]

8) [0] Das Ganze ist mehr als die Summe seiner Teile. [+] [-]

9) [0] Ein Prüfverfahren für eine Behauptung muß unabhängig vom Inhalt dieser Behauptung sein. [+] [-]

10) [0] Das Nachdenken über das Zustandekommen einer eigenen Erkenntnis ist ein entscheidender Bestandteil dieser Erkenntnis. [+] [-]

11) [0] Kenne ich alle Teile eines Gesamtsystems, kenne ich auch seine Gesamtfunktion. [+] [-]

12) [0] Die Objektivität von Fakten stellt die Basis wissenschaftlicher Erkenntnis dar. [+] [-]

13) [0] In komplexen Systemen entstehen oft eigene Gesetzmäßigkeiten, die nicht mit den Methoden erfaßt werden können, welche man/frau auf die Einzelkomponenten dieses Systems anwenden kann. [+] [-]

14) [0] Wenn ich etwas als Wissen akzeptiert habe, so bin ich für diese Entscheidung (noch zusätzlich zu den Konsequenzen des Wissens ganz allgemein) mit all ihren Folgen verantwortlich. [+] [-]

15) [0] Wer absolut widerspruchsfrei argumentieren will, verwickelt sich früher oder später in unvermeidliche Widersprüche. [+] [-]

16) [0] Die Auffassung, daß sich die Welt aus vielen elementaren Atomen zusammensetzt, besticht durch ihre Klarheit und Eleganz. [+] [-]

17) [0] Eine Aussage kann nur verstanden werden, wenn man/frau weiß, wer diese Aussage gemacht hat. [+] [-]

18) [0] Die logische Widerspruchsfreiheit einer Theorie ist die notwendige Voraussetzung ihrer Wissenschaftlichkeit. [+] [-]

19) [0] Für die Beurteilung der Richtigkeit von Erkenntnis ist es gleichgültig, wie sie zustandegekommen ist. [+] [-]

20) [0] Jedes Ereignis verursacht viele Nebenwirkungen, die sich letztendlich über die ganze Welt ausbreiten. [+] [-]

21) [0] Wenn eine Denkmethode auf sich selbst angewendet werden soll, gibt es Verwirrung. [+] [-]

22) [0] Die Vorstellung eines durch die physische Welt determinierten Menschen bereitet mir Unbehagen. [+] [-]

23) [0] Der Systembegriff sollte nur zur vereinfachenden Zusammenfassung von vielen Details verwendet werden. [+] [-]

24) [0] Der beim Nachdenken über das eigene Denken entstehende Schwindel erfüllt mich häufig mit Unbehagen. [+] [-]

25) [0] Unsere Sinnesorgane nehmen nicht nur einfach die Außenwelt passiv wahr, sondern beeinflussen diesen Wahrnehmungsprozeß aktiv mit. [+] [-]

26) [0] Ich lasse mich auf zirkuläre Begründungen ein, weil ich sie als fruchtbare Zustände erfahren habe. [+] [-]

27) [0] Es macht mich wütend, wenn immer wieder versucht wird, die vielfältigen Erscheinungsformen der Welt auf wenige Einzelkomponenten zu reduzieren. [+] [-]

28) [0] Erkenntnisse, die nicht an irgendeiner Stelle auf sich selbst Bezug nehmen, sind meistens inhaltsleer. [+] [-]

29) [0] Die Erkennisse der Wissenschaft sollten den Menschen auf den Boden der Tatsachen zurückholen, um ihn von überflüssigen Illusionen zu befreien. [+] [-]

30) [0] Wenn ein Faktum ersteinmal entdeckt ist, bleibt es von da an ein Bestandteil der Wissenschaft. [+] [-]

31) Hast Du Dich mit Fragestellungen der obigen Art schon einmal beschäftigt. [+] [-]

32) Kannst Du Dir vorstellen, daß die Beschäftigung mit solchen Fragen Deinen Umgang mit komplexen Problemstellungen vereinfacht. [+] [-]

FB2

Thesen zu erkenntnistheoretischen Fragestellungen:

Bitte kreuze je nach Zustimmung oder Ablehnung ein "+" oder "-" an, wobei ein "+" bedeuten soll "Ich bin einverstanden" oder einfach "Stimmt" und ein "-" signalisieren soll "Ich bin nicht einverstanden" oder einfach "Stimmt nicht". Du solltest Dich bemühen, auf jeden Fall eine Entscheidung zwischen diesen beiden Möglichkeiten zu treffen.
Es gibt noch eine dritte Möglichkeit "0", die allerdings nur dann gewählt werden sollte, wenn Du überhaupt keine Ahnung davon hast, was mit dem Inhalt der jeweiligen These eigentlich gemeint sein könnte.

1) [0] Die Erfassung der Wirklichkeit gelingt am ehesten der Physik mit ihren exakten Meßmethoden. [+] [-]

2) [0] Unser gesamtes Wissen läßt sich bei genauer Analyse letztendlich in elementare Wissensbausteine zerlegen. [+] [-]

3) [0] Ein Spiel, dessen Regeln durch Spielzüge verändert werden können, ist unsinnig. [+] [-]

4) [0] Die Realität bleibt mir prinzipiell unzugänglich. [+] [-]

5) [0] Das Ertragen von Widersprüchen halte ich für eine wichtige psychische Fähigkeit. [+] [-]

6) [0] Die Aufgabe der Wissenschaft sollte nicht darin bestehen, immer differenzierteres Wissen in Spezialgebieten anzusammeln, sondern sie sollte sich um ein Verständnis des Gesamtzusammenhanges zwischen den ganzen Einzelerkenntnissen bemühen. [+] [-]

7) [0] Die Idee in meiner ganz persönlichen Erfahrungswelt eingeschlossen und ohne direkten Zugang zu anderen Menschen zu sein, verursacht in mir ein äußerst beklemmendes Gefühl. [+] [-]

8) [0] Eine aus dem Kontext gerissene Aussage verliert ihre Bedeutung. [+] [-]

9) [0] Das Wissen, wie ich zu einer Erkenntnis gelange, darf nicht mit dem konkretem Wissen über den untersuchten Gegenstand vermischt werden. [+] [-]

10) [0] In jeder bereits existierenden wissenschaftlichen Theorie läßt sich eine Paradoxie finden. [+] [-]

11) [0] Den meisten komplexen Phänomenen liegen einfache Regeln zu Grunde, die allerdings anfänglich schwer zu analysieren sind. [+] [-]

12) [0] Wenn wissenschaftliche Aussagen schon nicht mit letzter Sicherheit als wahr bestätigt werden können, so können doch eindeutig falsche Aussagen bestimmt werden. [+] [-]

13) [0] Unser gesamtes Wissen stellt eher eine strukturierte Einheit dar, als eine Ansammlung von Einzelerkenntnissen. [+] [-]

14) [0] Wissenschaftler sollten eher das betonen, was noch möglich und veränderbar ist und nicht dasjenige, was durch Naturgesetze nicht mehr beeinflußt werden kann. [+] [-]

15) [0] Keine begriffliche oder wahrnehmungsmäßige Unterscheidung kann getroffen werden, wenn nicht bereits vorher andere Unterscheidungen getroffen worden sind. [+] [-]

16) [0] System und Selbstorganisation sind einfach nur modische Begriffe, die glücklicherweise wieder schnell von der Bildfläche verschwunden sein werden. [+] [-]

17) [0] Wissen ist immer an eine Perspektive gebunden. [+] [-]

18) [0] Zirkularitäten entstehen nur durch einen fehlerhaften Umgang mit elementarsten logischen Regeln. [+] [-]

19) [0] Der entscheidende Nutzen der Wissenschaft besteht darin, daß sie in der Lage ist, eindeutige Antworten zu liefern. [+] [-]

20) [0] Die gesamte Naturwissenschaft der Neuzeit hat immer den Fehler begangen, komplexe Systeme durch mechanistische Beschreibungen unangemessen zu vereinfachen. [+] [-]

21) [0] Wissenschaftliche Methoden sind unparteiisch gegenüber ihren Gegenständen. [+] [-]

22) [0] Der Hochmut von Naturwissenschaftlern, die psychische Vorgänge durch physikalische Faktoren erklären wollen, stößt mich ab. [+] [-]

23) [0] Das Reden über Ganzheiten ist meist zu verschwommen, um wissenschaftlich weiterzuführen. [+] [-]

24) [0] Ich kann mich erst dann mit einer Erklärung für ein Problem zufrieden geben, wenn ich in ihr keinerlei Widersprüche mehr erkennen kann. [+] [-]

25) [0] Erkenntnisse über die Natur werden nicht aus der Natur abgelesen, sondern stellen das Ergebnis eines sozialen Einigungsprozesses dar. [+] [-]

26) [0] Es sollte zu jeder theoretischen Überlegung dazugehören, daß die bereits vorher getroffenen Annahmen in einem reflexiven Denkschritt miteinbezogen werden. [+] [-]

27) [0] Der Gedanke, daß selbst das kleinste Lebewesen Gegenstand eines wohlorganisierten großen Ganzen ist, erfüllt mich mit Ehrfurcht. [+] [-]

28) [0] Jede Begründung dreht sich, wenn sie nur lange genug fortgesetzt wird, im Kreise. [+] [-]

29) [0] Wissenschaft und Moral sind zwei völlig getrennte Bereiche. [+] [-]

30) [0] Noch niemals war unsere Wissenschaft so nah an der Erklärung des Universums, wie dies heute in der modernen Mikrophysik durch die Entdeckung der Elemtarteilchen der Fall ist. [+] [-]

31) Hast Du den Eindruck, daß die hier bisher in der Untersuchung geleisteten erkenntnistheoretischen Überlegungen Dir bei der Bearbeitung des komplexen Problems geholfen haben. [+] [-]

32) Hälst Du es für fruchtbar Dich auch in Zukunft mit erkenntnistheoretischen Fragestellungen zu beschäftigen? [+] [-]

AII: Häufigkeiten der Anworten in bezug auf die nach den einzelnen Dimensionen sortierten Items

Die folgende Auflistung der Items erfüllt zwei Funktionen:

1) Zuordnung des jeweiligen Items zu seiner theoretischen Dimension
2) Angabe der empirischen Häufigkeiten für die drei Antwortmöglichkeiten der jeweiligen Items

Dimension Realismus/Konstruktivismus (RK):

aI) kognitiver Aspekt in FB1:

1)	0 %	Für mich gibt es keine Gründe die Existenz des Tisches, an dem ich jetzt sitze, in Frage zu stellen.	52.5 %	47.5 %
4)	12.5 %	Der Mensch hat aus prinzipiellen erkenntnistheoretischen Gründen keine Möglichkeit die Außenwelt direkt zu erkennen.	72.5 %	15 %
12)	2.5 %	Die Objektivität von Fakten stellt die Basis wissenschaftlicher Erkenntnis dar.	47.5 %	50 %
17)	0 %	Eine Aussage kann nur verstanden werden, wenn man/frau weiß, wer diese Aussage gemacht hat.	42.5 %	57.5 %
19)	2.5 %	Für die Beurteilung der Richtigkeit von Erkenntnis ist es gleichgültig, wie sie zustandegekommen ist.	25 %	72.5 %
25)	0 %	Unsere Sinnesorgane nehmen nicht nur einfach die Außenwelt passiv wahr, sondern beeinflussen diesen Wahrnehmungsprozeß aktiv mit.	95 %	5 %

aII) kognitiver Aspekt in FB2:

1)	0 %	Die Erfassung der Wirklichkeit gelingt am ehesten der Physik mit ihren exakten Meßmethoden.	25 %	75 %
4)	5 %	Die Realität bleibt mir prinzipiell unzugänglich.	60 %	35 %
12)	2.5 %	Wenn wissenschaftliche Aussagen schon nicht mit letzter Sicherheit als wahr bestätigt werden können, so können doch eindeutig falsche Aussagen bestimmt werden.	42.5 %	55 %
17)	0 %	Wissen ist immer an eine Perspektive gebunden.	85 %	15 %

19)	0 %	Der entscheidende Nutzen der Wissenschaft besteht darin, daß sie in der Lage ist, eindeutige Antworten zu liefern.	22.5 %	77.5 %
25)	5 %	Erkenntnisse über die Natur werden nicht aus der Natur abgelesen, sondern stellen das Ergebnis eines sozialen Einigungsprozesses dar.	67.5 %	27.5 %

bI) emotionaler Aspekt FB1:

7)	0 %	Wenn ich mir vorstelle, daß auch die Wissenschaft keine absolut gesicherten Erkenntnisse hervorbringt, verliere ich den Boden unter den Füßen.	7.5 %	92.5 %
22)	7.5 %	Die Vorstellung eines durch die physische Welt determinierten Menschen bereitet mir Unbehagen.	65 %	27.5 %

bII) emotionaler Aspekt FB2:

7)	5 %	Die Idee in meiner ganz persönlichen Erfahrungswelt eingeschlossen und ohne direkten Zugang zu anderen Menschen zu sein, verursacht in mir ein äußerst beklemmendes Gefühl.	52.5 %	42.5 %
22)	2.5 %	Der Hochmut von Naturwissenschaftlern, die psychische Vorgänge durch physikalische Faktoren erklären wollen, stößt mich ab.	67.5 %	30 %

cI) normativer Aspekt FB1:

14)	7.5 %	Wenn ich etwas als Wissen akzeptiert habe, so bin ich für diese Entscheidung (noch zusätzlich zu den Konsequenzen des Wissens ganz allgemein) mit all ihren Folgen verantwortlich.	60 %	32.5 %
29)	0 %	Die Erkennisse der Wissenschaft sollten den Menschen auf den Boden der Tatsachen zurückholen, um ihn von überflüssigen Illusionen zu befreien.	52.5 %	47.5 %

cII) normativer Aspekt FB2:

14)	7.5 %	Wissenschaftler sollten eher das betonen, was noch möglich und veränderbar ist und nicht dasjenige, was durch Naturgesetze nicht mehr beeinflußt werden kann.	67.5 %	25 %
29)	5 %	Wissenschaft und Moral sind zwei völlig getrennte Bereiche.	20 %	75 %

Dimension Elementarismus/Holismus (AH):

aI) kognitiver Aspekt FB1:

2)	10 %	Auch komplexe Systeme mit einer Eigendynamik lassen sich aus ihren Komponenten und deren Relationen vollständig erklären.	32.5 %	57.5 %
8)	0 %	Das Ganze ist mehr als die Summe seiner Teile.	90 %	10 %
11)	0 %	Kenne ich alle Teile eines Gesamtsystems, kenne ich auch seine Gesamtfunktion.	15 %	85 %
13)	2.5 %	In komplexen Systemen entstehen oft eigene Gesetzmäßigkeiten, die nicht mit den Methoden erfaßt werden können, welche man/frau auf die Einzelkomponenten dieses Systems anwenden kann.	87.5 %	10 %
20)	0 %	Jedes Ereignis verursacht viele Nebenwirkungen, die sich letztendlich über die ganze Welt ausbreiten.	90 %	10 %
30)	2.5 %	Wenn ein Faktum ersteinmal entdeckt ist, bleibt es von da an ein Bestandteil der Wissenschaft.	37.5 %	60 %

aII) kognitiver Aspekt FB2:

2)	5 %	Unser gesamtes Wissen läßt sich bei genauer Analyse letztendlich in elementare Wissensbausteine zerlegen.	45 %	50 %
8)	0 %	Eine aus dem Kontext gerissene Aussage verliert ihre Bedeutung.	80 %	20 %

11)	2.5 %	Den meisten komplexen Phänomenen liegen einfache Regeln zu Grunde, die allerdings anfänglich schwer zu analysieren sind.	60 %	37.5 %
13)	2.5 %	Unser gesamtes Wissen stellt eher eine strukturierte Einheit dar, als eine Ansammlung von Einzelerkenntnissen.	52.5 %	45 %
20)	2.5 %	Die gesamte Naturwissenschaft der Neuzeit hat immer den Fehler begangen, komplexe Systeme durch mechanistische Beschreibungen unangemessen zu vereinfachen.	60 %	37.5 %
30)	10 %	Noch niemals war unsere Wissenschaft so nah an der Erklärung des Universums, wie dies heute in der modernen Mikrophysik durch die Entdeckung der Elemtarteilchen der Fall ist.	30 %	60 %

bI) emotionaler Aspekt FB1:

16)	2.5 %	Die Auffascung, daß sich die Welt aus vielen elementaren Atomen zusammensetzt, besticht durch ihre Klarheit und Eleganz.	47.5 %	50 %
27)	0 %	Es macht mich wütend, wenn immer wieder versucht wird, die vielfältigen Erscheinungsformen der Welt auf wenige Einzelkomponenten zu reduzieren.	67.5 %	32.5 %

bII) emotionaler Aspekt FB2:

16)	7.5	System und Selbstorganisation sind einfach nur modische Begriffe, die glücklicherweise wieder schnell von der Bildfläche verschwunden sein werden.	7.5 %	85 %
27)	2.5 %	Der Gedanke, daß selbst das kleinste Lebewesen Gegenstand eines wohlorganisierten großen Ganzen ist, erfüllt mich mit Ehrfurcht.	65 %	32.5 %

cI) normativer Aspekt FB1:

6)	0 %	Man/Frau darf nicht permanent komplexe Sachverhalte auf einfache Regeln vereinfachen, nur um irgendeine Erklärung in der Hand zu haben.	85 %	15 %
23)	7.5 %	Der Systembegriff sollte nur zur vereinfachenden Zusammenfassung von vielen Details verwendet werden.	32.5 %	60 %

cII) normativer Aspekt FB2:

6)	2.5 %	Die Aufgabe der Wissenschaft sollte nicht darin bestehen, immer differenzierteres Wissen in Spezialgebieten anzusammeln, sondern sie sollte sich um ein Verständnis des Gesamtzusammenhanges zwischen den ganzen Einzelerkenntnissen bemühen.	92.5 %	5 %
23)	2.5 %	Das Reden über Ganzheiten ist meist zu verschwommen, um wissenschaftlich weiterzuführen.	27.5 %	70 %

Dimension Linearismus/Zirkularismus (LZ):

aI) kognitiver Aspekt FB1:

3)	12.5 %	Wer eine Sprache erforschen will, kann dies nur mit einer Metasprache erreichen.	37.5 %	50 %
10)	0 %	Das Nachdenken über das Zustandekommen einer eigenen Erkenntnis ist ein entscheidender Bestandteil dieser Erkenntnis.	92.5 %	7.5 %
15)	2.5 %	Wer absolut widerspruchsfrei argumentieren will, verwickelt sich früher oder später in unvermeidliche Widersprüche.	57.5 %	40 %
18)	2.5 %	Die logische Widerspruchsfreiheit einer Theorie ist die notwendige Voraussetzung ihrer Wissenschaftlichkeit.	52.5 %	45 %
21)	30 %	Wenn eine Denkmethode auf sich selbst angewendet werden soll, gibt es Verwirrung.	45 %	25 %

28)	15 %	Erkenntnisse, die nicht an irgendeiner Stelle auf sich selbst Bezug nehmen, sind meistens inhaltsleer.	52.5 %	32.5 %

aII) kognitiver Aspekt FB2:

3)	2.5 %	Ein Spiel, dessen Regeln durch Spielzüge verändert werden können, ist unsinnig.	10 %	87.5 %
10)	17.5%	In jeder bereits existierenden wissenschaftlichen Theorie läßt sich eine Paradoxie finden.	50 %	32.5 %
15)	27.5%	Keine begriffliche oder wahrnehmungsmäßige Unterscheidung kann getroffen werden, wenn nicht bereits vorher andere Unterscheidungen getroffen worden sind.	60 %	12.5 %
18)	15 %	Zirkularitäten entstehen nur durch einen fehlerhaften Umgang mit elementarsten logischen Regeln.	17.5 %	67.5 %
21)	2.5 %	Wissenschaftliche Methoden sind unparteiisch gegenüber ihren Gegenständen.	17.5 %	80 %
28)	15 %	Jede Begründung dreht sich, wenn sie nur lange genug fortgesetzt wird, im Kreise.	47.5 %	37.5 %

bI) emotionaler Aspekt FB1:

5)	0 %	Leute, die ständig auf das Einhalten von formallogischer Regeln bestehen, sind für mich zwanghafte Formalisten.	85 %	15 %
24)	0 %	Der beim Nachdenken über das eigene Denken entstehende Schwindel erfüllt mich häufig mit Unbehagen.	35 %	65 %

bII) emotionaler Aspekt FB2:

5)	0 %	Das Ertragen von Widersprüchen halte ich für eine wichtige psychische Fähigkeit.	92.5 %	7.5 %
24)	0 %	Ich kann mich erst dann mit einer Erklärung für ein Problem zufrieden geben, wenn ich in ihr keinerlei Widersprüche mehr erkennen kann.	40 %	60 %

cI) normativer Aspekt FB1

9)	5 %	Ein Prüfverfahren für eine Behauptung muß unabhängig vom Inhalt dieser Behauptung sein.	45 %	50 %
26)	27.5%	Ich lasse mich auf zirkuläre Begründungen ein, weil ich sie als fruchtbare Zustände erfahren habe.	35 %	37.5 %

cII) normativer Aspekt FB2:

9)	12.5 %	Das Wissen, wie ich zu einer Erkenntnis gelange, darf nicht mit dem konkretem Wissen über den untersuchten Gegenstand vermischt werden.	45 %	42.5 %
26)	2.5	Es sollte zu jeder theoretischen Überlegung dazugehören, daß die bereits vorher getroffenen Annahmen in einem reflexiven Denkschritt miteinbezogen werden.	90 %	7.5 %

---

zusätzliche Items:

immer im jeweils ersten der beiden Fragebögen verwendet:

31)	Hast Du Dich mit Fragestellungen der obigen Art schon einmal beschäftigt.	82.5 %	17.5 %
32)	Kannst Du Dir vorstellen, daß die Beschäftigung mit solchen Fragen Deinen Umgang mit komplexen Problemstellungen vereinfacht.	72.5 %	27.5 %

immer im jeweils zweiten der beiden Fragebögen verwendet:

63)	Hast Du den Eindruck, daß die hier bisher in der Untersuchung geleisteten erkenntnistheoretischen Überlegungen Dir bei der Bearbeitung des komplexen Problems geholfen haben.	42.5 %	57.5 %
64)	Hälst Du es für fruchtbar Dich auch in Zukunft mit erkenntnistheoretischen Fragestellungen zu beschäftigen	87.5 %	12.5 %

AIII: Varianzen der einzelnen Itembeantwortungen

Variable	Mean S.E.	Mean	Variance	N
I1	-.05	.16	1.02	40
I2	.25	.15	.86	40
I3	.13	.15	.88	40
I4	.57	.12	.56	40
I5	.70	.11	.52	40
I6	.70	.11	.52	40
I7	.85	.08	.28	40
I8	.80	.10	.37	40
I9	.05	.16	.97	40
I10	.85	.08	.28	40
I11	.70	.11	.52	40
I12	.02	.16	1.00	40
I13	.78	.10	.38	40
I14	.28	.15	.87	40
I15	.18	.16	.97	40
I16	.02	.16	1.00	40
I17	-.15	.16	1.00	40
I18	-.08	.16	.99	40
I19	.48	.14	.77	40
I20	.80	.10	.37	40
I21	-.20	.13	.68	40
I22	.38	.14	.80	40
I23	.27	.15	.87	40
I24	.30	.15	.93	40
I25	.90	.07	.19	40
I26	-.03	.14	.74	40
I27	.35	.15	.90	40
I28	.20	.14	.83	40
I29	-.05	.16	1.02	40
I30	.22	.15	.95	40
I31	1.18	.06	.15	40
I32	1.28	.07	.20	40
I33	.50	.14	.77	40
I34	.05	.16	.97	40
I35	.77	.10	.38	40
I36	.25	.15	.91	40
I37	.85	.08	.28	40
I38	.87	.07	.21	40
I39	-.10	.16	.96	40
I40	.60	.13	.66	40
I41	-.02	.15	.90	40
I42	.18	.14	.81	40
I43	-.23	.15	.95	40
I44	.13	.16	.98	40
I45	.08	.16	.99	40
I46	.43	.14	.76	40
I47	.48	.11	.51	40
I48	.77	.09	.33	40
I49	.70	.11	.52	40
I50	.50	.12	.62	40
I51	.55	.13	.72	40
I52	.23	.15	.95	40
I53	.63	.12	.60	40
I54	.38	.15	.86	40
I55	.42	.14	.81	40
I56	.20	.16	.98	40
I57	.40	.14	.81	40
I58	.82	.09	.30	40
I59	.32	.15	.89	40
I60	.10	.15	.86	40
I61	.55	.13	.66	40
I62	.30	.14	.83	40
I63	1.58	.08	.25	40
I64	1.12	.05	.11	40

AIV: EPIS-Fragebogen

EPIS

Bitte kreuze je nach Zustimmung oder Ablehnung ein "+" oder "-" an, wobei ein "+" bedeuten soll "Ich bin einverstanden" oder einfach "Stimmt" und ein "-" signalisieren soll "Ich bin nicht einverstanden" oder einfach "Stimmt nicht". Du solltest Dich bemühen, auf jeden Fall eine Entscheidung zwischen diesen beiden Möglichkeiten zu treffen.
Es gibt noch eine dritte Möglichkeit "0", die allerdings nur dann gewählt werden sollte, wenn Du überhaupt keine Ahnung davon hast, was mit dem Inhalt der jeweiligen These eigentlich gemeint sein könnte.

1) [0] Für mich gibt es keine Gründe die Existenz des Tisches, an dem ich jetzt sitze, in Frage zu stellen. [+] [-]

2) [0] Auch komplexe Systeme mit einer Eigendynamik lassen sich aus ihren Komponenten und deren Relationen vollständig erklären. [+] [-]

3) [0] Wer eine Sprache erforschen will, kann dies nur mit einer Metasprache erreichen. [+] [-]

4) [0] Der Mensch hat aus prinzipiellen erkenntnistheoretischen Gründen keine Möglichkeit die Außenwelt direkt zu erkennen. [+] [-]

5) [0] Wer absolut widerspruchsfrei argumentieren will, verwickelt sich früher oder später in unvermeidliche Widersprüche. [+] [-]

6) [0] Wenn ein Faktum ersteinmal entdeckt ist, bleibt es von da an ein Bestandteil der Wissenschaft. [+] [-]

7) [0] Das Wissen, wie ich zu einer Erkenntnis gelange, darf nicht mit dem konkretem Wissen über den untersuchten Gegenstand vermischt werden. [+] [-]

8) [0] Die Vorstellung eines durch die physische Welt determinierten Menschen bereitet mir Unbehagen. [+] [-]

9) [0] Die Auffassung, daß sich die Welt aus vielen elementaren Atomen zusammensetzt, besticht durch ihre Klarheit und Eleganz. [+] [-]

10) [0] In jeder bereits existierenden wissenschaftlichen Theorie läßt sich eine Paradoxie finden. [+] [-]

11) [0] Wenn ich etwas als Wissen akzeptiert habe, so bin ich für diese Entscheidung (noch zusätzlich zu den Konsequenzen des Wissens ganz allgemein) mit all ihren Folgen verantwortlich. [+] [-]

12) [0] Unser gesamtes Wissen läßt sich bei genauer Analyse letztendlich in elementare Wissensbausteine zerlegen. [+] [-]

13) [0] Der Systembegriff sollte nur zur vereinfachenden Zusammenfassung von vielen Details verwendet werden. [+] [-]

14) [0] Der beim Nachdenken über das eigene Denken entstehende Schwindel erfüllt mich häufig mit Unbehagen. [+] [-]

15) [0] Die Objektivität von Fakten stellt die Basis wissenschaftlicher Erkenntnis dar. [+] [-]

16) [0] Eine aus dem Kontext gerissene Aussage verliert ihre Bedeutung. [+] [-]

17) [0] Zirkularitäten entstehen nur durch einen fehlerhaften Umgang mit elementarsten logischen Regeln. [+] [-]

18) [0] Eine Aussage kann nur verstanden werden, wenn man/frau weiß, wer diese Aussage gemacht hat. [+] [-]

19) [0] Ein Prüfverfahren für eine Behauptung muß unabhängig vom Inhalt dieser Behauptung sein. [+] [-]

20) [0] Es macht mich wütend, wenn immer wieder versucht wird, die vielfältigen Erscheinungsformen der Welt auf wenige Einzelkomponenten zu reduzieren. [+] [-]

21) [0] Die Erfassung der Wirklichkeit gelingt am ehesten der Physik mit ihren exakten Meßmethoden. [+] [-]

22) [0] Den meisten komplexen Phänomenen liegen einfache Regeln zu Grunde, die allerdings anfänglich schwer zu analysieren sind. [+] [-]

23) [0] Erkenntnisse, die nicht an irgendeiner Stelle auf sich selbst Bezug nehmen, sind meistens inhaltsleer. [+] [-]

24) [0] Ich kann mich erst dann mit einer Erklärung für ein Problem zufrieden geben, wenn ich in ihr keinerlei Widersprüche mehr erkennen kann. [+] [-]

25) [0] Für die Beurteilung der Richtigkeit von Erkenntnis ist es gleichgültig, wie sie zustandegekommen ist. [+] [-]

26) [0] Die Aufgabe der Wissenschaft sollte nicht darin bestehen, immer differenzierteres Wissen in Spezialgebieten anzusammeln, sondern sie sollte sich um ein Verständnis des Gesamtzusammenhanges zwischen den ganzen Einzelerkenntnissen bemühen. [+] [-]

27) [0] Unser gesamtes Wissen stellt eher eine strukturierte Einheit dar, als eine Ansammlung von Einzelerkenntnissen. [+] [-]

28) [0] Wissenschaftliche Methoden sind unparteiisch gegenüber ihren Gegenständen. [+] [-]

29) [0] Wenn wissenschaftliche Aussagen schon nicht mit letzter Sicherheit als wahr bestätigt werden können, so können doch eindeutig falsche Aussagen bestimmt werden. [+] [-]

30) [0] Der Hochmut von Naturwissenschaftlern, die psychische Vorgänge durch physikalische Faktoren erklären wollen, stößt mich ab. [+] [-]

31) [0] Die logische Widerspruchsfreiheit einer Theorie ist die notwendige Voraussetzung ihrer Wissenschaftlichkeit. [+] [-]

32) [0] Die gesamte Naturwissenschaft der Neuzeit hat immer den Fehler begangen, komplexe Systeme durch mechanistische Beschreibungen unangemessen zu vereinfachen. [+] [-]

33) [0] Die Erkennisse der Wissenschaft sollten den Menschen auf den Boden der Tatsachen zurückholen, um ihn von überflüssigen Illusionen zu befreien. [+] [-]

34) [0] Jede Begründung dreht sich, wenn sie nur lange genug fortgesetzt wird, im Kreise. [+] [-]

35) [0] Noch niemals war unsere Wissenschaft so nah an der Erklärung des Universums, wie dies heute in der modernen Mikrophysik durch die Entdeckung der Elemtarteilchen der Fall ist. [+] [-]

36) [0] Erkenntnisse über die Natur werden nicht aus der Natur abgelesen, sondern stellen das Ergebnis eines sozialen Einigungsprozesses dar. [+] [-]

Anhang B

Dialogische Intervention

BIa): Gesprächsanlaß 1 (Zirkularismus)

BIb): Gesprächsanlaß 2 (Holismus)

BIc): Gesprächsanlaß 3 (Kontruktivismus)

BII: Interviewleitfaden für die dialogische Reflexion

Bla): Gesprächsanlaß 1 (Zirkularismus)

Gesprächsanlaß 1:

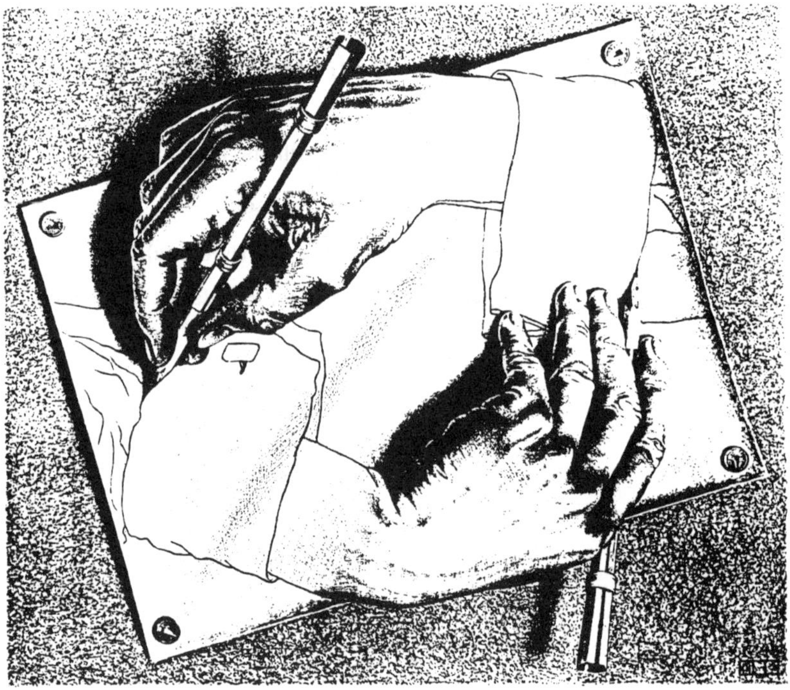

BIb): Gesprächsanlaß 2 (Holismus)

Gesprächsanlaß 2:

Wie Schiffer sind wir, die ihr Schiff
auf offener See umbauen müssen,
ohne es jemals in einem Dock
zerlegen und aus besten Bestandteilen
neu errichten zu können.

BIc): Gesprächsanlaß 3 (Konstruktivismus)

Gesprächsanlaß 3:

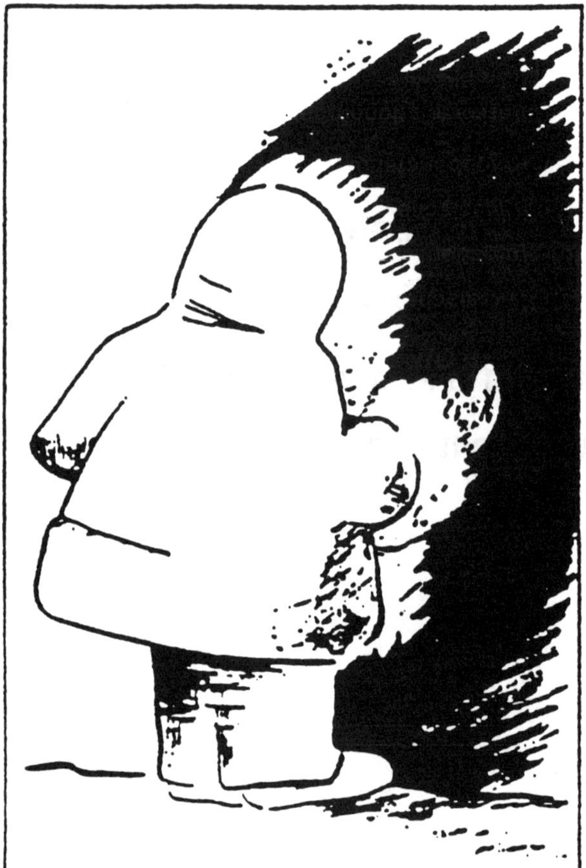

BII: Interviewleitfaden für die dialogische Reflexion

GESPRÄCHSANLASS 1 (Dimension Zirkularität):

I) Was fällt Dir zu diesem Bild ein?
In welchem Zusammenhang ist es Dir schon einmal begegnet?
Welche Intention des Zeichners soll wohl durch dieses Bild ausgedrückt werden?

. . . . ERLÄUTERUNG . . . .
(Woher es stammt, was es darstellt)

II) "Das Bild soll den Prozeß der Rekursivität beschreiben. Hiermit ist ein Verhältnis der Selbstbezüglichkeit gemeint. Dies soll bedeuten, wenn immer eine Handlung ausgeführt wird, so muß sie auf sich selber Bezug nehmen. Es gibt keinen Punkt (Referenz) außerhalb dieses Handlungszusammenhanges der zur Beschreibung dieser Handlung herangezogen werden könnte, als wiederum Beschreibungen, die ein Ergebnis solcher Handlungen darstellen."

Kannst Du eine Beziehung zwischen dem hier dargestellten Sachverhalt und meinen Ausführungen herstellen?

. . . . ERLÄUTERUNG . . . .
(Was ich mir dazu gedacht habe)
- Münchhausen-Zopf-Metapher
- Beschreibung von Beschreibung
- Zirkelschluß: schädlich oder fruchtbar
- Unhintergehbarkeit von Sprache
und ähnliches

III) Ergibt diese Vorstellung überhaupt einen Sinn für Dich?
- Wo liegt dein Problem?
- Ist das Dargestellte nur ein spezieller Einzelfall?
- Ist das Dargestellte zu phantastisch und damit praktisch ohne jede Relevanz?
Kannst Du diese Vorstellung auch auf andere Bereiche übertragen?

- 1 -

GESPRÄCHSANLASS 2 (Dimension Holismus):

I) Was fällt Dir zu diesem Zitat ein?
Ist Dir dieses Zitat schon einmal an anderer Stelle begegnet?
Welche Intention soll wohl diese Metapher verdeutlichen?

. . . . ERLÄUTERUNG . . . . . .
(Woher es stammt, was es darstellt)

II) "In dem Zitat wird eine Metapher für den Holismus verwendet. In diesem wird ausgedrückt, daß sich Bedeutungen immer nur aus dem Gesamtzusammenhang ergeben, in dem sie entstanden sind. Dieser Gesamtzusammenhang ist ein dynamischer Prozeß, der trotz einiger Wandlungen seiner Einzelteile, in seiner Gesamtheit nach Stabilität strebt."

Kannst Du eine Beziehung zwischen dem hier dargestellten Sachverhalt und meinen Ausführungen herstellen?

. . . . ERLÄUTERUNG . . . .
(Was ich mir dazu gedacht habe)
- Fließgleichgewicht
- systemisch in Zusammenhängen denken
- Sprache entwickelt sich innerhalb ihrer selbst
- es gibt keinen Punkt außerhalb eines Systems
und ähnliches

III) Ergibt diese Vorstellung überhaupt einen Sinn für Dich?
- Wo liegt dein Problem?
- Ist das Dargestellte nur ein spezieller Einzelfall?
- Ist das Dargestellte zu phantastisch und damit praktisch ohne jede Relevanz?

Kannst Du diese Vorstellung auch auf andere Bereiche übertragen?

GESPRÄCHSANLASS 3 (Dimension Konstruktivismus):

I) Betrachte dieses Bild genau? Fällt Dir etwas an ihm auf?
Ist Dir dieses oder ein ähnliches Bild schon einmal begegnet?
Was soll so ein Bild wohl verdeutlichen?

. . . . ERLÄUTERUNG . . . . . .
(Woher es stammt, was es darstellt)

II) "In dem Bild wird eine Kippfigur dargestellt. An ihm wird dargestellt, daß wir zwei ganz unterschiedliche Wahrnehmungen ein und desselben Bildes haben können. Es kann somit angenommen werden, daß unsere Wahrnehmung nicht nur vom objektiv beschreibbaren Bildmaterial, sondern auch von konstruktiven Anteilen innerhalb unsreres Wahrnehmungsapparates beeinflußt wird."

Ist Dir die Verbindung von meinen Ausführungen und dem Bild deutlich geworden?

. . . . ERLÄUTERUNG . . . . . .
(Was ich mir dazu gedacht habe)
- es gibt immer eine subjektive Sichtweise
- in unklaren Situationen muß umso mehr konstruiert werden
- wer will beurteilen, was die richtige Wahrnehmung ist
- Sprache unterstützt den Konstruktionsprozeß
und ähnliches

III) Ergibt diese Vorstellung überhaupt einen Sinn für Dich?
- Wo liegt dein Problem?
- Ist das Dargestellte nur ein spezieller Einzelfall?
- Ist das Dargestellte zu phantastisch und damit praktisch ohne jede Relevanz?

Kannst Du diese Vorstellung auch auf andere Bereiche übertragen?

Anhang C

Komplexes Problemlösen

CIa): Kausalschema DORI

CIb): Aufgabenstellung zum DORI-Szenario

CIIa): Kausalschema ÖPNV

CIIb): Aufgabenstellung zum ÖPNV-Szenario

CIII: Interkorrelationen der Problemlösevariablen auf der Mikroebene

CIV: Interkorrelationen der Problemlösevariablen auf der Zwischenebene

Cla): Kausalschema DORI

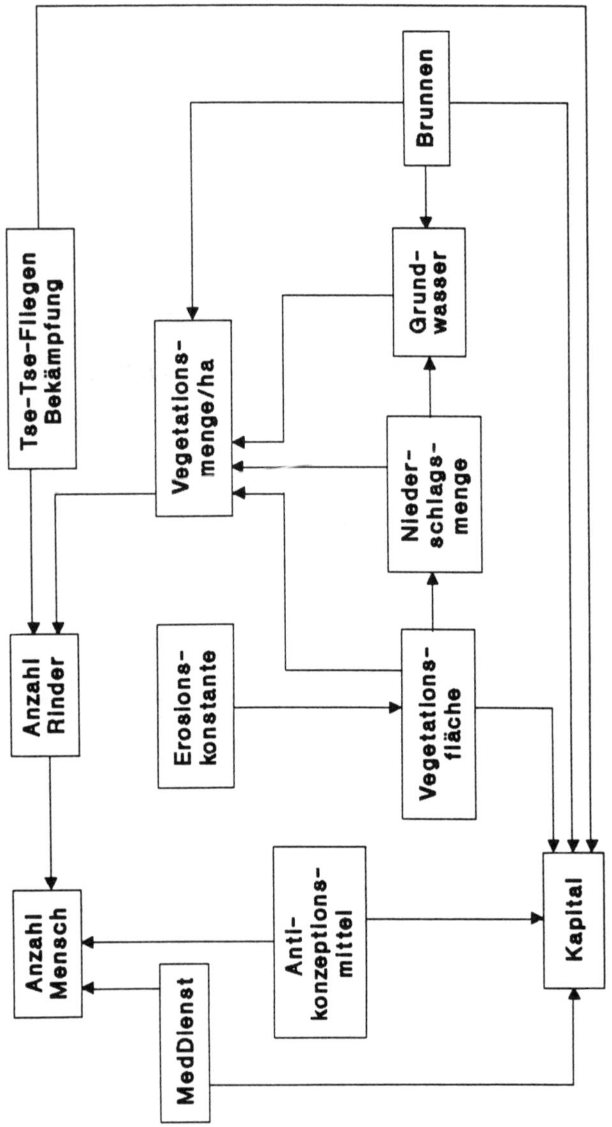

CIb): Aufgabenstellung zum DORI-Szenario

Versuche Dich in folgende Problemstellung hineinzudenken: Es geht hierbei um die Möglichkeiten, mit welchen ein Entwicklungshelfer konfrontiert wird, wenn er die Lebensbedingungen eines Einheimischenstammes verbessern will.

Folgende Situation liegt dort aktuell vor: Der Einheimischenstamm der Moris lebt als Nomaden in einem Trockengebiet am Rande der Sahara, welches als Tanaland bezeichnet wird. Es geht den Moris nicht gut. Die kleinen und schlecht ernährten Rinder, welche die Moris züchten, ermöglichen nur einen Lebensstandard am Existenzminimum.

Hier liegt Dir ein Schema der Bedingungen und Faktoren vor, von denen das Leben der Moris abhängt.

a) Vervollständige das Schema! Die paarweisen Verknüpfungen können positiv oder negativ sein. Markiere die Verknüpfungspfeile entsprechend mit "+" oder "-". Siehst Du Unterschiede in der Wirksamkeit der einzelen Variablen? Zeige an, wo Du auffällige Verzögerungen der Wirkungen vermutest.

b) Welche der eingezeichneten Verbindungen sind Dir unklar?

c) Hat die Größe des Kapitals keinerlei Auswirkungen auf die anderen Variablen?

d) Welche Konsequenzen erwartest Du von einer Verbesserung des MEDIZINISCHEN DIENSTES?

e) Welche Nebenwirkungen kann z.B. eine Erhöhung der RINDERANZAHL nach sich ziehen?

f) Vermutest Du bei dem einen oder anderen Eingriff Nebenwirkungen, die noch nicht Schema berücksichtigt worden sind?

g) Erweitere das Schema so, daß der Entwicklungshilfe-Manager zum Modell gehört, als eine Instanz, die über die anderen Größen des Modells (und sich selbst reflektieren) kann!

h) Kann z.B. die Größe ANZAHL MENSCHEN über den Manager, der sie beobachtet und aus ihr Konsequenzen zieht, auf die anderen Variablen zurückwirken?

i) Angenommen das Tanaland gäbe es in Wirklichkeit und Du kämest als ein wirklicher Entwicklungshilfe-Manager dorthin. Könntest Du das obige Schema nutzen?

j) Auf welche Art würdest Du das Schema zu den Lebensbedingungen der Doris verändern, um für Dich das Problem noch besser darstellen zu können?

CIIa): Kausalschema ÖPNV

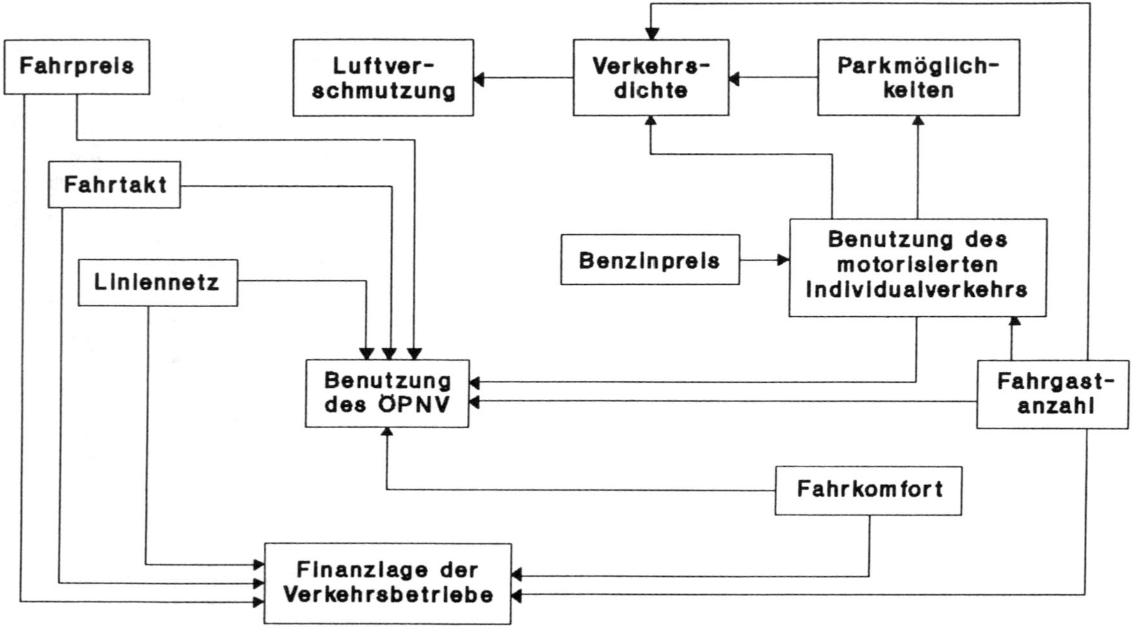

CIIb): Aufgabenstellung zum ÖPNV-Szenario

Versuche Dich in folgende Problemstellung hineinzudenken:
Es geht hierbei um die Möglichkeiten, welche ein Planer der öffentlichen Verkehrbetriebe besitzt, um den Öffentlichern Personennahverkehr (ÖPNV) in einer deutschen Großstadt zu verbessern.

Folgende Situation liegt aktuell vor:
Aufgrund immer weiter steigender Autozahlen scheint das Verkehrsnetz der Großstadt Schlaubeck überlastet zu sein. In der Innenstadt droht ein Verkehrschaos, da sich dort zu den Stoßzeiten riesige Staus bilden. Der ÖPNV allerdings besitzt als mögliche Alternative zum Auto bei den Verbrauchern noch nicht auf die notwendige Akzeptanz.

Hier liegt Dir ein Schema der Bedingungen und Faktoren vor, von denen der ÖPNV beeinflußt wird:

a) Vervollständige das Schema!
Die paarweisen Verknüpfungen können positiv oder negativ sein. Markiere die Verknüpfungspfeile entsprechend mit "+" oder "-".
Siehst Du Unterschiede in der Wirksamkeit der einzelnen Variablen?
Zeige an, wo Du auffällige Verzögerungen der Wirkungen vermutest.

b) Welche der eingezeichneten Verbindungen sind Dir unklar?

c) Hat die Größe FINANZLAGE DER VERKEHRSBETRIEBE keine Auswirkungen auf die anderen Variablen?

d) Welche Konsequenzen erwartest Du von einer Reduzierung des Fahrpreises auf ein Drittel?

e) Welche Nebenwirkungen kann z.B. eine Verringerung der PARKMÖGLICHKEITEN in der Innenstadt nach sich ziehen?

f) Vermutest Du bei dem einem oder anderem Eingriff Nebenwirkungen, die noch nicht im Schema berücksichtigt worden sind?

g) Erweitere das Modell so, daß der Aufsichtsrat der Verkehrsbetriebe zum Modell gehört, als eine Instanz, die über die anderen Größen des Modells (und sich selbst) reflektieren kann!

h) Kann z.B. die Größe VERKEHRSDICHTE über den Aufsichtsrat, der sie beobachtet und aus ihr Konsequenzen zieht, auf die anderen Variablen zurückwirken?

i) Angenommen Schlaubeck gäbe es wirklich und Du kämest als Verkehrsplaner der öffentlichen Verkehrsbetriebe dorthin. Könntest Du das obige Schema nutzen?

j) Auf welche Art würdest Du das Schema zum ÖPNV verändern, um für Dich das Problem noch besser darstellen zu können?

CIII: Interkorrelation der Problemlösevariablen auf der Mikroebene

Correlations:	AI2	AII2	AIII2	AIV2	AV2	B2
AI1	.4833**	.3451	.0513	.2753	.0879	-.0463
AII1	.2765	.4967**	-.1637	.2015	-.0386	-.3037
AIII1	-.0184	.1493	.5511**	-.2286	-.1156	.0942
AIV1	.3405	.3742*	-.1520	.8564**	.2211	-.2417
AV1	.3830*	.2088	-.0370	.2918	.1213	-.0962
B1	-.0435	-.1281	.0883	-.3522	-.1485	.4123*
CI1	-.1133	.1180	-.0596	.0688	.2586	-.1715
CII1	.1704	.2033	.1400	-.0438	.1671	.0266
CIII1	.1781	.3130	.1129	-.0291	-.3288	-.0487
CIV1	.0279	-.0174	.2200	-.2336	.2376	-.2409
CV1S	-.0317	.0793	-.1502	-.1040	-.1285	.1440
DI1	.3732*	-.0212	.1607	.1077	.2608	-.2833
DII1	.1387	.0549	.1748	.0177	-.1137	-.1415
EI1	.1008	.2628	.0116	.2308	-.0382	-.2129
EII1	.3195	.0934	.1898	.1334	.0148	-.0699
EIII1	-.0198	-.1115	.0939	.0217	.1413	.2875
FI1	.0743	.2378	.0621	.3886*	.0055	.0211

Correlations:	AI2	AII2	AIII2	AIV2	AV2	B2
FII1	.1066	.1421	-.4319*	.1814	.2262	.1019
FIII1S	.0481	-.1066	-.1864	.0485	-.0495	.1019
GI1	-.0357	.2454	.0563	.2397	.0150	.1412
GII1	-.1401	-.0272	.1373	-.1652	-.2370	.3460
GIII1	.1014	.1992	.0229	.2950	-.1357	-.0998
GIV1	-.0461	.3132	-.0818	.3211	-.1425	.0785
HI1	.2032	-.0169	.0616	.0442	.2724	-.0136
HII1S	.1356	-.0246	.2278	.0212	.2439	-.2825
II1	-.3050	-.0270	-.0186	.0137	-.1751	.3227
JI1	.0775	-.0899	-.0699	.2339	.1516	-.1329
JII1	.2026	.2097	.0333	.3175	-.0272	-.1523

Correlations:	CI2	CII2	CIII2	CIV2	CV2S	DI2
AI1	-.0153	.1986	-.0601	-.2052	.1211	.1373
AII1	.1347	-.0282	-.2008	-.0873	-.0833	-.0814
AIII1	-.0477	.2022	-.0961	.4411*	-.0443	.0541
AIV1	.0690	.0113	-.0997	-.1888	-.0240	.2261
AV1	-.2971	-.2151	.0341	.0247	-.2545	.0828
B1	-.1937	.1444	.1191	.1649	.1348	-.2524
CI1	.8832**	.3848*	-.0658	-.3340	.0911	.1556
CII1	.4171*	.6801**	.0368	-.0623	.2750	.0224
CIII1	-.1531	-.0600	.1589	-.0798	-.0101	-.0917
CIV1	.0000	.1022	-.1134	.2700	-.2016	.0492
CV1S	.0824	.1939	-.0921	.0668	-.0765	-.1307
DI1	.0882	.2628	-.2563	.3001	-.2454	.3396
DII1	.0198	-.0389	-.1442	.0402	.2117	.1371
EI1	-.0383	-.1353	-.0214	.2020	.1245	.0391
EII1	.0379	.0965	.2223	-.1612	.3603	.4012*
EIII1	-.1546	-.0727	.1728	.1253	.2869	.1051
FI1	-.0682	-.0909	-.0686	.0055	.2215	.1622

Correlations:	CI2	CII2	CIII2	CIV2	CV2S	DI2
FII1	.1799	.1008	.0670	-.1874	.2305	-.2464
FIII1S	-.2387	-.2941	.0381	.0829	-.0949	-.1622
GI1	-.0927	-.1891	.1452	-.1654	.2582	.0210
GII1	-.0753	-.0886	.2947	-.2136	.0699	-.2645
GIII1	-.0753	-.2067	-.1263	-.1526	*.5940***	-.0085
GIV1	-.0674	-.3169	-.1004	-.1092	-.0417	-.0203
HI1	.1092	.1775	-.0960	.0443	.0797	.4720*
HII1S	.1023	.1337	.0381	-.1382	-.0949	.1468
II1	-.2449	-.1841	.1027	-.0083	-.0095	-.0855
JI1	.3020	.0226	-.0322	-.1398	.1201	.2541
JII1	-.0488	.1195	-.4022*	.0939	-.1528	-.2334

Correlations:	DII2	EI2	EII2	EIII2	FI2	FII2
AI1	.0100	.1654	.0936	.0975	.2203	.1371
AII1	.0000	-.0846	-.0221	.1645	-.1648	.0671
AIII1	-.1611	.1855	-.0412	.0492	.2566	-.0684
AIV1	.1755	.1758	-.1179	.1788	.1685	.1631
AV1	.1186	.2296	-.1613	.0977	.0479	-.0076
B1	-.2892	-.2909	.1014	-.2385	.1587	-.0332
CI1	.1783	.0347	-.2538	.1236	.0900	.1161
CII1	.0997	.0943	-.0419	-.0993	.0705	.0390
CIII1	-.0994	.0142	-.1037	.1841	.2337	.2036
CIV1	-.0564	-.2132	-.2230	.0581	.0285	-.2210
CV1S	-.1070	.0097	.0304	-.0283	.3565	**.2514**
DI1	-.0687	.0519	-.0760	.4543*	.2889	-.1921
DII1	**.2704**	.1600	-.0965	.2374	.1314	.0204
EI1	.2240	**.3454**	-.0260	.0900	-.1282	.4023*
EII1	.2581	-.0903	**.0082**	.3719*	.2570	.0419
EIII1	.2006	-.0182	.1713	**.1239**	.1824	.0674
FI1	.1151	.1967	-.1134	.1601	**.1832**	.0021

Correlations:	DII2	EI2	EII2	EIII2	FI2	FII2
FII1	.3446	.0817	.1403	-.2187	-.0752	**.1755**
FIII1S	-.2213	-.2288	.1638	-.0351	-.2726	.0149
GI1	.0722	.3604	-.0343	-.0743	.0122	.0520
GII1	-.1466	.0576	.0417	.0043	.1925	.1336
GIII1	.0978	.1020	-.1901	.1337	-.1037	-.0774
GIV1	-.0874	.4282*	-.2875	.0360	.2237	.0531
HI1	.1317	.0542	-.1855	.0384	.2527	-.0530
HII1S	-.0443	-.0682	.0798	.2772	.1743	-.1550
II1	.0662	.3497	.1043	-.3424	.1378	.2154
JI1	.2613	.1287	-.1452	.3491	.2601	-.1397
JII1	-.3878*	.1199	-.1719	-.0286	.1207	-.1735

Correlations:	FIII2S	GI2	GII2	GIII2	GIV2	HI2
AI1	.1606	.1397	.3646	.2159	.1980	.4389*
AII1	.1790	-.0256	-.0567	.1093	.3913*	.2608
AIII1	-.0857	-.1071	.1432	.0508	.0160	.3197
AIV1	.1863	-.0755	.1512	.0284	.1745	.2499
AV1	.0304	-.0998	-.2501	-.0463	.0868	-.1425
B1	-.0483	-.0328	.2370	.3168	-.0487	.1836
CI1	.0978	.1782	.1394	.0746	.0987	.2612
CII1	.1641	.1880	.2963	.1586	-.0478	.4418*
CIII1	.1417	.1040	.0293	.1414	.2162	.1703
CIV1	-.1011	-.2295	-.0343	.0110	-.1214	.1694
CV1S	-.0821	-.0088	.0911	-.0627	-.1657	.1529
DI1	.1230	-.0094	.0974	.0402	.2068	.1636
DII1	.2274	-.0957	.2803	.2641	-.0898	.2649
EI1	-.0956	.0280	.0333	-.1896	.1735	.1531
EII1	.3492	.0887	.3782*	.3241	-.0920	*.486***
EIII1	.0308	.0165	.3172	-.0705	-.0518	.2120
FI1	.2107	.3412	.0592	.1608	.3085	.0963

Correlations:	FIII2S	GI2	GII2	GIII2	GIV2	HI2
FII1	-.0085	.1028	-.1798	-.1368	-.0029	.0297
FIII1S	**-.1020**	-.1081	-.1023	-.0778	-.0343	-.2503
GI1	.2774	**.5053****	.1611	.0987	.3419	.0823
GII1	.0375	-.0791	**.3032**	.2005	-.1010	.1185
GIII1	*.7132***	.0416	.3626	**.3723***	.0883	.0273
GIV1	.3581	.2670	.0496	.0341	**.3612**	-.0616
HI1	.0700	.0119	.2377	-.0415	.0026	**.2373**
HII1S	.1699	.1833	.1130	-.0778	.3085	.0798
II1	-.1119	*.4895***	-.1015	-.1164	.2360	-.3680*
JI1	.0573	-.0041	.1180	-.1750	-.0048	.2181
JII1	.2006	.1561	.0279	.0603	.4557*	-.1077

Correlations:	HII2S	II2	JI2	JII2
AI1	-.2612	-.2892	-.1211	-.1057
AII1	-.2171	.1815	.0000	.1393
AIII1	.0096	-.2461	-.1551	.1019
AIV1	-.1257	.1311	.3176	.0708
AV1	.1105	-.0431	-.0106	.2187
B1	-.1854	-.1909	-.3146	-.2537
CI1	-.2570	.0694	-.0455	-.1332
CII1	-.3515	-.3583	-.1986	.0617
CIII1	.1476	.1315	.1877	-.0785
CIV1	-.0146	-.0366	-.2016	-.2388
CV1S	-.0498	-.2581	.1721	-.1119
DI1	-.3374	-.0624	-.0818	.1881
DII1	-.2218	.0130	-.1657	.0597
EI1	.0039	.0717	.3647	-.0409
EII1	-.2613	.2402	.1230	-.2810
EIII1	.0934	-.0781	.2510	-.0899
FI1	.2816	.1275	.1740	-.2050

Correlations:	HII2S	II2	JI2	JII2
FII1	-.1777	.0943	.2066	.2376
FIII1S	-.0618	.0930	.0949	.1256
GI1	.1681	.1968	.0430	.0899
GII1	.1593	-.1636	.0611	-.2995
GIII1	.2351	.1788	.0611	-.0438
GIV1	-.0271	.0408	-.1406	.1132
HI1	-.2468	-.2910	-.1702	-.0802
HII1S	**-.0618**	-.0448	-.0633	.2579
II1	.1377	**-.1248**	-.0852	.0653
JI1	-.1390	.2092	**.0967**	.0642
JII1	-.0012	.0018	-.3847*	**.3678***

CIV: Interkorrelation der Problemlösevariablen auf der Zwischenebene

Correlations:	AG2	ZB2	CG2	DG2	EG2	FG2
AG1	**.6453****	-.2638	-.0891	.1240	.1415	.1827
ZB1	-.2198	**.4123***	.0665	-.3511	-.2309	.0927
CG1	.1852	-.0818	**.6226****	.0551	-.1052	.3541
DG1	.1935	-.2723	.0426	**.3143**	.1367	.1869
EG1	.2937	-.1551	.0771	.4052*	**.2395**	.2839
FG1	.3154	.0998	.0167	.1468	.1726	**.1360**
GG1	.1674	.1991	-.1736	-.0633	.2628	.2208
HG1	.1792	-.0439	.1422	.3891*	-.0707	.1725
ZII1	-.1639	.3227	-.1877	-.0125	.3270	.2177
JG1	.2649	-.2130	.0304	-.0512	.0395	.1027

Correlations:	GG2	HG2	ZII2	JG2
AG1	.1688	.3589	-.0173	.1427
ZB1	.0735	.1705	-.1909	-.4414*
CG1	.2060	*.4839***	-.1951	-.1374
DG1	.0847	.2796	-.0235	-.0225
EG1	.1609	.4330*	.1822	.1309
FG1	.2707	.0714	.1798	.2322
GG1	**.4632***	.0802	.1089	-.0011
HG1	.0964	**.2225**	-.2888	-.1734
ZII1	.3359	-.3689*	**-.1248**	-.0155
JG1	.2285	.0740	.1576	**.0835**

Anhang D

Profile zu den Subjektiven Epistemologien und zum komplexen Problemlösen

D: Profile der 40 Versuchspersonen über ihre epistemologischen Orientierungen und ihre Leistungen beim komplexen Problemlösen

D: Profile der 40 Versuchspersonen über ihre epistemologische Orientierung und ihre Leistungen beim komplexen Problemlösen

Vpn: 1

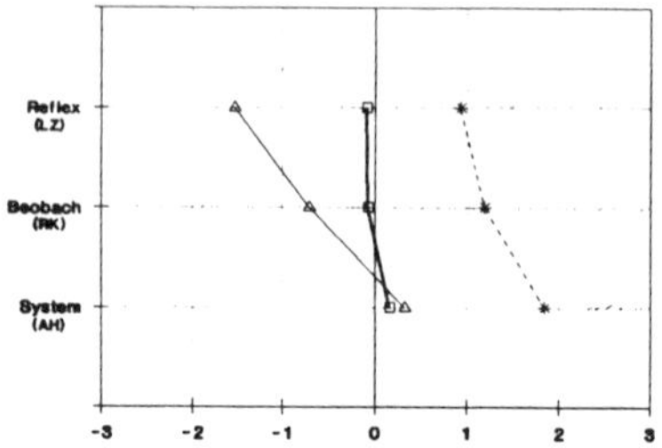

Vpn: 2

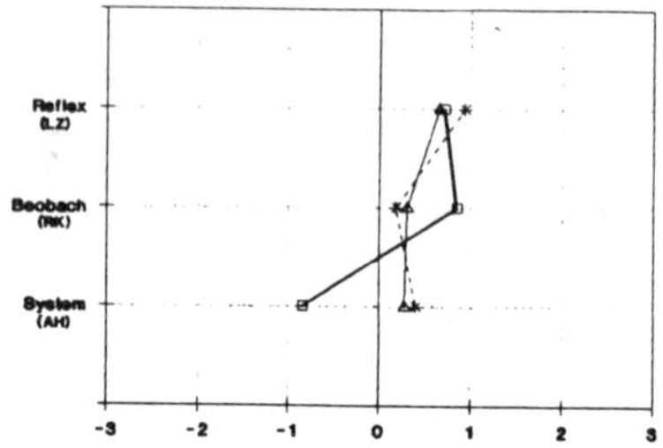

Vpn: 3

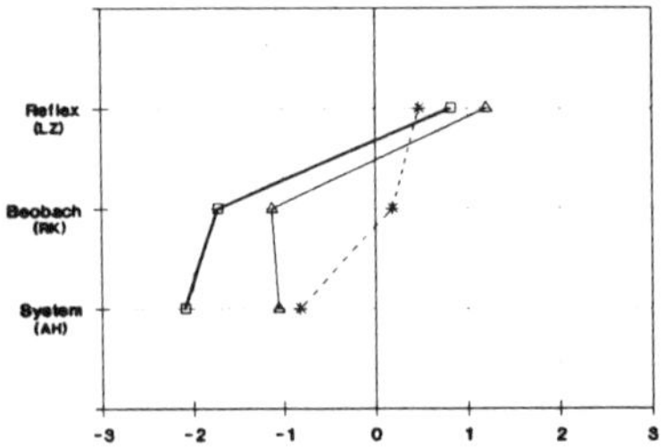

Vpn: 4

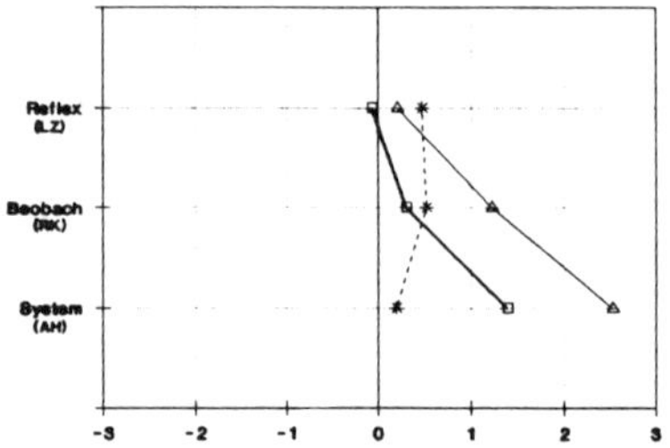

Vpn: 5

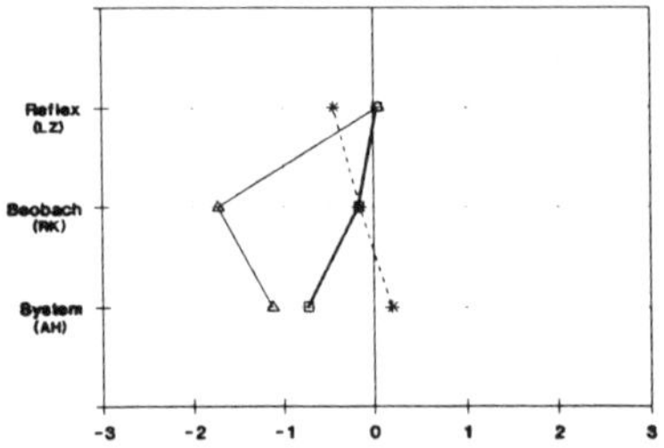

Vpn: 6

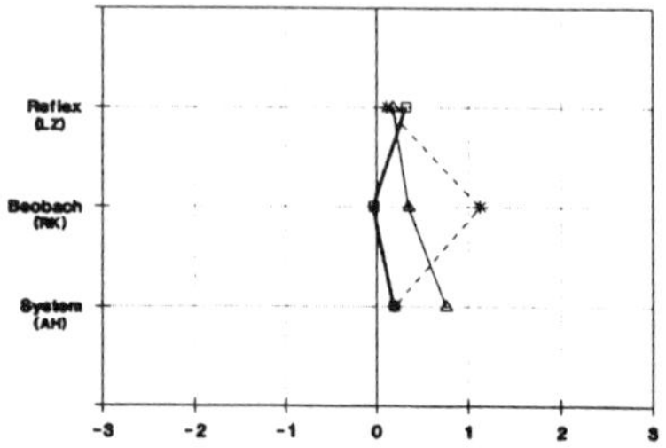

Vpn: 7

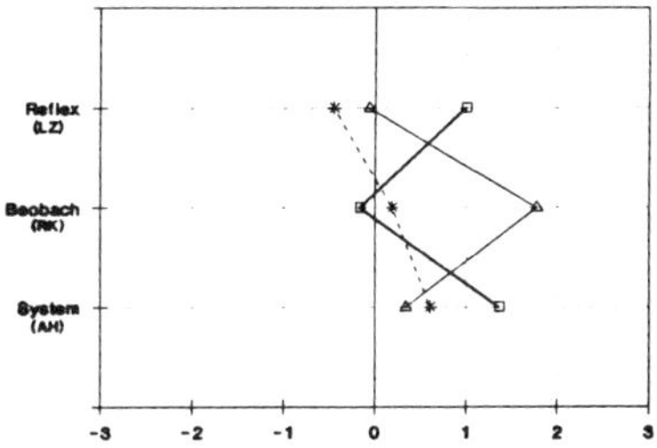

Vpn: 8

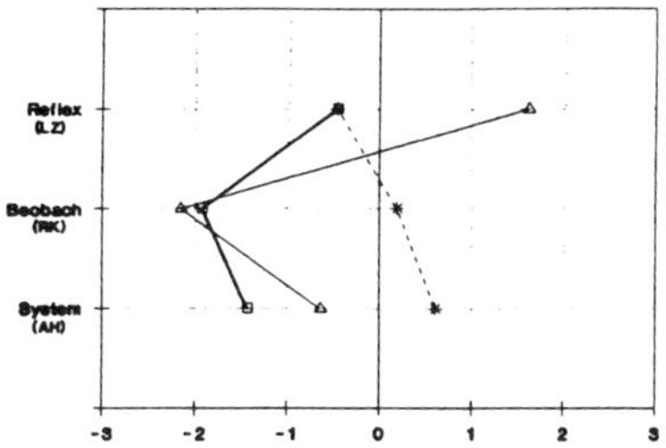

Vpn: 9

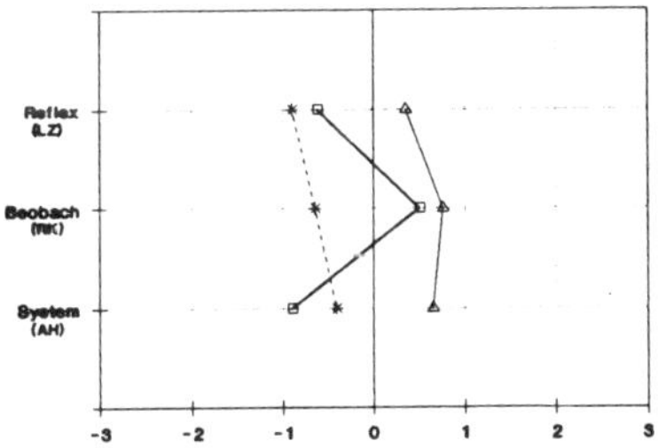

Vpn: 10

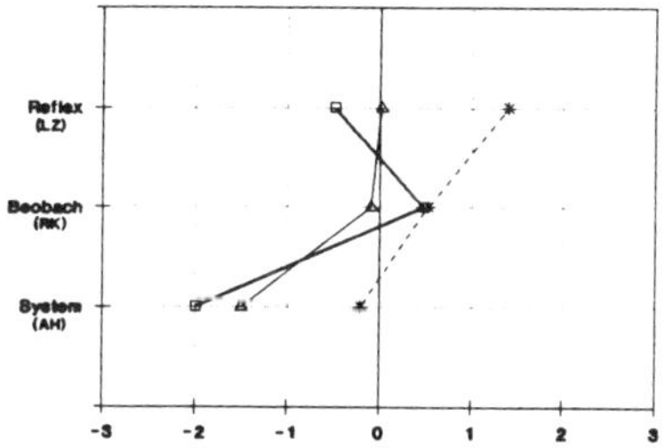

Vpn: 11

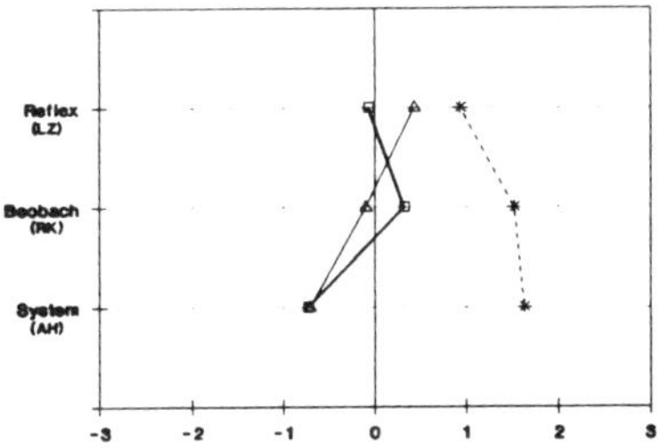

Vpn: 12

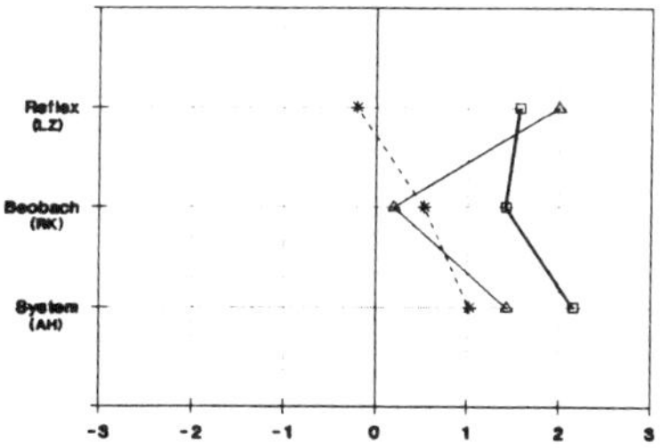

Vpn: 13

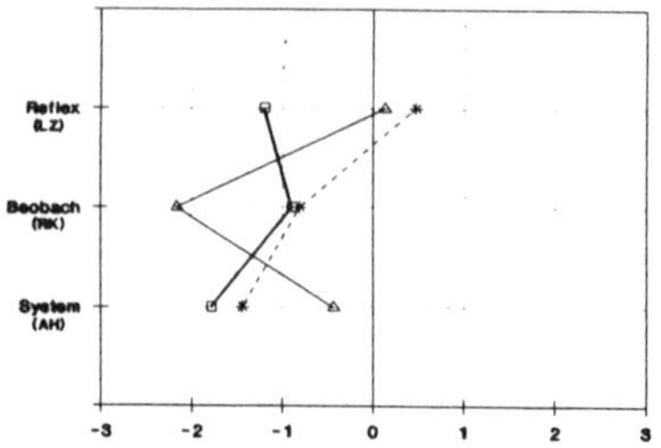

Vpn: 14

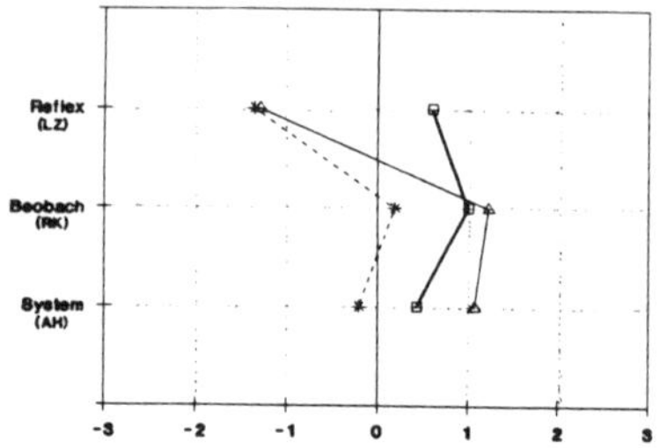

Vpn: 15

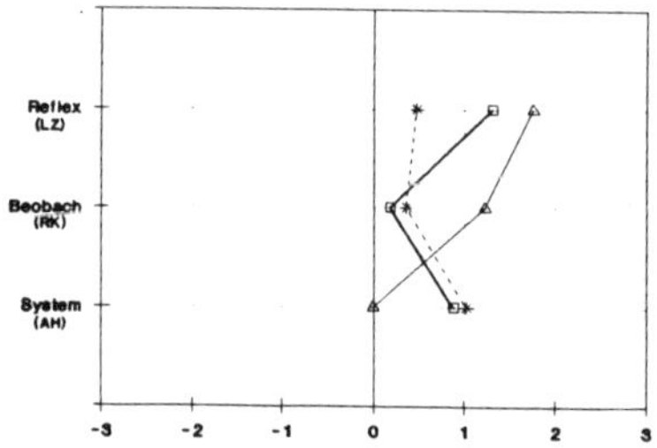

Vpn: 16

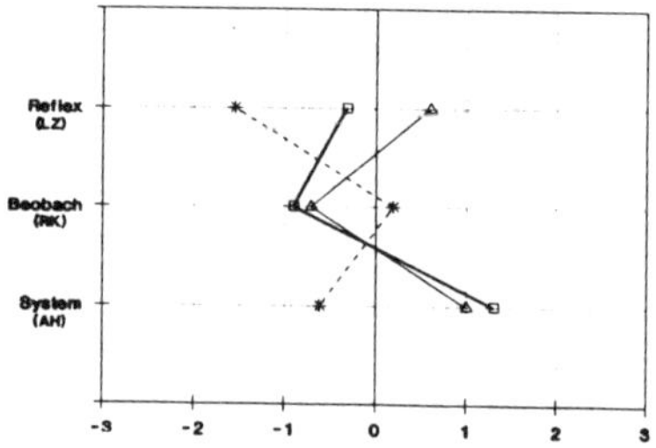

Vpn: 17

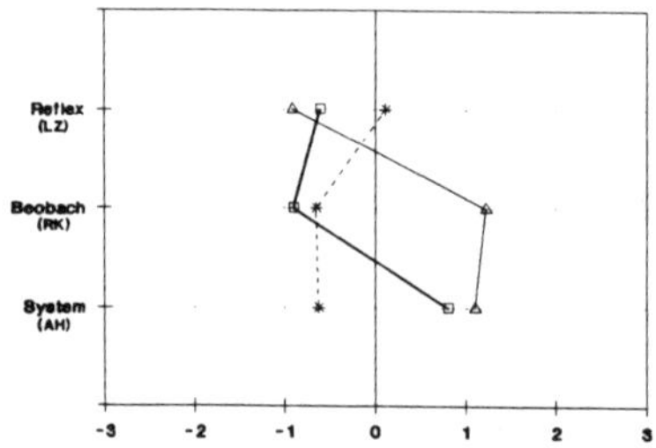

Vpn: 18

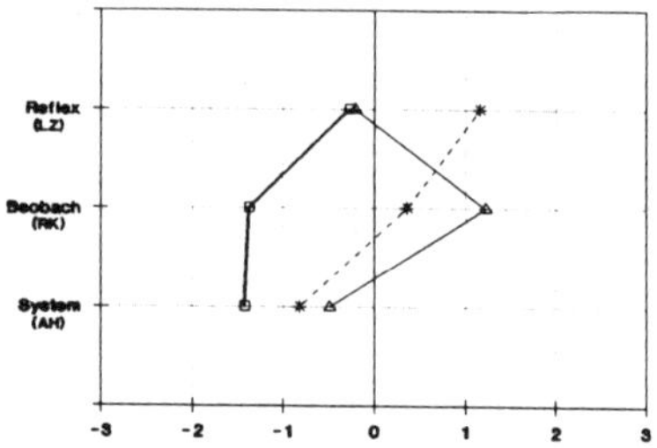

Vpn: 19

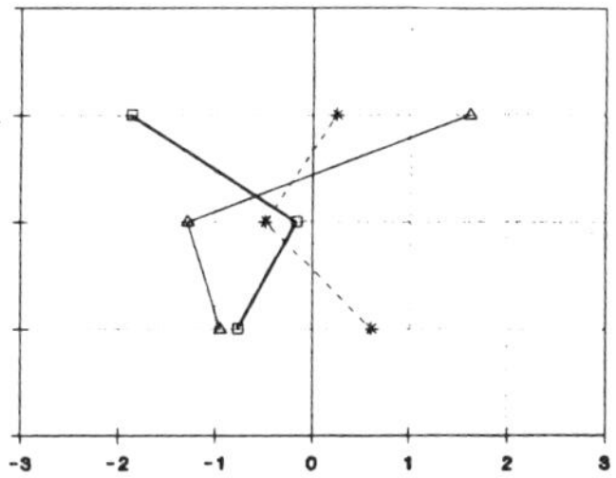

Vpn: 20

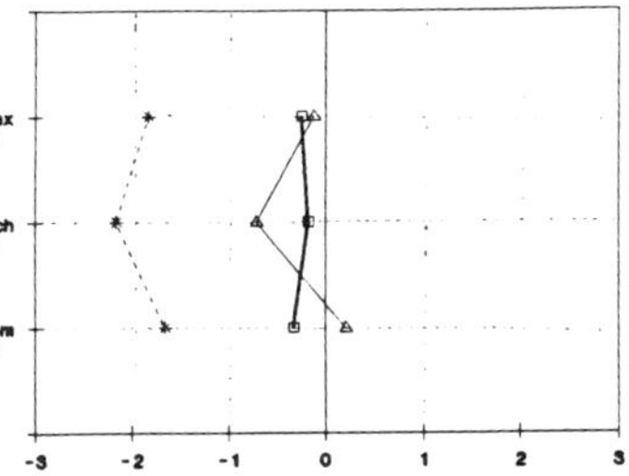

Vpn: 21

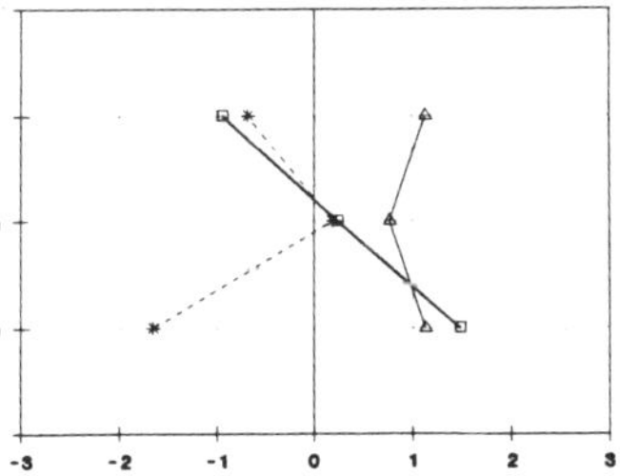

Vpn: 22

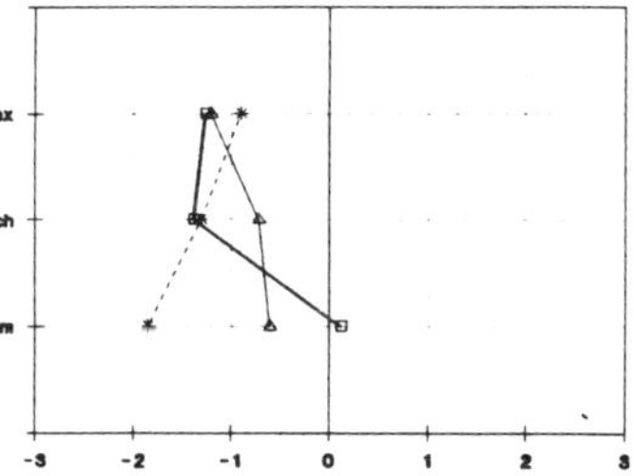

Vpn: 23

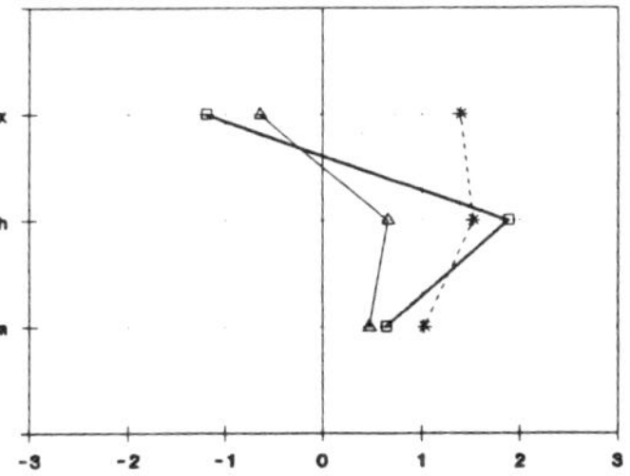

Vpn: 24

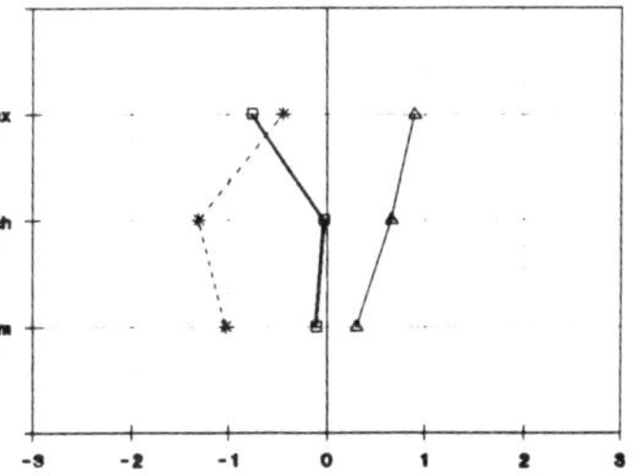

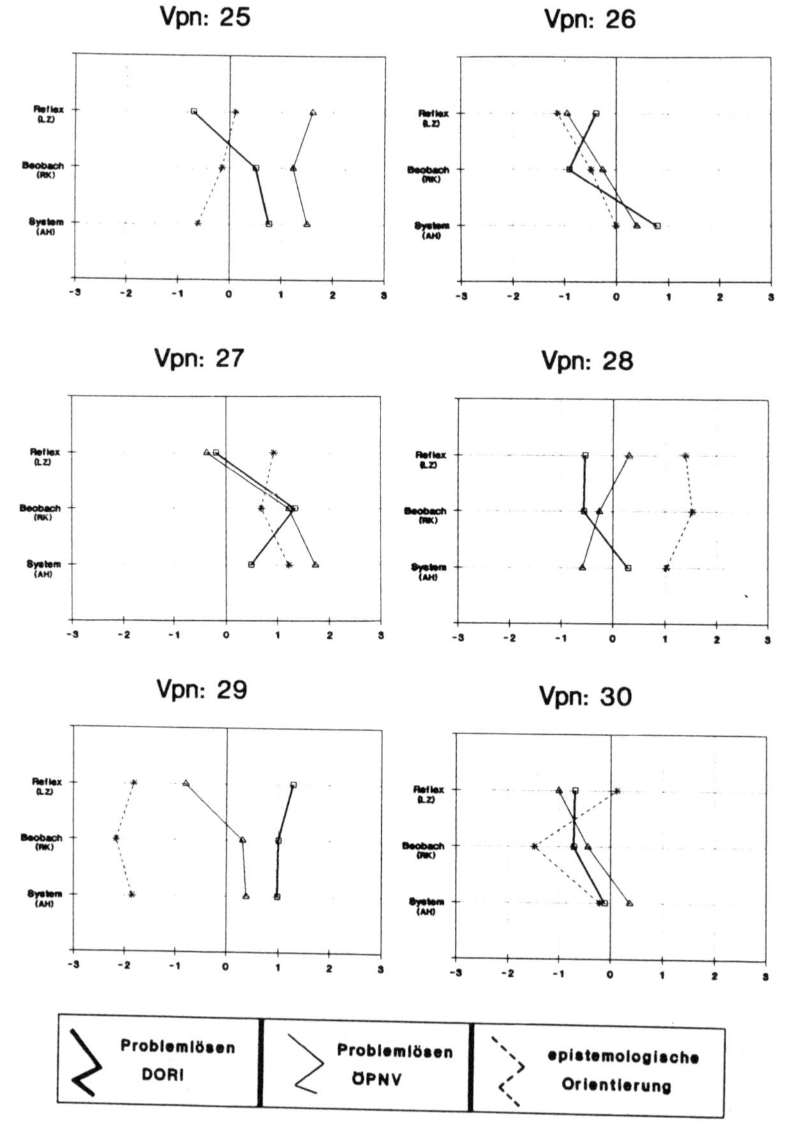
Vpn: 25
Vpn: 26
Vpn: 27
Vpn: 28
Vpn: 29
Vpn: 30
Reflex (LZ)
Beobach (RK)
System (AH)
-3 -2 -1 0 1 2 3
Problemlösen DORI
Problemlösen ÖPNV
epistemologische Orientierung

Vpn: 31

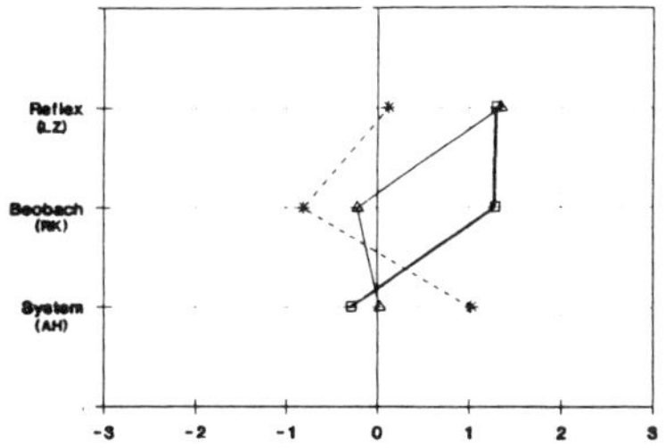

Vpn: 32

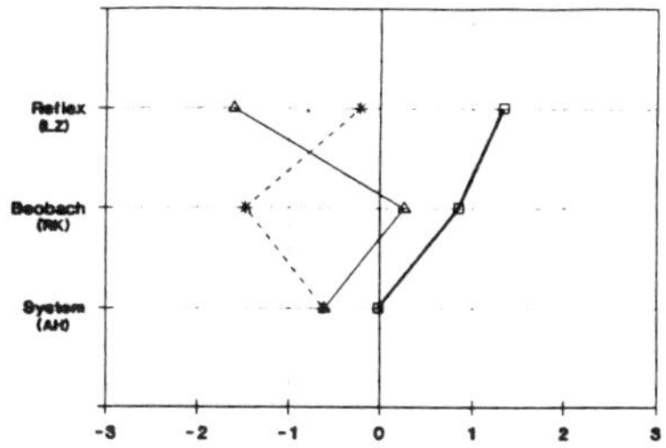

Vpn: 33

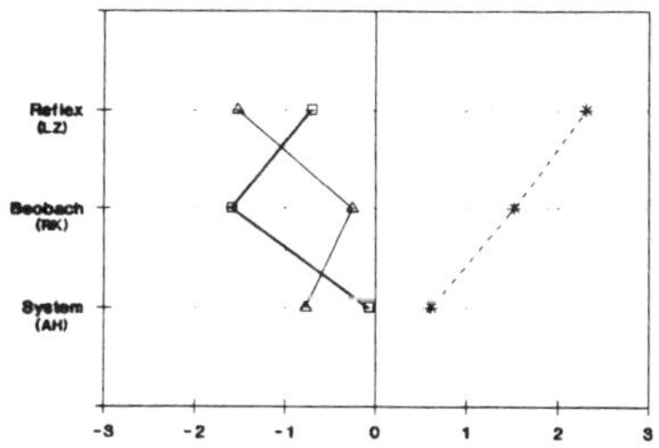

Vpn: 34

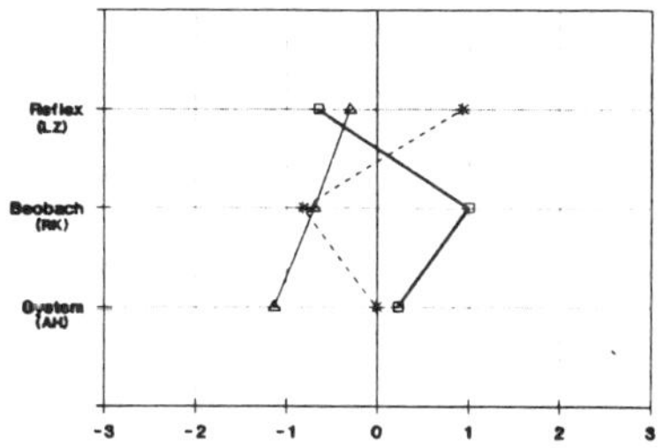

Vpn: 35

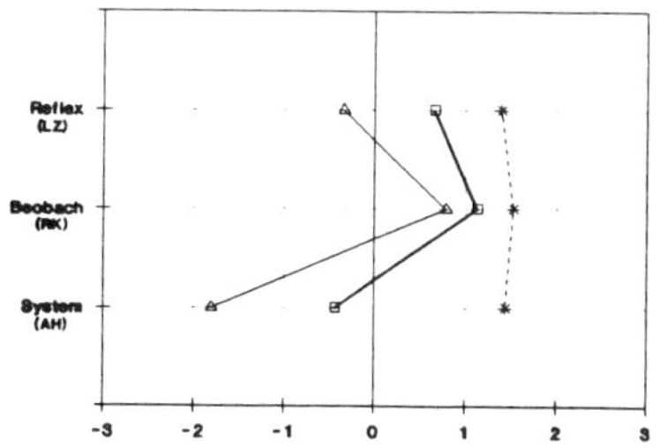

Vpn: 36

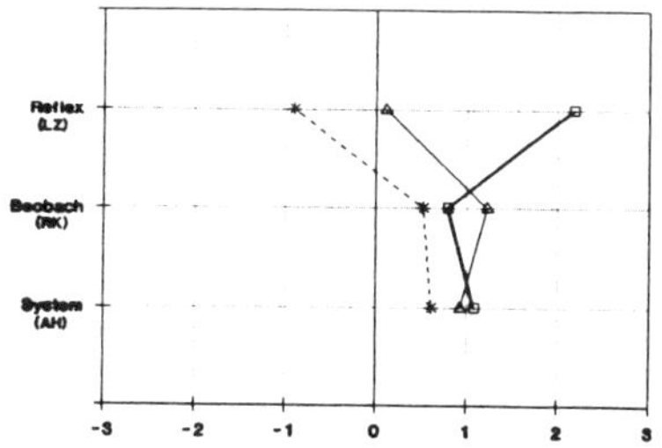

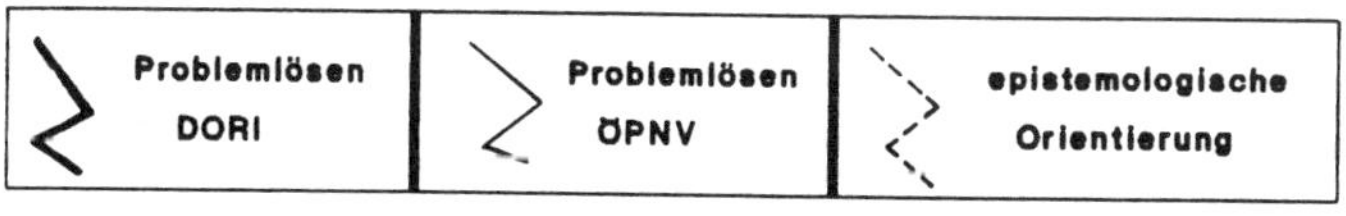

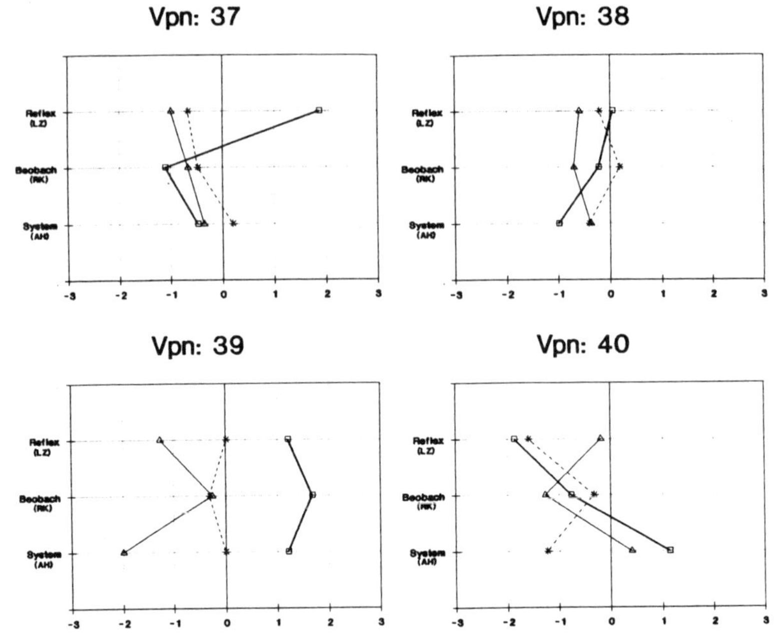
Vpn: 37
Vpn: 38
Vpn: 39
Vpn: 40
Reflex (LZ)
Beobach (RK)
System (AH)
-3 -2 -1 0 1 2 3

Problemlösen DORI
Problemlösen ÖPNV
epistemologische Orientierung